Olga Fierz

Kinderschicksale in den Wirren der Nachkriegszeit

Eine Rettungsaktion für jüdische und deutsche Kinder in der Tschechoslowakei 1945–1947

Vitalis

Tschechische Originalausgabe unter dem Titel *Dětské osudy z doby poválečné* © Stiftungsfonds Přemysl Pitter und Olga Fierz, Verein Milidu, Zürich, 1992 • Zweite deutsche Ausgabe, 2017
 • ISBN 978-3-89919-361-9

Umschlagabbildung oben: Schloß Štiřín, 1945
Umschlagabbildung unten: Kinder aus Theresienstadt und dem Rumburger Säuglingsheim in Olešovice, 1945

Diese Veröffentlichung erscheint mit maßgeblicher Unterstützung der Přemysl Pitter und Olga Fierz-Stiftung, Prag. Das Bildmaterial stammt aus dem Archiv Přemysla Pittra a Olgy Fierzové und wurde vom Národní pedagogické muzeum a knihovna J. A. Komenského zur Verfügung gestellt.

www.vitalis-verlag.com

Inhaltsverzeichnis

Zum Gedenken an Přemysl Pitter, dem Retter der Kinder

Die Idee des Rechts auf Asyl für Menschen, die um ihrer geistigen Überzeugung willen verfolgt werden, ist kaum je eindringlicher vertreten worden als durch Přemysl Pitter. Die theologische Fakultät der Universität Zürich hat „dem Anwalt der Bedrängten, dem Wegbereiter der Versöhnung, dem Interpreten und Wahrer der tschechischen Reformation" zum 80. Geburtstag das Ehrendoktorat verliehen. Was rechtfertigte diese Ehrung?

Der junge tschechische Soldat des österreichisch-ungarischen Kaiserreiches erlebte vier Jahre lang die Schrecken des Ersten Weltkrieges. Er fühlte sich nicht imstande, auf den „Feind" zu schießen und sollte deshalb durch ein Exekutionskommando hingerichtet werden. Der Zusammenbruch der galizischen Front erzwang die Flucht in weitere äußere und innere Kämpfe. Ein Wunder, daß er nach dem Waffenstillstand heil in seine Heimatstadt Prag zurückkehren konnte!

Nun suchte er inständig Wege zu sicherem Frieden, gab die aufklärende Monatsschrift *Sbratření* [Verbrüderung] heraus und wurde eifriger Mitstreiter von Friedrich Siegmund Schulze, Mathilde Wrede, Romain Rolland, Pierre Cérésole, Leonhard Ragaz im harten Kampf um Versöhnung.

Der wahre Friede wird auf Erden nicht Einzug halten, solange er nicht in den Menschen selbst aufkommt und verankert wird. Das muß schon bei den Kindern geschehen. Ihrer Erziehung widmete sich Pitter beharrlich, gründete und leitete – gemeinsam mit der Schweizer Lehrerin Olga Fierz – im Proletarierviertel Žižkov ein Tagesheim für Kinder aus asozialen und zerrütteten Verhältnissen.

Die Besetzung Prags durch die Truppen Hitlers stellte Pitter vor den Gewissenszwang, das Äußerste zur Rettung der von Deportation und Tod bedrohten jüdischen Kinder zu tun. Was er unter Einsatz seines Lebens dafür leistete, bezeugt ein Baum in der „Allee der Gerechten" in der Jerusalemer Erinnerungsstätte Yad Vashem.

Als 1945 die Befreiung der Tschechen in zügellose Racheaktionen umschlug, nahm sich Pitter mit gleicher Leidenschaft Hunderter von hungernden und terrorisierten deutschen Kindern an. Er rettete sie aus überfüllten Internierungslagern in improvisierte Erholungsheime auf dem Lande und wurde deshalb als Verräter beschimpft. Ein Kreis seiner tschechischen Gesinnungsfreunde betreute sie liebevoll über zwei Jahre. Unter seiner unerschrockenen und weisen Obhut erholten sich neben den verbliebenen jüdischen Waisenkindern die Kinder ihrer Verfolger; erstere lernten die gefürchteten „Gegner" als Menschen kennen und anerkennen.

Das kommunistische Regime schloß 1948 Pitters Kindertagesheim in Prag. Der Deportation in die berüchtigten Urangruben von Joachimsthal entging er durch eine abenteuerliche Flucht. Im Lager „Valka" bei Nürnberg und in bayerischen Zuchthäusern wirkte er im folgenden Jahrzehnt als Seelsorger und Sozialarbeiter für gestrandete Ostflüchtlinge.

1962 fand er Asyl in der Schweiz. Hier veröffentlichte er seine wegweisenden, zum Teil autobiographischen Werke „Geistige Revolution im Herzen Europas" und „Unter dem Rad der Geschichte".[1] Er begründete und leitete die reformierte Johannes Hus-Gemeinde in Zürich. Nach 1968 wurde er hier zum geistigen Mittelpunkt seiner geflüchteten Landsleute.

Von Přemysl Pitter wird mehr bleiben als die Erinnerung an einen großen Menschenfreund. Seine geistige Ausstrahlung erweist ihn als eine der eindrücklichen Gestalten, die das tschechische Volk geprägt haben. In seiner Darstellung zeigt die Geschichte der Tschechen in exemplarischer Weise den ständigen Kampf zweier miteinander ringender Prinzipien: Gewalt und Geist.

---

[1] Rotapfel-Verlag, Zürich & Stuttgart, 1968, 1970.

Pitters Ablehnung der Gewalt entspringt den humanitären Idealen der großen tschechischen Denker. Diese wurzeln in der Ethik eines konsequenten Christentums. Nach der Unterdrückung des hoffnungsvollen Prager Frühlings schrieb Pitter am Schluß seiner „Geistige[n] Revolution“[2]: „Hinter den Anhöhen des Böhmerwaldes bereitet sich ein neuer Glaube vor. Es wird auch ein christlicher Glaube, eher eine schöpferische Quelle als ein trennendes Bekenntnis sein. Entscheidend sind jedoch nicht die Formen des Glaubens, sondern der Inhalt, die Kraft, die er erzeugt.“

Sollten wir auch den Durchbruch dieses Glaubens nicht mehr erfahren, Přemysl Pitter hat ihn vorgelebt.

Petr Lotar[3]

[2] Přemysl Pitter: Geistige Revolution im Herzen Europas, Rotapfel-Verlag, Zürich & Stuttgart, 1968 und 1970, S. 22.

[3] Petr Lotar (1910–1986) entstammte einer gemischtnationalen Prager Familie und setzte sich für ein friedliches deutsch-tschechisches Zusammenleben ein. Nach der Flucht aus der okkupierten Tschechoslowakei 1939 wurde er zu einer bekannten Persönlichkeit im Schweizer Kulturleben. Er arbeitete als Schauspieler, Theaterintendant und Dramatiker. Petr Lotar gehörte zum engeren Freundeskreis von Olga Fierz und Přemysl Pitter.

Einleitung

Ganz Europa atmete auf, als im Mai 1945, nach sechs Jahren schrecklichen Massenmordens, die Waffen endlich zur Ruhe kamen. Am tiefsten empfanden es wohl die Völker, die unter nationalsozialistische Herrschaft geraten waren: Ihr Eigenleben war durch Terror lahmgelegt, das Land ausgebeutet worden, und viele Söhne waren in Konzentrationslagern erschossen oder sonst wie umgebracht worden.

Auch den Tschechen in Prag schien es, als ob sie nach der Sintflut aus der Arche endlich wieder ans Tageslicht stiegen und auf festem Boden stünden. Jetzt konnte man wieder ungestört an die eigene Arbeit gehen. Plötzlich setzte im einst reichen, jetzt verarmten Land wieder ein emsiges Treiben ein. Die einen suchten ihr im Krieg beschlagnahmtes Eigentum, ihre verlorenen Arbeitsstellen; andere nützten das Chaos aus, um sich zu bereichern und Machtpositionen zu erlangen. Die Verbitterten rächten sich mit Vergeltungstaten – und die Hilfreichen, die während Hitlers „Protektorat“ im Verborgenen gewirkt hatten, konnten sich nun endlich wieder offen für die Opfer einsetzen.

Přemysl Pitter hatte vor dem Krieg, trotz beharrlicher Bemühungen, zehn Jahre gebraucht, ehe 1933 sein Tageskinderheim für verwahrloste tschechische Vorstadt-Jugendliche in Prag-Žižkov errichtet werden konnte. Der Prager Baumeister, Ingenieur Skorkovský, hatte ihm großzügig Kredit gewährt. Milíčův dům[4] nannte Pitter das Heim, nach Jan Milíč († 1374), dem sozial engagierten Vorgänger des Märtyrers Johannes Hus.

Nun, nach dem Krieg, wurde der mittellose Erzieher fast im Handumdrehen Herr über vier Schlösser und eine Villa! Der tschechische Revolutionsrat hatte sie als Besitz deutscher Bürger sofort beschlagnahmt und stellte sie Pitter auf

[4] Milíč-Haus

sein Ansuchen hin für die Erholung von Kindern aus Konzentrationslagern zur Verfügung.

Es war übermenschliche Arbeit, die ein kleiner Kreis seiner Freunde leistete, um die teilweise geplünderten Herrensitze schnell in betriebsfähige Kinderheime umzuwandeln. Schon vor Ende Mai konnten aus dem Ghetto Theresienstadt die ersten vierzig Kinder geholt werden. Es folgten weitere, auch Jugendliche, welche die Schrecken und Entbehrungen der Nazi-Konzentrationslager überstanden hatten. Bald wohnten über zweihundert Kinder in den Schlössern, zum größten Teil Juden, deren Eltern in den Gaskammern umgekommen waren. Gute Pflege und liebevolle Erziehung vollbrachten in den gebrochenen Menschen eine wahre Wiedergeburt.

Doch der Friedensfrühling, der vielen Befreiung und Wiederaufleben brachte, bedeutete für andere Zusammenbruch, Verlust der Heimat, größte Not und Bedrängnis. Am schlimmsten erging es den Deutschen, die das Kriegsende im von Hitler besetzten Feindesland erfaßte. Plötzlich waren sie schutzlos dem angehäuften Vergeltungszorn der Befreiten ausgesetzt. In Prag waren die Gemüter im höchsten Grad erregt, denn als in den anderen Ländern schon die Friedensglocken ertönten, weigerten sich dort die SS-Truppen, sich zu ergeben und tobten sich noch in Mord und Zerstörung aus.

Vor diesem Hintergrund müssen die unmenschlichen Verhältnisse gesehen werden, die ich in meinen wahrheitsgetreuen Aufzeichnungen schildern muß. Sie zu verschweigen, würde bedeuten, das außerordentliche Verdienst Pitters herabzusetzen, das Verdienst um die Rettung zahlreicher deutscher Kinder. Es geschieht auch um der Ehre des tschechischen Volkes willen. Es hat damals viele hilfreiche Tschechen gegeben; aber Pitters Größe liegt im unerschrockenen Wagnis, sich dem herrschenden Haß zu stellen und trotz mancher Anfeindungen viele „Feindeskinder" und deren Mütter zu retten, eine herausragende Tat der Menschlichkeit.

Dem „Göttinger Arbeitskreis“ gebührt Dank dafür, daß er im Jahre 1950, als viele verbitterte Deutsche aus Böhmen ins Reich strömten, die „Dokumente der Menschlichkeit“ gesammelt und herausgegeben hat. Leider konnte darin über das große Hilfswerk Pitters nicht berichtet werden. Auch wenn ich rechtzeitig von der Sammlung erfahren hätte, hätte es nicht einmal erwähnt werden können, weil Pitters Lage unter dem stalinistischen Regime noch mehr gefährdet worden wäre.

Heute wird sein verdienstvolles Wirken in seiner Heimat immer noch verschwiegen [Niederschrift vor 1989]. Aber auch unter Deutschen ist Přemysl Pitter wenig bekannt, obwohl ihn Bundespräsident Gustav Heinemann im Jahr 1973 mit dem Verdienstkreuz erster Klasse ausgezeichnet hat. Für die Entwicklung friedlicher Beziehungen zwischen den beiden Nachbarvölkern ist es besonders wichtig, daß sie nicht nur die Irrwege des anderen Volkes kennen, sondern auch ihre lobenswerten Taten. Deshalb stelle ich meine damaligen tschechischen Aufzeichnungen einer deutschen Leserschaft zur Verfügung.

Daß diese „Kinderschicksale“ überhaupt aufgezeichnet wurden, verdanke ich eigentlich Pitters älterem Freund und Mitarbeiter, dem großen Pädagogen Ferdinand Krch. Zu einer Zeit, da wir in der Sorge um Hunderte leidender Kinder alle Hände voll zu tun hatten, betonte er mir gegenüber immer wieder, ich hätte wie sonst kaum jemand Einsicht in diese große Not. Es sei meine Pflicht, gleich bei frischem Gedächtnis und mit zuhandenen Belegen einige Schicksale niederzuschreiben. Er gab mir keine Ruhe, bis ich mich daran machte. So entstanden diese Kapitel als einzelne Berichte vor 1950 in Prag, zunächst in tschechischer Sprache. Ich hatte noch weitere Einzelschilderungen im Sinn – keineswegs weniger eindrucksvolle – konnte mich jedoch dieser Aufgabe nicht mehr widmen, weil ich plötzlich aus familiären Gründen in meine Schweizer Heimat fliegen mußte und mir die Rückreise nach Prag von den tschechoslowakischen Behörden nicht mehr gestattet wurde. Gute Freunde haben meine Manuskripte sicher aufbewahrt und sie mir nach vielen Jahren überbringen lassen.

Als sich die Eröffnung der Schloßheime zum vierzigsten Mal jähren sollte, baten mich Freunde, zum Gedenken daran in der Schweiz eine Schrift zu verfassen und zu veröffentlichen, weil dies in der Tschechoslowakei noch immer nicht erlaubt wurde. Ich sah damals keine andere Möglichkeit, dem Wunsche zu entsprechen, als meine einzelnen „Kinderschicksale" fortlaufend in den Nummern des tschechischen Blattes, das ich aus Pitters Nachlaß herausgab, abzudrucken. Viele Exemplare erreichten auch Leser in der Tschechoslowakei. Dort und im Exil öffneten sie manchen Tschechen die Augen über die schrecklichen Schattenseiten der damaligen „Befreiung". Ich konnte diese nicht verschweigen, wenn ich der Hilfsaktion Pitters gerecht werden wollte.

Es ist im Interesse jedes Volkes, daß es auch die dunklen Seiten seiner Vergangenheit kennt. In Deutschland kann über die Schreckensherrschaft Hitlers offen gesprochen und geschrieben werden, in der Tschechoslowakei dagegen herrscht in Schulen und anderswo ein verzerrtes Bild der eigenen Irrwege. Die jüngere und mittlere Generation weiß nichts über die einzelnen Gewalttaten gegen viele Deutsche in der Nachkriegszeit. Diese Vergangenheit wird verdrängt; sie ist nicht bewältigt, so daß viele falsche Vorstellungen und Vorurteile geblieben sind.

Manche Leser, auch tschechischkundige Deutsche, haben mich dazu angehalten, meine damaligen tschechischen Aufzeichnungen, die heute historischen Wert haben, ins Deutsche zu übersetzen und sie in Buchform erscheinen zu lassen. Die hier vereinten Schilderungen sind also meine Übersetzungen der ursprünglichen, wahrheitsgetreuen „Kinderschicksale"[5].

---

[5] Die gedruckten tschechischen Texte sind aus technischen Gründen zum Teil etwas gekürzt worden – nicht in wesentlichen Punkten – weil die Seitenzahl der einzelnen Kapitel eingehalten werden mußte. Die Namen einiger Pflegekinder sind geändert.

Die Leser des tschechischen Blattes interessierten sich auch dafür, wie sich die damals betreuten Kinder weiter entwickelt haben, was aus ihnen geworden ist, wie viel von ihrem Jugendidealismus geblieben war. Sofern mir dies nach über vierzig Jahren bekannt ist, habe ich es jeweils am Schluß des entsprechenden Kapitels angefügt. Auch die „Erinnerungen nach vierzig Jahren", die mir ehemalige Pflegekinder zugesandt haben, sind dafür aufschlußreich; sie sind als Nachtrag am Schluß des Buches abgedruckt. Was die Illustrationen anbelangt, handelt es sich in der Mehrzahl um Fotos gelegentlicher Besucher des Hilfswerks. Leider fehlen wichtige Aufnahmen, denn die Mitarbeiter hatten damals nicht Zeit, sich mit Fotografieren zu befassen.

Es war nicht immer leicht, die ineinandergreifenden Bruchstücke zu einem Ganzen zusammenzuschmieden. Wiederholungen mußten weggelassen und notwendige Erläuterungen für deutsche Leser eingefügt werden. Großer Dank gebührt den Mitarbeitern, deren selbstlose verständnisvolle Hilfe, gleich welcher Art, mir Mut und Ausdauer gespendet haben. Allen voran Frau Klára Mágrová; sie hat mir ohne mein Wissen wichtige Ratschläge und gute Beispiele deutscher Übersetzungen dessen hinterlassen, was sie in Kamenice miterlebt hat.

Die zwei Jahre währende Schloßaktion Pitters war nicht etwas im voraus Geplantes, sondern ein sich stets änderndes Unternehmen, das sich immer wieder neuentdeckten Notlagen anpassen mußte. Der bewegliche Geist Pitters und seiner Hauptmitarbeiter ermöglichte es, manche unerwarteten Probleme in bewundernswerter Weise zu meistern. Auch als die Aktion ein großes Ausmaß annahm, erstarrte sie nicht in Routine und Papierkram. Immer stand das Wohl der einzelnen Kinder im Mittelpunkt. Kein Wunder, daß manche ehemalige Mitarbeiter ihr damaliges Wirken als schönste Phase ihres Lebens bezeichnen. Ihnen sei dieses Buch gewidmet, ob sie Tschechen oder Deutsche waren.

Heute noch, nach einem halben Jahrhundert, leiden viele Kinder in aller Welt unter den Folgen blinder Gewalt und der Gefühllosigkeit der Erwachsenen. Mögen diese Aufzeichnungen viele tapfere Helfer in ihrer mühevollen Arbeit ermuntern und stärken! Ich habe versucht, alles – das Böse und das Gute – ohne Übertreibungen zu schildern, so wie ich es erlebt, empfunden und verstanden habe. Ich bitte, die sechzehn Kapitel nicht als bloße Erzählungen, als belletristische Literatur zu beurteilen, sondern als ungeschminkte Dokumente dessen, was Kinder in einer unheilvollen Zeit erleiden mußten, und wie doch vielen geholfen werden konnte. Wahrheit allein kann hilfreich sein. Möge sie viele Menschen dazu führen, das Grenzdenken zu überwinden und Wege zum Verstehen des Gegners zu suchen, damit Kinder überall in Freundschaft und Frieden aufwachsen können!

Olga Fierz, 1988

Kinder aus dem Ghetto Theresienstadt

Für Zehntausende von Häftlingen im polnischen Auschwitz begann das Jahr 1944 in tiefem Elend. Hitlers Macht war noch nicht gebrochen. In dem gigantischen Lager kamen die Menschen zu Tausenden um, an Hunger und Kälte, Krankheiten, Mißhandlungen, Schrecken; sie siechten dahin in Angst und Sorge um ihre Angehörigen. Die vierzehnjährige Marion gehörte zu den Dahinvegetierenden im sogenannten „Arbeitslager" mit dem unschuldigen Namen „Birkenau".

Eben ist sie aus der überfüllten Baracke, deren schwere, verdorbene Luft sie nicht mehr aushalten konnte, herausgekommen. Aber draußen zerzaust sie der eisige Wind. Sie ist höchst unzulänglich gekleidet, trägt keine Unterwäsche. Dabei fühlt sie sich so schrecklich schwach; sie kann sich kaum auf den Beinen halten. Sie bemüht sich jedoch, rasch zu gehen, um sich ein wenig zu erwärmen. Am Wege liegen ein paar halbnackte, ausgezehrte Leichen, die man am Morgen aus der Baracke hinausgeschleppt hat. Solch ein Anblick erschreckt sie nicht mehr; auch daran hat sie sich gewöhnt. Ein paar Häftlinge zerren mühselig einen Karren heran, auf den sie die schmutzigen Körper laden. Auf dem Rückweg bringen sie in demselben Gefährt Brot mit.

Marion kommt an einer Gruppe von Kindern aus einem anderen Block vorbei. Sie hört, wie man einen Jungen „Dolfi" ruft. Forschend blickt sie auf den Gerufenen, einen mageren, etwa dreizehnjährigen Knaben. Er kommt ihr bekannt vor.

„Bist du nicht Adolf Bergmann, der in Mýto war?" Der Junge bejaht.

„Und du bist – Marion?"

So begegneten sich in der Hölle dieses Konzentrationslagers zwei Kinder, die ehemals gemeinsam einen heiteren Winter und ein schönes Frühjahr im Erholungsheim in Mýto verbracht hatten.

„Dort ging es uns gut. Da wußten wir noch nicht, was hungern heißt. Erinnerst du dich noch, Marion?"

„Und ob! Ich war ja zweieinhalb Jahre dort. Die gute Milch und die Butterbrote!"

„Und jeden Freitag Kolatschen" [tschechischer Obstkuchen], pflichtete der Junge bei.

„Und im Wald Himbeeren, Heidelbeeren und Brombeeren!"

„Besser gar nicht daran denken. Das macht's bloß schlimmer."

„Aber an Tante Milada denke ich oft, wie gut sie zu uns allen war. Wenn sie könnte, sie würde uns gewiß auch heute helfen." „Ja, wenn wir nach Mýto zurück könnten", seufzte Dolfi.

„Das wäre herrlich ... Aber von meiner Mutter möchte ich heute nicht mehr weggehen. Damals, vor fünf Jahren, da war ich noch dumm. Da hatte ich ja keine Ahnung, wie viel Sorgen Mutti in Prag inzwischen hatte, was sie alles an Erniedrigungen ertragen mußte! Die jüdischen Kinder durften dort überhaupt nicht mehr in die Schule gehen. Und ich bin in Mýto ruhig in die Schule gegangen. – Und Onkel Přemysl würde mich auch noch weiter in Mýto behalten haben, obwohl man dann die gelben Sterne tragen mußte. Aber Mutti wollte mich schon in Prag haben; sie hatte Angst, sie könnte plötzlich ohne mich in einen Transport beordert werden."[6]

Die Kälte unterbrach das Gespräch der Kinder. Es wurde bei weiteren Treffen fortgesetzt.

„Erinnerst du dich an die schönen Abende, wenn Onkel Přemysl aus Prag zu uns kam?"

„Gewiß. Und auch an die vielen schönen Lieder, die er uns gelehrt hat. Das eine hat mir immer besonders gefallen.

[6] Diese und auch die weiteren Gespräche sind nicht erfunden; sie sind auf Grund ausführlicher Wiedergaben von Marions Tante niedergeschrieben, welcher das Mädchen in Auschwitz erzählte, was sich täglich zugetragen hatte.

Das singe ich manchmal leise für mich." „Welches denn?" Marion sang leise:

„Bude to krása, až všechno rozkvete,
bude to krása, až přijde máj!"

*„Wie schön wird es sein, wenn alles wieder blüht,
wie schön, wenn der Mai wieder kommt!"*

„Das kenne ich auch", unterbrach sie Dolfi, „aber jetzt scheint es mir manchmal, der Mai komme überhaupt nicht mehr. Wenigstens nicht für uns. Wie lange wird man uns noch hier hinter dem Stacheldraht eingesperrt lassen?"

„Das weiß ich nicht, Dolfi. Kannst du die zweite Strophe noch, die gefällt mir besonders:

„Bude to krása, až všecko na světě
bratrskou láskou změní se v ráj!"

*„Wie schön wird es sein, wenn Bruderliebe
auf der Welt alles in ein Paradies verwandelt hat!"*

Marions Stimme bebte. Kaum konnte sie die Strophe zu Ende singen. Die beiden Kinder schwiegen einen Augenblick. Das Mädchen wollte die innere Bewegung überwinden:

„Ich weiß, daß es wahr ist, was uns der Onkel mit diesem Lied lehren wollte. Wir dürfen nicht den Glauben verlieren. Die Mutti denkt auch oft an seine Worte zurück. Sie besuchte seine Elternversammlungen im Milíč-Haus in Žižkov. Es kamen auch viele andere Juden dorthin. Jetzt fürchten wir, daß die Nazis das Tagesheim bereits geschlossen haben."

„Weißt du was", unterbrach Dolfi ihre trüben Gedanken, „wir könnten dem Onkel schreiben! Wir dürfen doch jetzt jeden Monat irgendwem fünfzig Worte schreiben, und ich habe sowieso niemanden, dem ich schreiben könnte. Vielleicht schickt er uns dann etwas. Weißt du seine Adresse?"

„Natürlich weiß ich sie. Ich war ja mehrmals bei ihm im Milíč-Haus. Aber wer weiß, ob die Nazis es ihm nicht schon weggenommen haben. Und überhaupt, wenn er auch noch dort wäre, könnten wir ihm mit unserer Karte schaden. Du weißt doch, daß die Arier bestraft werden, wenn sie freundschaftlich mit uns verkehren!"

Marion war immer ein nachdenkliches Kind gewesen, und die drei Jahre im Theresienstädter Ghetto und im polnischen Konzentrationslager hatten sie um Jahre älter und ernster gemacht.

Sie stammte aus Leipzig, wo ihr Vater ein vermögender Kaufmann gewesen war. Anfang 1938 hatte ihn jemand gewarnt, daß er in Gefahr sei, verhaftet zu werden. Es glückte ihm, samt seiner Familie nach Böhmen zu fliehen, wo er bei den tschechischen Verwandten seiner Frau sichere Zuflucht zu finden hoffte. Aber ein Jahr später war die Tschechoslowakei kein Zufluchtsort mehr; nun war auch sie in Hitlers Hand, und Marions Familie ereilte das Schicksal vieler Flüchtlinge, die hier zuvor Schutz gefunden hatten. Sie zogen weiter von Ort zu Ort, um den nationalsozialistischen Häschern zu entkommen. Im schwierigsten Moment hatte der Vater im Krankenhaus der Barmherzigen Brüder ein Versteck gefunden, bis es ihm schließlich gelang, heimlich die polnische Grenze zu überschreiten.

Das seelisch feinfühlende, damals neunjährige Kind litt unter diesen Ängsten und Schrecknissen am allermeisten. Der Arzt verordnete einen Erholungsaufenthalt, und so kam Marion im Frühjahr 1939 ins Kindererholungsheim Mýto. Dieses bescheidene Heim, am Waldrand gelegen, hatten die Freunde des Milíč-Hauses gerade im Jahr zuvor für erholungsbedürftige Kinder aus Žižkover Arbeiterfamilien errichten können. Im ersten Jahr aber beherbergte es zumeist Kinder verfolgter Emigranten aus Deutschland und Flüchtlingskinder aus dem okkupierten Sudetenland.

Dolfi gehörte zu ihnen. Er war das Kind eines armen Schneiders aus Teplice (dt. Teplitz), der jetzt in Prag elend von Unterstützungen lebte. Der Junge, das Gegenteil der hübschen und begabten Marion, war als achtjähriges, zartes

Kind nach Mýto gekommen. Er war körperlich unterentwickelt; häufige Krankheiten hatten ihn zu einem unruhigen und eigensinnigen Kind gemacht. Weder sein Äußeres, noch sein Benehmen konnten ihm Sympathien einbringen. Unter einer etwas prahlerischen Redseligkeit verbargen sich Minderwertigkeitsgefühle. Und dazu noch der unselige Name Adolf! Es wurmte ihn, daß er denselben Vornamen trug wie Hitler. Als er dann in Mýto für seine kurzsichtigen Augen eine Brille erhielt, nannte man ihn im Scherz „Herr Professor". Das gefiel ihm.

Dann aber traf sie alle das gleiche Schicksal, die liebe Marion und den armen Dolfi, und alle die anderen jüdischen Kinder. Von Ende 1941 an wurden sie nach und nach mit ihren Familien in das Ghetto Theresienstadt deportiert. Obwohl die Einberufung zum Transport immer sehr plötzlich geschah, kamen doch noch manche dieser Kinder ins Milíč-Haus, um sich zu verabschieden.

Unsere Gedanken waren dann oft bei ihnen, zumal, als sich in Prag Gerüchte über schrecklichen Hunger und Krankheiten in den Ghettos zu verbreiten begannen. Im Herbst 1943 erfuhren wir, daß die Familie unserer Marion sich unter jenen befand, die vor kurzem aus Theresienstadt nach Polen abtransportiert worden waren. Eine nicht-jüdische Familie erhielt dann von ihnen Nachricht aus dem Konzentrationslager Birkenau-Auschwitz, wohin Zweikilo-Pakete gesandt werden durften. Nun hatten wir auch an Marion zu denken, wenn wir Päckchen zusammenstellten. Das geschah immer in nächtlicher Arbeit, denn niemand durfte wissen, daß wir jüdische Freunde unterstützten. Als Absender wurden fingierte Adressen angegeben. Marion hatte gleich den Absender des Paketes erraten. Sie hatte eine riesige Freude: „Der gute Onkel! Ich habe ihm nicht geschrieben und dennoch hat er an mich gedacht. Also ist er noch in Freiheit." Sie teilte mit Dolfi ihre Freude ebenso wie die Gaben. Aber ins Milíč-Haus schrieb sie nicht, um ihre Freunde nicht zu gefährden. Nur durch ihre Prager Verwandten ließ sie dem „Onkel Peter" Dank sagen.

Im Mai 1944 kam eine ans „Milíčův Dům“ adressierte Postkarte aus Birkenau an Přemysl Pitter: „Lieber Onkel, Marion dankt für das Paket mit Butter, Marmelade und Brot. Ich habe auch davon bekommen. Ich bin gesund und bitte, denke auch an mich. Von Odkolek ist hier nichts zu hören. (Diese Anspielung auf die Prager Großbäckerei dieses Namens war uns gleich klar: Es gab dort kein Brot.) Ich habe Sehnsucht nach Dir und nach dem Vater. Viele Grüße. Dein Zögling Adolf.“

Unsere Freude über die Nachricht war größer als die Befürchtung, daß der Adressat dadurch kompromittiert würde. Zum Glück hatte die Karte keine Aufmerksamkeit erweckt. Soweit es möglich war, bedachten wir nun auch den armen „Herrn Professor“ mit Paketen.

Je mehr sich das Kriegsende näherte, um so lebhafter befaßte sich Přemysl Pitter mit Erwägungen darüber, wie man gleich nach Hitlers Sturz den Kindern in den Konzentrationslagern helfen könnte, wie sie am besten schnell nach Böhmen zurückgebracht werden – und wie ihnen Erholung zuteil werden könnte. Wir glaubten damals, daß viele unserer ehemaligen Zöglinge zurückkehren würden. Wir freuten uns besonders auf Marion und Dolfi, obwohl wir aus Birkenau schon lange keine Nachricht mehr bekommen hatten. Wir hofften auch auf die Rückkehr der verlassenen ungarischen Kinder Edith und Viola, der verwaisten Gisela, von Milan und seinem netten Schwesterchen und vielen anderen, die sich früher im Erholungsheim Mýto aufgehalten hatten. Auch der schwache sechsjährige Leo aus Wien kam uns wieder in den Sinn, ein schmächtiges Bübchen, mit den Anzeichen einer ganz ungewöhnlichen musikalischen Begabung. Wie hatten wir uns gefreut, als er zur Erholung nach Schweden eingeladen wurde; wir glaubten, er würde dort der Deportation entrinnen. Leider schickten ihn die nichtsahnenden Schweden nach Prag zurück und bald darauf wurde er nach Theresienstadt deportiert.

Drei jüdische Buben waren im Milíč-Haus herangewachsen: der ebenfalls begabte Ernst mit seinem Bruder

Georg und der kleine Lausbub Hans. Es gab noch viele andere Kinder, die „Onkel Přemysl“ in ihren Familien und im jüdischen Waisenhaus besucht hatte: die weise Feluška, die intelligente Doris, die kindische Hanna, die verträumte Dana mit ihrer Schwester Anina, der leseeifrige Thomas, der naive Hannes und viele andere waren uns in der Zeit der Verfolgung nahegekommen. Wir konnten gar nicht alle unsere Schützlinge, kleine und große, um die wir in schwerer Sorge waren, ständig im Gedächtnis gegenwärtig haben.

Ob wohl, wenn sie zurückkehren, unser kleines Erholungsheim in Mýto für sie alle ausreichen würde? Wahrscheinlich würden wir ein größeres Objekt mieten müssen, in dem wir „unsere“ Kinder zusammen mit ihren Schicksalskameraden aufnehmen könnten; Kinder, die gleiche Leiden durchgemacht haben und die auch liebevolle Pflege und Hilfe brauchen werden.

Endlich ist am 9. Mai 1945 der Tag der Befreiung auch für Prag angebrochen. Nach dem Zusammenbruch von Hitlers „tausendjährigem Reich“ ist auch sein „Protektorat Böhmen-Mähren“ als letzte Bastion zusammengestürzt. Wir kommen aus den verdunkelten Schutzräumen herauf an die warme Frühlingssonne.

Neben den Jubelnachrichten hören wir aus dem tschechischen Rundfunk den Hilferuf für die Insassen des Konzentrationslagers Terezín[7]. Lebensmittel und Medikamente wurden gesammelt und einstweilen im Prager „Ärzte-Haus“ untergebracht, wo die Kommission für Gesundheit und Sozialfürsorge des neugeschaffenen Nationalrates schon arbeitete. Pitter bot sofort seine Mitarbeit an, und wollte, zusammen mit seinen Mitarbeitern, für die noch im Ghetto verbliebenen Kinder sorgen.

---

[7] Dt.: Theresienstadt. Die Kleinstadt nördlich von Prag ist eine von dickem Mauerwerk umschlossene, aus mehreren Kasernen bestehende ehemalige Festung. Errichtet gegen Ende des 18. Jahrhunderts durch Kaiser Josef II., wurde sie im Zweiten Weltkrieg als Ghettostadt, bzw. Konzentrationslager genutzt.

Jetzt ist es dringend notwendig, ein geeignetes Objekt für deren Unterbringung zu finden. Wir erinnern uns an das Schlößchen Krnsko, das nach dem ersten Weltkrieg unter der Leitung unseres Mitarbeiters Ferdinand Krch schon einmal als Heim für Kriegswaisen gedient hatte. Pitter fährt gleich hin, um sich zu vergewissern, in welchem Zustand es sich nach über zwei Jahrzehnten befindet. Noch fliegen die Kugeln aus den Gewehren der letzten verzweifelt Kämpfenden über die Landstraßen, als er nachts von der Besichtigung zurückkehrt, leider mit schlechten Nachrichten: Das Gebäude ist in sehr vernachlässigtem Zustand.

Dann denken wir an das Schloß Újezd in Westböhmen, das ich von einem einjährigen Aufenthalt in den Zwanziger-Jahren her kenne. Sein Besitzer ist in einem Nazi-Gefängnis umgekommen. Pitter besorgt sich beim Nationalrat ein Dekret zur Sicherung dieses Schlosses für unsere Zwecke.

Am Morgen des 15. Mai warten wir in der Verkehrsabteilung des Ärzte-Hauses auf das versprochene Auto für die Erkundungsfahrt – die Zugverbindungen sind noch vielfach gestört – und auf einen Chauffeur, der für den langen Weg das nötige Benzin beschaffen muß. In dem bewegten Treiben des Warteraumes erkundigt sich ein Neugieriger beim ungeduldigen Pitter nach dem Grund seiner Fahrt.

„Und warum wollen Sie so weit weg? Da gäbe es doch viel näher bei Prag Objekte für einen solchen Zweck."

„Das würde ich nur begrüßen, aber mir ist nichts Geeignetes bekannt."

„Da wären z.B. die Schlösser des Großindustriellen Ringhoffer", fuhr der Mann fort und wies auf seinen Nachbarn hin. „Hier ist gerade jemand aus der Gegend. Herr Novák war dort herrschaftlicher Chauffeur. Gestern hat er den Aufruf des Nationalrates um freie Verkehrsmittel gehört und ist aus Olešovice hergefahren, um seine Dienste anzubieten."

„Jawohl, die Schlösser sind leer", meldet sich nun Herr Novák zu Wort. „Wenn sie sich die Bewilligung beschaffen, kann ich Sie hinfahren."

Das neue Dekret ist rasch ausgestellt. Nun fahren wir im Auto des Grafen Sereny-Ringhoffer an den bei den letzten Straßenkämpfen niedergebrannten Häusern der Vorstadt Pankrác vorbei zur Landstraße Richtung Benešov. Hier und da werden wir von Kontrollorganen der neuen zusammengewürfelten Nationalgarden aufgehalten. Überall auf und neben dem Weg liegen zerstörte Tanks und Überreste unterschiedlicher Fahrzeuge, dazwischen Bombenkrater – wir können nur langsam vorankommen.

Das unbekannte Ziel hält uns in ständiger Spannung: drei oder vier Schlösser in schöner Lage und nur etwa 25 km von Prag entfernt! Wie ist es möglich, daß wir sie bei unseren Wanderungen in der Prager Gegend niemals gesehen haben? Die Landstraße zieht sich zwischen Feldern durch eine ziemlich einförmige, wenig besiedelte Landschaft nach Süden, bis sich am Horizont die Höhenzüge zeigen, die den Lauf der Sázava[8] begleiten. Unser Weg führt zu ihren nördlichen Ausläufern. In den Tälern zwischen ausgedehnten Wäldern blinken hier und da Teiche auf.

Der Chauffeur ist schweigsam, wie er das in herrschaftlichem Dienst gewöhnt war. Erst als wir an der Kreuzung „Nová Hospoda" vorbeigefahren sind, bemerkt er kurz: „Hier, hinter der Parkmauer, sehen Sie das Schloß Olešovice. Wenn wir nach rechts abbiegen, sieht man den Turm von Schloß Kamenice. Biegen wir nach links ab, kommen wir zum Tor von Schloß Štiřín. Und etwas weiter weg liegt das Schlößchen Lojovice."

Das alles erscheint uns wie im Märchen. Wir staunen über diese ungeahnten Reichtümer in dem wenig besiedelten Landstrich. Freilich erschrecken wir, als wir die vandalischen Verwüstungen in den beiden Schlössern Kamenice und Štiřín sehen. Die Gebäude sind menschenleer.

Nur im Olešovicer Herrenhaus ist einiges Leben. Als wir ins Vestibül eintreten, dem die zugezogenen Vorhänge ein

[8] Zufluß der Moldau.

düsteres Aussehen geben, hören wir feste Schritte. Die Treppe herunter schreitet ein Mann in Uniform, die Pistole im Gurt und eine Peitsche in der Hand. Eine alte Dame kommt hinter ihm her und verfolgt ängstlich jede seiner Bewegungen. Přemysl Pitter, als Vertreter des Nationalrates, ist bestrebt, dem sowjetischen Offizier zu erklären, daß das Schloß in das Eigentum des tschechoslowakischen Staates übergegangen ist und daß verlassene Kinder aus den Konzentrationslagern hier untergebracht werden sollen. Hat der fremde Gast verstanden? Schweigend schreitet er im langen Flur des Hauses weiter.

Die alte Dame, Baronin Ringhoffer, hatte schon während des ganzen Winters aus Sparsamkeitsgründen in zwei Parterrezimmern gewohnt. Jetzt befürchtet sie, der Kinder wegen, aus dem Haus vertrieben zu werden.

„Soweit es von mir abhängt, können Sie in Ruhe da weiter wohnen", versichert ihr Pitter. „Und vielleicht wird das Bewußtsein, daß Ihr Haus jetzt einem guten Zweck dienen wird, Ihnen helfen, den Verlust leichter zu tragen."

Wir sehen uns alles an und überlegen, welches Schloß wir wohl für die Theresienstädter Kinder wählen sollten. Das Olešovicer Herrenhaus ist gemütlich und modern eingerichtet, aber für diese Kinder doch etwas klein. Das Schloß Kamenice ist zwar groß, aber sein bloßer Anblick wirkt kalt. Das Štiříner Schloß ist recht geräumig, aber für Kinder zu luxuriös. Lojovice ist abgelegen, aber es hat einen schönen Obstgarten.

„Überlege nicht lange", mahnt Pitter eine innere Stimme. „Es wird viele Kinder geben, die ihr Heim verloren haben. Für sie stelle alles sicher!"

Also gleich weiter zur zuständigen Bezirksbehörde in Jílové. Der neue Volksrat bestätigt das Dekret des Prager Nationalrates und sichert dem Plan seine Unterstützung zu.

So erhielt der tatbereite Erzieher von Žižkov vier Schlösser mit herrlichen Parks für sein Hilfswerk – und dies alles an einem Tag!

Nun wird gleich ein kleiner Kreis[9] von fähigen und hilfsbereiten Freunden zusammengerufen, um im Nu alles für die Aufnahme der Kinder vorzubereiten. Sie lösen sich selbstlos von früheren Verpflichtungen und stellen sich ganz in den Dienst des noch ungesicherten Werkes. Mit Fleiß und Geschick gehen sie an die Riesenarbeit. Weder das Wissen um die Schießereien in den nahen Wäldern, noch die Verwüstung in den beiden Schlössern Kamenice und Štiřín erschrecken sie. Gemeinsam wird aufgeräumt, eingerichtet, instand gesetzt und das Notwendige aufgetrieben.

Jeder hat seine Fachkenntnisse, und dementsprechend werden die Aufgaben eingeteilt. Stellvertreter Pitters und Hauptverwalter aller Gebäude wird Architekt Teichman, der sich schon beim Bau unseres kleinen Erholungsheimes in Mýto bewährt hat. Seine Frau Miluše übernimmt die Küche und die Besorgung der Vorräte. Der Maschineningenieur Růžička muß sich um das so notwendige Funktionieren der Autos, Motoren für Wasserleitungspumpen und ähnliche Dinge kümmern. Ihm wird auch die Hauptkasse anvertraut, deren Inhalt einstweilen nur aus dem bestehen wird, was Pitter von Freunden borgen kann. Seine Frau, Libuše, ist ausgebildete Krankenschwester; ihr wird bei der Pflege der unterernährten Kinder eine wichtige Aufgabe zukommen. Ihr erstes Baby wird der tüchtigen Großmutter in Prag anvertraut, während die beiden in Olešovice als Hauseltern walten. Die etwas ältere Otuše ist Professorin des Kunstgewerbes und Vollblutkünstlerin. Sie sorgt für den Schutz der vorhandenen Kunstgegenstände und verbreitet mit ihrem ausgeglichenen Wesen überall Ruhe, Schönheit und Harmonie.

Dieses mutige Fünferteam macht sich zuerst an die Herrichtung des Schlößchens Olešovice. Der Ortsausschuß hat die alte Baronin Ringhoffer bereits auf einem Leiterwagen abtransportiert, mit ein paar armseligen Bündeln ihres persönlichen Eigentums. Die Wertsachen sind versiegelt. Auf

[9] Die ersten fünf waren: Zdeněk und Miluše Teichman, Stanislav und Libuše Růžička und Otuše Dürrová.

unerklärliche Weise sind viele Gegenstände verschwunden, so daß auch das Notwendigste fehlt: Teller, Besteck, Vorräte. Die Mitarbeiter leben von Kartoffelsuppe und arbeiten fieberhaft. Im Laufe einer Woche stehen in den künftigen Schlafzimmern wahrhaftig Kinderbetten mit weißbezogenen Decken, und im Speisesaal heißt es nur „Tischlein deck dich“, und alles wird aufgetragen.

Pitter hat unterdessen bei verschiedenen Behörden etliche Bewilligungen und auch zwei Militärlastautos aufgetrieben. Schon am 22. Mai 1945 bringt er darin die ersten vierzig Kinder aus Theresienstadt mit ihren Betreuerinnen nach Olešovice. Zur Hälfte sind es kleine Kinder aus dem Säuglingsheim für „Hitlerkinder“[10] in Rumburk. Diese wurden vor den herannahenden russischen Truppen nach Theresienstadt evakuiert. Im Ghetto lebten sie alle zusammen in einer besonderen, für Kinder bestimmten Kaserne. Sie mußten als erste weggebracht werden, ehe sich die Flecktyphusepidemie auf ihre Unterkünfte ausbreiten konnte.

Von der strapaziösen Fahrt sind sie erschöpft, aber sie staunen dennoch, als sie zum ersten Abendessen in den Speisesaal geführt werden. Sind sie in ein Märchenschloß geraten? Der große, lichte Saal mit den weißen Möbeln und der Stuckdecke, von der ein Kristallkronleuchter herunter funkelt. Und auf dem langen Tisch duftet süßer Grießbrei! Die Kinder sind bezaubert. Den größeren geht es vielleicht durch den Sinn: Ist es nicht bloß ein Traum, aus dem wir morgen wieder zwischen den scheußlichen Wänden der überfüllten Kaserne von Theresienstadt erwachen werden; oder ein trügerisches Potemkinsches Dorf, von dem sie einmal in der düsteren Festung gehört haben?

Für Přemysl Pitter ist es eine der schönsten Stunden seines Lebens. Tief bewegt, nimmt er das freudige Staunen der Kleinen wahr.

---

[10] Säuglinge verschiedener Nationalitäten, bestimmt für die Adoption durch deutsche Familien.

Die Nacht freilich vergeht für die Kinder und ihre Pflegerinnen sehr unruhig, begreiflich nach so vielen aufregenden Erlebnissen.

Am nächsten Tag öffnet sich den kleinen Hausbewohnern die neue Welt ganz. Sie bewundern alles. Am meisten beglückt sie die Natur, besonders die mit Löwenzahn übersäten Rasenplätze. Sie lernen aus den goldenen Blüten Kränzchen zu winden, und sie meinen, im Paradies zu sein. Es werden ihnen Erdbeeren versprochen; einige glauben, daß diese im Park auf den Bäumen wachsen. Vor den Hühnern des Gärtners haben sie große Angst und suchen Schutz in den Armen der „Tanten". Der gutmütige Bernhardiner, den die Baronin zurücklassen mußte, jagt ihnen einen Schrecken ein; der alte Barry durfte sich dann lange Zeit in Haus und Park nicht frei bewegen.

Während die Kinder sich unter der Aufsicht ihrer Pflegerinnen mit dieser neuen Welt vertraut machten, begannen die Freunde mit der Herrichtung des Schlosses Štiřín. Da waren Trümmer wegzuräumen, Möbel und anderes in Ordnung zu bringen. Seit dem Anrücken der „Befreiungsarmee" hatte sich sogar der beherzte Pförtner bei Nacht außerhalb des Schlosses verborgen; die dort vorhandenen Schätze lockten fortwährend verdächtige Besucher. Indessen wagten es drei Freunde, im Schloß zu übernachten. Sie wandten sich an die Offiziere der im benachbarten Hof untergebrachten russischen Besatzung und ersuchten sie um ihren Schutz.

So konnte bald das zweite Kindererholungsheim eröffnet werden: Am 2. Juni ertönte auch hinter den Mauern des Štiříner Schlosses frohes Kindergeschrei. Wir brachten weitere zwanzig Kinder aus Theresienstadt hierher, diesmal größere. Die schöne Einrichtung des Štiříner Schlosses weckte ihr Entzücken. Die neunjährige Aninka gab dem auf sehr prosaische Weise Ausdruck. Alle waren schon zum feierlichen Abendessen versammelt, aber Aninka war nirgends zu finden. Schließlich entdeckte man sie an einem „stillen Örtchen". „Aber was machst du denn hier so lange?

Ist dir nicht wohl?" „Ach nein, aber es sitzt sich hier so gut!" In Theresienstadt hatte es für die Kinder in letzter Zeit nur Latrinen gegeben. Das Ghetto war im höchsten Grade überfüllt gewesen, wegen der vielen Gefangenen aus den Lagern des Ostens, die hierher evakuiert worden waren und Typhus eingeschleppt hatten.

Später kamen Kamenice und Lojovice an die Reihe. Weitere Freunde meldeten sich und wurden als Mitarbeiter gewonnen. Bettstellen aus ehemaligen Hitlerheimen in Prag wurden zur Verfügung gestellt, Strohsäcke gestopft, Spenden von Bettwäsche und Kleidungsstücken kamen an. Gelegentlich störten Möbelwagen unliebsam die Arbeit, die auf Befehl höherer Behörden Perserteppiche und auch andere wertvolle Gegenstände zur Ausstattung von Amtsräumen mitnahmen.

Immer mehr Kinder kommen aus Theresienstadt in die Schloßheime. Am 19. Juli 1945 bringen wir den letzten Transport von Kindern, welche die gut organisierte jüdische Jugendfürsorge des Ghettos unterzubringen hat. Es sind in unseren vier Schlössern nun über 150 Kinder im Alter von zwei bis sechzehn Jahren. Munteres Kindergeplapper ist in allen vier Parks zu hören. An jeder Eingangspforte weht eine weiße Fahne mit dem roten Kreuz, damit jedermann weiß: Hier ist eine Stätte der Fürsorge für Opfer des Krieges. Auch unsere Mitarbeiter tragen das Rote-Kreuz-Abzeichen am Arm. Schilder mit der Aufschrift „Quarantäne" an den Toren und Zäunen halten unerwünschte Besucher in respektvoller Entfernung.

Die Kinder fühlen sich bald heimisch, und es schmeckt ihnen ausgezeichnet. Auch an freier Bewegung können sie nicht genug bekommen. Den Dorfbewohnern, die an die vornehme herrschaftliche Ruhe gewöhnt waren, erscheint der Lärm schon als Zumutung. Außerdem mißfällt es ihnen sehr, daß manche der Kinder deutsch sprechen. Durch den Antisemitismus angesteckte Leute versuchen, die Arbeit zu stören; aber die Freude und die Dankbarkeit unserer Schützlinge ist allen Mitarbeitern großer Trost und

Ermunterung. Sie haben großes Verständnis für die anfängliche Undisziplinierheit der entlassenen kleinen Häftlinge. Nur daß sie alle in schreiendem Ton sprechen, selbst wenn sie in ruhiger Unterhaltung zu zweit sind, das macht stutzig. Eine der aus dem Ghetto mitgekommenen Pflegerinnen erklärt: „Diese Kleinen haben nie gelernt, in normaler Lautstärke leise zu sprechen. Das hätte in Theresienstadt niemand hören können. Die Kinder waren ständig in überfüllten Räumen und auf sehr geräuschvollen Straßen. Da gab es überhaupt kein privates Dasein. Wenn einer mit dem anderen sprechen wollte, mußte er seine Umgebung überschreien." Es dauerte ziemlich lang, bis die Kinder sich mäßigten.

Alle Kinder im schulpflichtigen Alter begannen sehr bald mit eifrigem Lernen. Auch für Handarbeiten hatten sie große Vorliebe. Unter der Leitung der geschickten „Tante Otuše" stellten sie Puppen und allerhand hübsche kleine Gegenstände her. Welche Freude, als sie ihnen Farbstifte, Farben und Pinsel brachte. Mit Begeisterung wurde alles gemalt, was man im Park entdeckte. Einmal gab die Lehrerin den Kindern eine besondere Aufgabe: „Zeichnet das, woran ihr euch aus Theresienstadt am besten erinnert." Viele dieser Zeichnungen zeigten sehr anschaulich, wie ihre Schlafräume dort ausgesehen hatten: drei Etagen von Pritschen übereinander. Andere Zeichnungen hielten das „Schlangestehen" mit der Eßschüssel in der Hand vor der „Magdeburger Kaserne" fest. Die Kinder hatten lebhafte Erinnerungen, aber, wie es schien, im ganzen ohne Bitterkeit. Um so größere Freude bereiteten ihnen jetzt die bequemen Betten, das gute Essen am gemeinsamen Tisch und alles Schöne, was das günstige Milieu ihnen bot.

JUGENDLICHE RÜCKKEHRER AUS AUSLÄNDISCHEN KONZENTRATIONSLAGERN

Unsere letzten Theresienstädter Kinder hatten sich in den Schloßheimen noch nicht einmal ganz eingelebt, da began-nen schon andere, in die Heime einzuziehen: Rückkehrer aus den Nazilagern in Deutschland und Österreich. Heranwachsende Mädchen und Burschen, die aus dem berüchtigten Auschwitz zur Zwangsarbeit geschickt worden waren und die Höllen von Mauthausen, Dachau, Buchenwald, Ravensbrück, Belsen und anderen Schreckensorten überstanden hatten. Sie kehrten jetzt von dort zurück, manche vereinzelt, auf langen, abenteuerlichen Wegen, andere in Repatrianten-Transporten. Vor Prag kamen sie zuerst zu einer der Auffangstationen mit Nachtlagern. Dort ließ Pitter Anschläge aufhängen, worin alle Mädchen und Jungen bis zu sechzehn Jahren in unsere Erholungsheime eingeladen wurden; die Anmeldung hatte im Milíč-Haus in Prag zu erfolgen.

So kam nun jede Woche eine neue Jugendgruppe in unsere Heime, immer mit dem Lastauto, das außerdem Gemüse und andere Lebensmittel für die vier Heime mitbrachte. Die ersten dieser Ankömmlinge waren noch ganz abgemagert vom kaum überstandenen Typhus.

Eines Tages aber rückte etwas ganz anderes bei uns an: Eine russische Militärformation drang ins Schloß Štiřín ein, wollte sich dort festsetzen und die Kinder hinauswerfen. Der Verwalter war gerade zu einer Beratung im benachbarten Schloß Olešovice. Man schickte schnell nach ihm, und es gelang ihm, das Schloß für die Kinder zu retten. Die Soldaten mußten sich mit der Unterbringung bei ihren Kameraden im benachbarten Gut begnügen. Um aber weiterem Eindringen fremder Interessenten in die Erholungsheime vorzubeugen, beschafften wir uns beim Prager Garnisonskommando vier russisch abgefaßte Kundmachungen, unterschrieben vom Vertreter des höchsten Sowjetbefehlshabers. Diese Eintrittsverbote wurden an allen Toren angebracht, und sie wirkten.

Auch die jugendlichen Rückkehrer aus Arbeitslagern fühlten sich in „unseren" Schlössern bald heimisch, besonders die Mädchen. Diese waren sogleich freudig bereit, in der Küche und bei kleineren Kindern zu helfen. Mit den Burschen war es bei weitem nicht so leicht. Der junge Lehrer Toník [Antonín Moravec] hat schon Anfang 1946 davon erzählt – in einem Bericht, den er auf Pitters Wunsch für die Unterstützer der Heime verfaßt hat. Ich übersetze (etwas gekürzt) daraus: „Neben dem Unterricht der schulpflichtigen Kinder war mir im Schloß Štiřín auch die Erziehung von 15 bis 20 Burschen anvertraut, die drei bis fünf Jahre in einem Milieu von konzentriertem Haß, Trug und Gewalt seitens der Nazis und auch der Mitgefangenen verbracht hatten. Diese Zöglinge waren nicht nur als Kinder in die Heime aufgenommen worden, sondern eigentlich auch als Hilfskräfte. Die Vormittage sollten der Arbeit gewidmet sein, die Nachmittage der körperlichen und geistigen Erholung. Ich stellte mir vor, daß ich mich vormittags ungestört dem Unterricht der Schulkinder widmen, die Arbeit den Burschen vorher einteilen und nachher überprüfen würde. Nachmittags könnten wir alle zusammen auf den Spielplatz, auf einen Ausflug oder zum Badeteich gehen.

Weit gefehlt! Ich erinnere mich sehr gut an einen der ersten Tage: Drei Jungen sollten das kleine Bassin vor dem Schloß säubern, die anderen im etwas entlegenen Gemüsegarten arbeiten. In der Erwartung, wenigstens ein Weilchen mit ihnen verbringen zu können, ging ich sie in der Unterrichtspause mit den Pausenbroten besuchen. Was erblickte ich da! Vor dem Schloß lag einer beim Bassin, der zweite im Schatten eines Baumes, der dritte war überhaupt verschwunden. Mit diesem hatte es angefangen: Als er sich entfernte, hatten sich die anderen gefragt, warum sie die Aufgabe allein verrichten sollten. Sie hatten sich einfach hingelegt. Im Gemüsegarten war es ebenso zugegangen. Einer hatte sich hingelegt, da taten die anderen dasselbe.

Sollte ich mich ärgern? Arbeit hatte ja für sie alle nur die Bedeutung einer Strafe. Sie hatten Arbeit lange unter

Zwang und strenger Aufsicht verrichten müssen. Dabei hatten die meisten wohl Muskeln entwickelt, aber überhaupt keine Arbeitslust. Sie waren auch immer bemüht gewesen, so wenig wie möglich zu leisten. Selbstsucht war im Arbeitslager zum Überleben notwendig gewesen. Sie brachten sie mit in die Heime und konnten sie nur langsam ablegen. Wie hätte es auch anders sein können, nach so vielen Zwängen in der empfindlichsten Zeit ihrer Entwicklung?

Ich erkannte sehr bald, wie stark das Beispiel wirkt. Bei der Arbeit, beim Spiel, beim Essen, überall! Es war entschieden leichter, die Burschen beim Frühturnen in Bewegung zu bringen, wenn ich mit ihnen lief und spielte, als wenn ich nur Befehle gegeben hätte. Sie hatten einen besonderen, unverständlichen Widerwillen gegen jegliches Sichbewegen und alle Tätigkeit. Vor jeder Arbeit mußte deren Sinn allen erklärt werden. So teilten wir uns jetzt die notwendige Arbeit ein und schlossen Vereinbarungen. Wenn die Jungen sahen, daß ich wie sie arbeitete, schauten sie nicht mehr auf diejenigen, die etwas weniger fleißig waren als sie – im Gegenteil, sie bemühten sich auch, einen bestmöglichen Arbeitsbeitrag zu erbringen.

Bei dieser Erziehung zur Zusammenarbeit waren uns die Spiele eine besonders große Hilfe. Eines der besten ist in dieser Hinsicht Volleyball. Wir richteten uns dafür gemeinsam einen Spielplatz her. Es brauchte viel Zeit, bis diese großen Kinder lernten, einander den Ball zuzuspielen, statt ihn nur ziellos zu werfen."

Lehrer Toník verbrachte auch die Abende mit seinen Burschen in geselligen Gesprächen, beim Singen und kurzem Vorlesen, was sehr zur gegenseitigen Annäherung beitrug. Trotz schlechten Stimmaterials zeigten sie große Lust am Singen. Da brachte Toník seine Geige mit. Die Jungen kannten etliche polnische Volkslieder, auch einige jüdische.

Toník sang mit ihnen und lehrte sie tschechische Lieder. Sie lernten mit Freude so viele, daß sie mit tschechischen Kindern hätten konkurrieren können, wie Lehrer Toník meinte. Sie sangen dann später oft bei der Arbeit und auf dem Weg dahin. Auch Zdeněk, der Hauptverwalter aller Heime, trug manchmal mit seinen Erfahrungen aus Jugendlagern zum abwechslungsreichen Ablauf dieser geselligen und auch gehaltvollen Abende bei – sei es beim Lagerfeuer oder, wenn das Wetter nicht wollte, drinnen.

Toník widmete sich den Burschen wirklich ganz, das war der Schlüssel zu seinem Erfolg. Während vor einem halben Jahr nicht einmal drei miteinander ein Töpfchen Himbeeren füllen oder das Bassin reinigen konnten, waren sie im Herbst imstande, musterhafte Zusammenarbeit zu leisten – etwa bei der Sonnenblumenernte, beim Holzhacken für den Winter und beim Abladen von mehreren Bahnwagen Koks und Kohle und deren Beförderung ins Heim. So wurden sie eine sehr tüchtige Hilfe auch für die anderen Kinderheime, sogar als dort deutsche Kinder untergebracht wurden.

„Ich bin überzeugt", schloß Toník seinen Bericht, „daß unsere Jungen den Sinn für verantwortungsvolle Zusammenarbeit in ihre neue fremde Umgebung mitnehmen werden. Auch wenn einer mit der Zeit vielleicht auf Irrwege geraten sollte, wird ihm gerade die Erinnerung an ein Lagerfeuer, an eine Sonntagszusammenkunft mit Direktor Pitter oder an das ganze Milieu liebevoller Zusammenarbeit in Štiřín neues Licht und Ansporn auf den Lebensweg geben."

*

Die Arbeit in den Heimen stellte an alle Mitarbeiter große Anforderungen, denn es mußte überall neben dem Unterricht eine allgemeine Umerziehung stattfinden. Unter der umsichtigen Führung genasen die Zöglinge an Leib und Seele. Die Fürsorge erstreckte sich nicht nur auf ihr körperliches Wohlergehen. Sie hatten, anstatt Schulen zu besuchen, drei oder mehr Jahre anstrengende körperliche Arbeit leisten müssen. Jetzt waren sie sehr lernbegierig. Einige uns empfohlene Lehrkräfte widmeten ihnen ihre ganze Ferienzeit, um das Versäumte so gut wie möglich nachzuholen und die Rückkehrer für die Aufnahme in normale Schulen vorzubereiten. Es wurden je nach Sprache und Vorkenntnissen Lernkreise gebildet. Der Landesschulrat stellte uns nach den Schulferien Lehrkräfte zur Verfügung.

Etliche Mitarbeiter erwiesen sich als hervorragende Erzieher im wahrsten Sinne des Wortes. Sie trachteten, dieser geschädigten Jugend auch seelisch Ersatz für das zu geben, worum sie in ihrer Kindheit betrogen worden waren. Es wurden z.B. kleine Konzerte im Štiříner Schloß veranstaltet, das dafür schöne und geeignete Räumlichkeiten hatte. Die größeren unserer Zöglinge lauschten hingerissen, wenn unsere junge, im Milíč-Haus aufgewachsene Pianistin ihnen Werke großer Meister nahe brachte. Den Höhepunkt ihrer musikalischen Genüsse erlebten sie vor ihrer Abreise in dem gründlich vorbereiteten Besuch von Smetanas Oper „Die verkaufte Braut“ im Prager Nationaltheater.

Mit großer Spannung erwarteten sie immer den allsonntäglichen Besuch von Direktor Pitter. Da waren die größeren Kinder aus allen Heimen zu einer besinnlichen Stunde in Štiřín vereint. Jedes seiner Worte fiel in offene, bereite Herzen. Eine dieser Ansprachen begann mit einer Anknüpfung an ein Lied des tschechischen Dichters Jan Neruda „Erhebe dein Haupt, oh Volk!“ Es kam dabei nicht darauf an, ob die jugendlichen Zuhörer nun an das tschechische Volk dachten oder an das jüdische – die Wahrheit Gottes gilt für alle Völker gleichermaßen. Wenn dann die zuhörenden Jugendlichen Fragen stellten, berührte der Vortragende mit Ernst auch die letzten Dinge des Menschseins.

Die durchlebten Schrecken verblaßten allmählich in den Seelen der jungen Rückkehrer. Wer sie erlebt hatte, sprach nicht davon; aber es war allen aus diesen furchtbaren Lebenserfahrungen eine vorzeitige innere Reife verblieben, die ganz besondere Leiden in ihnen hervorgerufen hatten. Und hier stand nun ein Mensch vor ihnen, der sie in sein eigenes Inneres blicken ließ und sie mit dem Lebensnotwendigen versah. Er bemühte sich nicht darum, daß sie in ihm einen Christen sähen. Zu gut wußte er, daß das Christentum versagt, an ihnen Verrat geübt hatte. Diese Jugend sah in ihm einen Menschen vor sich, der die Lehre des größten Propheten ihres eigenen Volkes tief in sich aufgenommen hatte und sie zu verwirklichen trachtete. Darum warteten sie immer mit unverkennbarer Freude auf diese sonntäglichen Feierstunden.

*

Trotz aller Sorge für so viele neu zu uns gekommenen Kinder, dachten wir oft auch an unsere früheren jüdischen Pfleglinge, an unsere liebe Marion, an den armen „Professor" und alle anderen. Ständig warteten wir darauf, daß wenigstens einige von ihnen wieder auftauchen – und sich in unserer nun so großen Familie erholen könnten.

Diese Hoffnung schwand jedoch dahin, als uns eines Tages Marions Tante besuchte, die als einzige der nahen Verwandten alle Strapazen der Konzentrationslager überlebt hatte. Sie war es auch, die uns von Marions Begegnung mit Dolfi im isolierten sogenannten „Familienlager" von Auschwitz II-Birkenau berichtet hatte. Marion hatte ihr, der Mutter und der älteren Schwester ihre schönen Erinnerungen an Mýto erzählt. Im düsteren Lagermilieu sollen es für sie alle immer seltene lichte Augenblicke gewesen sein. Auch unsere Päckchen sollen ihnen seelische Aufmunterung bedeutet haben.

Die Tante schilderte uns auch die letzten Stunden des bedauernswerten Kindes, wie Marion bewußt und tapfer den Tod in einer Gaskammer fand, zusammen mit ihrer Mutter, der älteren Schwester und tausend anderen. Es war am 7. März 1944, dem Geburtstag T. G. Masaryks[11]. Die Tante hatte von weitem selbst gehört, wie die Jugendli-

[11] Spätere amtliche Meldungen berichten, daß an diesem einen Tag 3.860 Menschen aus Böhmen und Mähren durch Gas ermordet und in den Auschwitzer Öfen verbrannt wurden, davon 267 Kinder. Als wir die erwähnte Karte von Dolfi erhielten, waren also beide Kinder schon tot. So wurden die Bestätigungen für den Erhalt der Päckchen absichtlich mit großer Verspätung aus Auschwitz abgeschickt.

chen beim Abzug in die Todeskammer die tschechische Hymne anstimmten: „Kde domov můj?“ (Wo ist meine Heimat?)

Lange erzählte uns die Tante von allem Erlebten; ihr selbst wurde vielleicht dabei etwas leichter zumute – uns aber zerriß das Bild des kindlichen Leidens die Seele.

„Einmal“, berichtete die Tante weiter, „habe ich gesehen, wie eine gefürchtete SS-Frau in einer Regung unwillkürlicher Zärtlichkeit einen kleinen Jungen streichelte: ‚Du bist ein gescheiter kleiner Kerl, was willst du denn werden, wenn du einmal groß bist?‘ ‚Ich werde ja nicht groß.‘ ‚Nun, wieso denn nicht?‘ ‚Ich muß ja doch in den Ofen.‘ (So wurden in Auschwitz die Gaskammern benannt.) Die SS-Frau neigte den Kopf und ging rasch fort.“

Die Kinder lebten also in der Erwartung, daß sie umgebracht würden.

Auch die größeren Mädchen und Jungen, die in unseren vier Heimen lebten, waren alle durch die Hölle von Auschwitz gegangen. Sie hatten nur das Glück, daß sie etwas später an die Reihe kamen, weil Hitler auch ihre Hände zur Arbeit brauchte. Für die Gaskammern waren nur die Schwachen und Kränklichen bestimmt. Die Kräftigeren wurden in andere Lager geschickt, wo sie in der Kriegsindustrie ausgenützt wurden. Aber selbst von ihnen überlebte nur ein kleiner Prozentsatz. Die Behandlung und das Elend waren in den Arbeitslagern oft noch ärger als in Auschwitz. Auch davon erzählte uns Marions Tante aus eigener Erfahrung. Manches hatten wir schon früher geahnt, aber wir vermieden es, mit unseren Pfleglingen von all dem zu sprechen, um sie nicht an das Durchlittene zu erinnern. Für sie war es besser, ja notwendig, zu vergessen, damit sie wieder ins Leben hineinwachsen konnten.

So kam also keines unserer sehnlichst erwarteten früheren Kinder zurück. Einzig Doris hatten die Schweden mit ihrer Mutter aus dem Konzentrationslager Belsen als wahrhaft lebendige Gerippe fortführen und von den Folgen des

Flecktyphus befreien können. In ihre böhmische Heimat kehrten sie jedoch nicht zurück.[12]

Es fanden aber über 250 andere junge Opfer der Nazi-Unmenschlichkeit den Weg in unsere Schlösser, ein glückliches Heim und seelische Gesundung. Sie verbrachten hier einen oder mehrere Monate, je nachdem wann sie von Verwandten oder Freunden gefunden wurden. Einige wurden durch die jüdische Jugendfürsorge in Transporte aufgenommen, die kleinen ausländischen Kinder kamen nach England, die größeren auf deren Wunsch nach Palästina. Für einige Waisen aus der Tschechoslowakei fanden wir gute Pflegeeltern.

*

Freilich, wer heute durch diese Schloßgegend streift, wird kaum jemanden finden, der gemeinsam mit diesen Kindern jenen glücklichen Sommer 1945 erlebte. Vielleicht nur die alte Köchin, die mit gleicher Ergebenheit für ein ganzes Schloß voller Kinder die Küche leitete, wie vordem für die Frau Baronin. Die Dorfleute würden wenig erzählen können. Hier und da erinnert sich vielleicht noch jemand, wie sie in Olešovice und Lojovice zu Eröffnungsfeiern eingeladen und gastlich bewirtet wurden, und wie der „Herr Direktor“ sich bemühte, ihr Verständnis zu gewinnen. Aber leider brachte es auch die unermüdliche Liebenswürdigkeit seiner Mitarbeiter nicht zustande, ihre Gunst zu erlangen. Und an die lokalen Amtsstellen dürfte man sich erst gar nicht wenden, wenn man die historischen Tatsachen des hier Berichteten prüfen wollte. Unsere Chronistin Otuše Dürrová schrieb am 24. 7. 1945 in ihr Tagebuch: „Der Widerwille der Landbevölkerung gegen unsere Arbeit hat sich jetzt in Verleumdungen ausgedrückt. Ins Schloß Štiřín kamen ein

[12] Viel später meldeten sich bei uns noch zwei Mädchen, das eine in Prag, das andere während unserer Besuchsreise in Israel. Sie erinnerten sich an Onkel Přemysls Besuche im jüdischen Prager Waisenhaus, wie er ihnen insgeheim Milch und Obst brachte und jedesmal mit ihnen fröhliche Lieder sang.

Gendarm und ein Gardist, eine unerfreuliche Angelegenheit. Aber trotzdem ist uns zum Lachen, wenn man alle diese lügenhaften Angaben über uns und die Ungeheuerlichkeiten über unseren Direktor hört. Wir haben sie von dem wirklichen Stand der Dinge überzeugen können, und es wurde ein ellenlanges Protokoll aufgesetzt. Darin sind die minimale Honorierung aller Mitarbeiter sowie die bescheidenen Unterkünfte aller leitenden Angestellten angeführt. Und weiter, daß diese ebenso wie der Direktor bisher überhaupt keine Gehälter bekommen haben und daß schließlich das ganze Unternehmen vorläufig aus privaten Mitteln der Freunde Pitters unterhalten worden ist. Zum Schluß hat sich der Gendarm nahezu entschuldigt."

Es fanden sich aber auch ein paar Dorfbewohner, die uns, fast mit etwas Mitleid mit den ehemaligen Schloßbesitzern, über diese informierten. Zu Anfang des 19. Jahrhunderts war der österreichische Kesselschmied Ringhoffer in diesen kargen Landstrich gekommen. Bei der kleinen Kamenicer Kapelle unterhalb der die Landschaft beherrschenden Anhöhe Vlková, richtete er sich eine Werkstatt ein. Dank der Strebsamkeit der Familienmitglieder wuchs ihr Unternehmen mit jeder Generation. Im 20. Jahrhundert besaßen die Ringhoffers außer der Kupferschmiede in Kamenice eine musterhafte Milchwirtschaft samt Großgärtnerei in Štiřín, die bekannte Popowitzer Bierbrauerei und vor allem die großen Waggon- und Autofabriken in Prag-Smíchov. Auch ihre Familiensitze (später „unsere Schlösser") vermehrten und vergrößerten sich.

Die Ringhoffers waren einst gute Österreicher – der Kaiser verlieh ihnen den Baronstitel. Nach dem Untergang der österreichisch-ungarischen Monarchie wurden sie loyale Bürger der Tschechoslowakischen Republik, und später, während des Protektorates Böhmen-Mähren, ebenso loyale deutsche Bürger von Hitlers Drittem Reich. Doch mißbrauchten sie ihre Macht als deutsche Herren in der rein tschechischen Gegend nicht. Sonst wären sie bestimmt ins Gefängnis und vor Gericht gekommen. Aber als

Angehörige der „feindlichen Nation" wurden sie wie alle anderen Deutschen aus ihren luxuriösen Herrensitzen vorerst an Ort und Stelle interniert und dann zur Aussiedlung in Prager Internierungslager abgeführt. Im Sommer traf Přemysl Pitter zufällig einen von ihnen im Lager Modřany; er wartete dort unter dürftigen Verhältnissen auf die Aussiedlung nach Deutschland, zusammen mit vielen anderen ehemaligen tschechoslowakischen Bürgern deutscher Sprache.

*

Und dennoch schlummerte in der heiteren, sonnigen Sorglosigkeit jener Tage etwas wie ein schwerer Schatten auf dem Grund vieler Kinderseelen, das hat uns die Begebenheit mit Jolana gezeigt.

Jolana war am 10. Juli 1945 mit dem Lastauto angekommen. Zwischen Fässern und Gemüse hockten dort acht Gören von wenig anziehendem Aussehen. Die fünfzehnjährige Jolana war an die etwas jüngere Blanka geschmiegt. Sie sahen aus wie von Räubern entführte, verängstigte Prinzessinnen. Blanka, mit dem blassen schmalen Gesicht, sprach nur ungarisch. Jolana wirkte gesünder und kräftiger. Offensichtlich waren die beiden Mädchen völlig verschiedene Charaktere, die sich in ihrer Vereinsamung einander angeschlossen hatten. Wer weiß, was für Demütigungen, Grobheiten, ja Gewalttaten sie in Arbeitslagern hatten erdulden müssen – und das nicht nur seitens ihrer Aufseherinnen! Dort konnten ja oft nur Ellbogenmenschen durchhalten.

Die beiden Mädchen fühlten sich offensichtlich erleichtert, als nur sie allein vor dem Schloß Kamenice aufgefordert wurden, auszusteigen und sie dort keine älteren Burschen erblickten.

Schon beim Einschreiben in Prag hatte ich erfahren, daß beide erst im Jahr 1944 mit ihren Eltern und Geschwistern aus Karpathenrussland nach Auschwitz deportiert worden waren. Blanka wurde dann allein nach

Ravensbrück geschickt, Jolana in die Munitionsfabrik in Fallersleben. Sie lernten einander erst vor kurzem in Prag kennen und befürchteten beide, daß ihre Eltern nicht zurückkehren würden. Blanka hatte indessen eine „arische“ Tante in der Slowakei, und so war abgemacht, daß sie beide nach ihrer Erholung zu ihr fahren würden.

Die Mädchen fühlten sich in Kamenice bald heimisch. Mit Vergnügen halfen sie bei der Küchenarbeit, wenn die Köchinnen nicht durchkamen. Blanka bemühte sich, tschechisch zu lernen. Jolanas heiterer Charakter kam mehr und mehr zum Durchbruch. Beide wirkten nun wie ganz glückliche Kinder. Unwillkürlich erinnerten sie uns an Marion; sie wäre jetzt in ihrem Alter gewesen...

Vier Wochen nach der Ankunft der beiden Freundinnen erschien im Milíč-Haus in Prag ein zwanzigjähriges Mädchen, ganz ermüdet von hoffnungslosem Wandern von einer Amtsstelle zur anderen. Endlich hatte sie erfahren, daß ihre Schwester Jolana im Milíč-Haus sei.

„Hier im Haus ist sie zwar nicht, aber sie ist in unserer Fürsorge, in unserem Erholungsheim in Kamenice, und es geht ihr sehr gut. Morgen früh werden wir mit dem Auto abgeholt, um hinzufahren. Sie können mitkommen. Heute würden Sie schwerlich hingelangen. Der Autobusverkehr ist noch nicht geregelt, und vom nächsten Bahnhof ist es ein weiter Weg.“

Das junge Mädchen lebte bei dieser guten Nachricht auf und begann, uns von sich selbst zu erzählen. Auch sie hatte eine Reihe von KZ's hinter sich; nach der Befreiung war sie gleich in die Heimat nach Karpathenrussland geeilt, das aber schon an die Sowjetunion abgetreten worden war.

Das Vaterhaus fand sie leer vor; von der ganzen großen Familie war nur sie allein zurückgekehrt. Sie hielt es in der verödeten Heimat nicht aus. Heimlich überschritt sie die neue Grenze zurück in die Tschechoslowakei. Sie hatte erfahren, daß in Theresienstadt noch viele Überlebende verblieben waren und hoffte, dort jemanden von ihren Angehörigen zu finden. Aber sie fand niemanden. Der schwer

Enttäuschten wurde der Rat gegeben, in Prag nachzuforschen; dort gebe es schon eine umfangreiche und genauere Kartothek aller Rückkehrer, und tatsächlich stieß sie dort auf den Namen ihrer Schwester.

Am nächsten Tag unterhielt sie uns im Auto den ganzen Weg mit ihrer froh erregten Stimmung, in einer urwüchsigen slowakischen Mundart. Wir stiegen in Olešovice aus, wo sich das Zentralbüro unserer Heime befand, und ließen nach Kamenice sagen, Jolana möge in die Kanzlei kommen.

Das muntere Mädchen erschrak. Was kann denn der Herr Direktor von ihr wollen? Unterwegs erforschte sie ihr Gewissen, ob sie sich etwas habe zuschulden kommen lassen. Sollte sie vielleicht einen Verweis erhalten?

Als sie in den Olešovicer Bibliotheksraum geführt wurde, sah sie sich fragend um. Da erblickte sie ihre Schwester und flog ihr in die Arme. So aufgeregt und erschüttert war sie, daß sie lange kein Wort hervorbringen konnte und nur an der Brust der Schwester schluchzte.

Alle Anwesenden schwiegen tief ergriffen. Leise stieg die Befürchtung auf, ob die allzu plötzliche Begegnung dem Kind nicht einen seelischen Schaden zugefügt habe. Würde ihr durch alles Vorhergegangene geschwächtes Nervensystem diese übermäßige Erregung ertragen?

Dann aber brach sie in den befreienden Aufschrei aus: „Ich bin nicht mehr allein!"

Es klang, als wenn ihr die ganze Last der vergangenen durchlebten Pein auf einmal vom Herzen gefallen wäre.

„Kinder des Feindes" aus tschechischen Internierungslagern

Während der ersten Friedenswochen war Přemysl Pitter selten zu Hause, er hatte eben vier beschlagnahmte Schlösser als Erholungsheime für heimatlose Kinder aus Konzentrationslagern sichergestellt. Nun gab es viele Laufereien in der noch chaotischen Hauptstadt, um die neu bestellten Ämter zu finden und dort Bewilligungen für den Betrieb dieser Heime einzuholen.

Doch der Unbekannte, der im Milíč-Haus anrief und mit Pitter persönlich zu sprechen wünschte, hatte Glück. Er bat ihn dringend, einer bedrohten Großmutter mit zwei kleinen Kindern zu helfen. Sie wohnte im Stadtteil Vinohrady (dt. Weinberge), wo viele moderne Wohnungen deportierter Juden in den letzten Kriegsjahren von Deutschen belegt worden waren. Das tschechische Prag war von Bombardierungen der Alliierten ziemlich verschont geblieben und galt daher als beliebter Zufluchtsort für Familien aus den gefährdeten Reichsstädten. Diese Deutschen befanden sich nun plötzlich in Feindesland, dem rasenden Vergeltungswahn des tschechischen Mobs ausgeliefert.

Der telefonische Hilferuf erinnerte Pitter an eine schreckliche Szene, deren Zeuge er vor kurzem geworden war: Eine tobende Menschenmenge verfolgte zwei deutsche Frauen, begoß sie zuletzt mit Benzin und verbrannte sie lebendigen Leibes! So begaben wir uns gleich zur unbekannten Großmutter. Schon zu Hitlers Zeiten lag unseren Freunden stets daran, daß ich Přemysl bei gefährlichen Unternehmungen begleitete; geschützt durch meinen Schweizer Paß konnte ich ihnen eventuell Nachricht geben.

Eiligst gingen wir zum nahen Stadtviertel „Flora" hinauf. Hinter der hohen Friedhofsmauer waren noch Schüsse zu hören. An der Kreuzung stießen wir auf das wilde Geschrei einer Menschenmenge, die deutsche Frauen – die Männer waren noch an der Front – aus den Wohnungen herausjagte und sie zwangen, die Straßenbarrikaden wegzuräumen und die herausgerissenen Pflastersteine wieder einzusetzen. Auf die gebeugten Köpfe und Rücken fielen Schläge, begleitet von Schimpfwörtern. Dabeistehende Gardisten der Revolution versuchten keineswegs, die Haßausbrüche zu verhindern – eher im Gegenteil. Pitter versuchte, die Wut der Menge zu dämpfen; beinahe hätte er selbst dafür Schläge geerntet. Er zog mich am Ärmel weg und flüsterte: „Hier können wir nichts erreichen, vielleicht ist die Großmutter noch zu Hause." Geschützt durch unsere weißen Armbinden mit rotem Kreuz gelangten wir auf Umwegen ans Ziel.

In der angegebenen Wohnung fanden wir auf einer Couch liegend eine vor Schrecken am ganzen Leib zitternde Greisin. Zwei kleine Buben schmiegten sich verängstigt an sie. Es dauerte eine gute Weile, bis sich die gequälte Frau König einigermaßen beruhigte und begriff, daß wir gekommen waren, um ihr zu helfen. Stöhnend vertraute sie uns ihre Sorgen an. Ihre beiden Söhne seien an der Front; die Mutter der Kinder habe dienstlich in Leipzig bleiben müssen. Mit grauenerfüllter Stimme erzählte sie: „Die Buben haben am Fenster gesehen, wie der Mob zwei Frauen jagte und gehört, wie man auf Fliehende schoß. Sie wagen nicht mehr, ans Fenster zu treten. Deutsche Hausbewohner sind unter Geschrei einfach weggeschleppt worden. Auch bei uns sind wiederholt wilde Menschen eingedrungen und haben mit lautem Brüllen gedroht, uns zu verjagen ... Ich halte es nicht mehr aus ... aber was wird mit meinen Enkeln geschehen, wenn ich meiner Herzkrankheit erliege? Die Kleinen verstehen kein Wort tschechisch ... Sogar der gutherzige Nachbar ist machtlos gegen diese Wilden."

Wir berieten uns mit diesem hilfsbereiten Menschen. Er war es gewesen, der Pitter angerufen hatte. Er erklärte: „Wir tschechischen Hausbewohner haben Frau König bis jetzt vor Internierung bewahren können. Sie und die Buben verhielten sich uns gegenüber stets sehr anständig. Aber die Straßenmeute wird von Tag zu Tag aufdringlicher, und wir sind machtlos dagegen. Gibt es denn keinen amtlichen Schutz für Unschuldige?“

Nein, so einen Schutz gab es noch nicht. Überall herrschte nach dem Zusammenbruch von Hitlers Terrorregime ein Durcheinander.

Pitter bat um ein Blatt Papier, schrieb deutlich darauf: „Diese Wohnung steht unter dem Schutz des Tschechischen Roten Kreuzes“ und befestigte es an der Wohnungstüre. Der Großmutter wurde merklich leichter ums Herz. Der Zettel wirkte Wunder.

Bei weiteren Besuchen erfuhren wir mehr aus dem Leben von Frau König: Der erste Weltkrieg hatte ihr den Gatten geraubt. „Mittellos blieb ich mit zwei kleinen Buben, wie diesen da, zurück. Ich setzte alle meine Kräfte ein, den Jungen eine gute Ausbildung zu ermöglichen. Aber kaum hatten sie sich auf eigene Füße gestellt, da hat sie der neue Krieg erfaßt. Der eine Sohn mußte als Arzt an die Ostfront, der andere, der Vater dieser Buben, wurde nach Prag versetzt. Deshalb sind wir hierher gezogen. Doch bald darauf wurde auch er an die Front geschickt, in den Westen ... Ob beide wohl den Krieg überlebt haben? ... Und was soll mit uns hier werden, im Feindesland? Wie lange werden uns die Tschechen in der Wohnung lassen?“

Vorläufig konnte man nichts tun, nur warten und auf Gott vertrauen. Im Juni kam erneut eine ernste Drohung, daß sie aus dem Haus verjagt würden. Jemand begehrte die schöne Wohnung und stachelte deshalb den Nationalen Ortsausschuß gegen die Deutsche auf. Ich suchte den Interessenten auf. Es war ein Bankbeamter, einer jener frisch gebackenen Kommunisten, denen es nur um den eigenen Vorteil ging. Ich schilderte ihm die verzweifelte Lage von Frau König und bat ihn, sich mit der Wohnung zu gedulden, bis sie die Möglichkeit hätte, nach Deutschland zurückzukehren. Er zeigte sich für menschliche Regungen nicht sehr zugänglich, aber die Fürsprache schien doch geholfen zu haben.

Wir hatten dann mit der Betreuung der stets wachsenden Zahl von Kindern aus dem KZ so übermäßig viel zu tun, daß wir Frau König nur noch selten besuchen konnten.

Da, eines Abends, als im Milíč-Haus schon alles still war, läutete die Hausglocke. Přemysl Pitter, der im 2. Stock noch Schreibarbeiten erledigte, rief tschechisch zum Fenster hinunter:

„Wer ist da? Was wünschen Sie?“

„Herr Pitter?“ fragte eine gedämpfte Männerstimme auf deutsch.

Das konnte nur ein Hilfesuchender sein. Er wurde hereingelassen.

„Ich heiße König“, stellte sich der Fremde vor. „Ich bin trotz vieler Hindernisse aus Deutschland hierher gelangt, um meine Mutter und die Kinder zu holen; doch ich habe sie in der Wohnung nicht angetroffen. Angeblich wurden sie vor kurzem interniert. Der Hausmeister meint, nur Sie, Herr Direktor, könnten mir helfen, sie ausfindig zu machen.“

Pitter brauchte Zeit, um sich von der Überraschung zu erholen, daß es ein Deutscher überhaupt gewagt hatte, jetzt nach Prag zu kommen. Geholfen hatte ihm ein Ausweis, demzufolge er unter Hitler einige Monate aus politischen Gründen inhaftiert gewesen war.

Er übernachtete im Milíč-Haus. Am nächsten Tag liefen wir von Pontius zu Pilatus, um eine Spur von seiner Mutter zu entdecken. Wir mußten uns viele gehässige Bemerkungen gefallen lassen, gelangten aber doch ans Ziel. Frau König sollte mit den Kindern in der Rais-Schule interniert sein, die wegen beträchtlicher Bombenschäden außer Betrieb war.

Vor der „Raisova škola“ [Rais-Schule] standen zwei bewaffnete Wachleute. Eben verwehrten sie einer Frau, die jemandem ein Päckchen bringen wollte, den Zutritt: „Besuche sind verboten!“ schnauzten sie. Aber Pitters vom Revolutionsrat ausgestellter Ausweis beeindruckte sie. Wir wurden zum Kommandanten geführt, einem Major der ehemaligen tschechoslowakischen Armee, der gleich nach dem Fall der deutschen Militärmacht wieder seine gut versteckte Uniform angezogen hatte – ein an Rang und Ordnung gewohnter Mensch, mit dem es sich reden ließ. In Begleitung einer Wache durften wir Frau König suchen.

Ein Inferno tat sich uns auf, von dem die draußen vorbeigehenden Bürger keine Ahnung hatten. Über tausend Deutsche – vorwiegend Frauen und Kinder – waren in Klassenräumen und Kellern zusammengepfercht. Es gab kein Stroh, sie mußten auf dem blanken Boden sitzen, konnten sich zum Teil nicht einmal hinlegen. Kranke und Gesunde, Erwachsene und Kinder zwängten sich in einem unbeschreiblichen Durcheinander zusammen, wie Fliegen, wenn sie der Frost erwischt hat.

Einer der Internierten, ein deutscher Arzt in schmutziger Schürze, wies verzweifelt auf den Raum, wo er wenigstens die Säuglinge hatte isolieren können. Da lagen sie, mit runzlig-verhutzelten Gesichtchen auf den Schulbänken, nur Haut und Knochen, zwergenhafte Greise. „Denen kann nicht mehr geholfen werden“, gab uns der Arzt leise zu verstehen. „Es gibt keine Milch für sie.“ Laut Anordnung des Ernährungsministeriums sollten die Deutschen jetzt nur die gleichen Rationen erhalten, die sie vorher den Juden gewährt hatten. Von hygienischen Einrichtungen keine Spur. Unterernährung und ansteckende Krankheiten rafften viele dahin. Laut unseren späteren Informationen sind alle Säuglinge gestorben.

Frau König und die Buben fanden wir im Keller. Als sie vom Eintreffen ihres Sohnes erfuhr, huschte ein Schimmer über ihr fahles Gesicht. Pitter erreichte die Erlaubnis für die Entlassung von Frau König unter der Bedingung, daß sie und die Kinder ihre Wohnung nicht mehr betreten und sofort mit ihrem Sohn nach Deutschland abreisen.

Zutiefst erschüttert verließen wir das Internierungszentrum. Wir brachten für die Nacht alle vier ins Milíč-Haus... Die Greisin und die Kinder waren buchstäblich ausgehungert. Gebadet, ausgeruht und mit den notwendigen Dingen für die Reise versehen, traten sie die Bahnfahrt in den Westen an, in Begleitung von Frau Rottová unserer Sozialarbeiterin im Milíč-Haus. Und sie kamen glücklich an.

*

Unsere Schützlinge waren erlöst. Doch was sollte mit all den Elenden geschehen, die im Internierungszentrum bleiben mußten? Die schrecklichen Szenen in der Rais-Schule ließen Pitter Tag und Nacht keine Ruhe. Er versuchte einflußreiche Stellen aufzurütteln, die Abhilfe schaffen sollten. Als der Leibarzt des Staatspräsidenten Eduard Beneš in den Schloßheimen die Kinder aus den Konzentrationslagern besucht hatte, war er voller Dankbarkeit und hatte dem Direktor als Gegenleistung seinen Dienst angeboten. Nun ersuchte ihn Pitter, mit ihm in die Rais-Schule zu fahren, zeigte ihm die verhungernden Säuglinge und bat ihn, beim Präsidenten die Zuteilung von Milch wenigstens für die darbenden deutschen Kinder zu erreichen. Jedoch selbst dem Staatsoberhaupt war es nicht möglich, etwas an den Verordnungen des Innenministeriums und des Ministeriums für Ernährung zu ändern, die beide schon damals der Kommunistischen Partei oblagen.

Im sozialen Revolutionsausschuß des Landrates gab Pitter eine erschütternde Schilderung vom Elend der Internierten in der Rais-Schule. Sie wirkte als Entzauberung auf die Revolutionsbegeisterung mancher Mitglieder. Doch es gab wenig Hoffnung auf baldigen Erfolg ihres Einschreitens. Die Schrecken der Nazi-Zeit waren noch zu frisch im Gedächtnis vieler Tschechen.

Da entschloß sich Pitter zu direkter Aktion. Konnte er nicht allen helfen, so wenigstens den am meisten Bedrohten, den Kindern! „Ich muß sie in unsere Erholungsheime bringen“, teilte er seinen Vertrauten im Milíč-Haus mit. Das schien uns, bei diesem aufgebrachten Zustand der Bevölkerung, ein wahnsinniger Einfall. Damit würde er nicht nur sich und sein Werk gefährden, sondern auch die Kinder selbst!

Pitter ließ sich nicht abraten. Zu jener Zeit erneuerte sich auch schon das Ministerium für Soziale Fürsorge unter dem Namen Ministerium für den Schutz der Arbeit und für soziale Fürsorge. Es war die erste Amtsstelle, bei der ihm volles Verständnis entgegengebracht wurde. Er erhielt die Bewilligung, alle kranken und verlassenen deutschen Kinder in seine Heime aufzunehmen!

Aber wie sollte das verwirklicht werden, waren doch alle vier Schloßheime schon mit Opfern des Nazi-Terrorsystems besetzt? Pitter fuhr hinaus, um sich dort mit den verantwortlichen Mitarbeitern zu beraten. Sie erinnerten ihn daran, daß die jüdische Hilfsorganisation in England die fremden Kleinkinder zur Betreuung eingeladen hatte und daß diese bereits für den Abflug durch die britische Luftwaffe bereit seien. So könnten die schon erholten Lojovicer Kinder vorübergehend in Olešovice den dortigen zugeteilt und das Schloß Lojovice in ein Isolierkrankenhaus für deutsche Kinder umgewandelt werden. Es hätte auch den Vorteil, daß die deutschen Kinder in dem abgelegenen kleinen Ort den Landbewohnern und unseren jüdischen Kindern weniger ein Dorn im Auge wären.

Gesagt, getan. Innerhalb zweier Tage war das Schlößchen Lojovice für neue kleine Gäste bereit, die hilfsbedürftiger waren als die ersten. Ein alter, noch mit dem Roten Kreuz versehener Autobus wurde mit etwa dreißig Kindern besetzt, die der internierte Arzt in der Rais-Schule als transportfähig erklärt hatte. Wir konnten auch eine internierte Ärztin und eine Frau für Hilfsarbeiten, Mutter des schwächsten Kindes, mitnehmen. Nicht ohne geheimes Bangen fuhren wir langsam, aber ohne anzuhalten, direkt nach Lojovice.

Nie werden wir vergessen, wie wir an jenem 26. Juli 1945 diese Halbverhungerten auf dem Rasen des Parks hinlegten, wie sie matt vor Schwäche liegen blieben! Mit sehr gemischten Gefühlen betrachteten wir die armen Geschöpfe. Einerseits waren wir erfreut, daß es gelungen war, sie aus der Hölle des Lagers in diesen gesunden, stillen Winkel der Natur zu bringen. Doch herbe Verbitterung überkam uns darüber, daß sich auch das tschechische Volk in blindem Vergeltungswahn zu solcher Unmenschlichkeit hatte erniedrigen lassen.

Eine Woche nach der Ankunft der ersten deutschen Kinder in Lojovice konnte das Schlößchen noch eine Gruppe von verhungernden Kindern mit vier Müttern aufnehmen, diesmal aus der Internierung im Gebäude der YMCA unweit des Grabens. Somit war Lojovice mit über fünfzig sehr schwachen Patienten voll belegt.

Erschütternd war dieser Anfang des zweiten Teils unserer „Schloß-Ära", aber er sollte noch bedeutender werden als der erste: die Erholung für Opfer des Nazi-Regimes. Im Lauf von fast zwei Jahren – wer hätte das damals gedacht! – sollten über vierhundert deutsche Kinder aus tschechischen Internierungslagern in unseren Erholungsheimen Rettung und Schutz finden. Dabei zeigte sich, daß davon 35 Kinder von tschechischen Eltern – Kollaborateuren – stammten. Nach langem, aufreibendem Suchen nach Angehörigen gelang es, die meisten Schützlinge wieder mit ihnen zusammenzubringen.

*

Mit möglicherweise noch größerem Eifer stürzte sich Pitter in die Rettung weiterer Opfer der tschechischen „Revolution". Es gab in Groß-Prag etwa dreißig improvisierte Internierungslager für Deutsche und Kollaborateure, mit etwa zehntausend Erwachsenen und tausendfünfhundert Kindern.

Am schlimmsten war es im Strahov-Stadion, wo Tausende, auch Schwerkranke und Kinder, in unaussprechlichem Schmutz und Ungeziefer in der Sommerhitze herumlagen, unter freiem Himmel auf dem nackten Boden schlafen mußten. Nicht nur die verstopften Aborte, auch der Weg dorthin war von Ruhrkranken besudelt. Unter ihnen fanden wir sogar einen Universitätsprofessor, einen Freund des ersten Staatspräsidenten, der ihn aus Deutschland an einen Prager Lehrstuhl berufen hatte. Schändliche Verhältnisse, die Stätte der beliebten nationalen Turnfeste derart zu entweihen.

Pitter war mit der Frau des neuen Prager Bürgermeisters Vacek bekannt, einer feinfühlenden, edel gesinnten Frau und ergebenen Kommunistin. Er führte sie ganz einfach ins Stadion. Ein Wunder, daß sie vor Entsetzen nicht ohnmächtig wurde. Sie sandte Pitter noch einmal dorthin mit zwei höheren Beamten des Innenministeriums, in dessen Machtbereich alle Internierungslager standen. In den nächsten Tagen begann man tatsächlich, das Lager im Stadion aufzulösen. Die Insassen wurden in Lagern auf dem Lande untergebracht. Man befürchtete, die Typhusepidemie könnte sich über die Stadt verbreiten.

Aus dem Ausland mehrten sich Beschwerden über all die trostlosen Verhältnisse in den tschechischen Internierungslagern. Im August betraute daher die „Soziale Kommission des Nationalen Landrates“ Přemysl Pitter mit der Kontrolle der Internierungs- und Aussiedlungszentren und ersuchte ihn um einen Bericht über die Lage und Behandlung der Internierten. Das gab uns Zutritt zu manchen Lagern und Einblick in schreckliche Verhältnisse, von denen nur wenige Tschechen wußten. Mancherorts erhielten die Internierten nicht einmal die ihnen zustehenden „jüdischen Rationen“. Willkür und böser Wille herrschten in der Behandlung vor. Es zeigte sich, daß nur ein kleiner Prozentsatz der Internierten aktive Nazis gewesen waren. Pitter forderte in seinem vertraulichen Bericht, daß gemäß der Erklärung des Ministerpräsidenten nur diejenigen Deutschen, die wirklich aktive Mitglieder der Hitlerpartei gewesen waren, in Lagern behalten würden. Die meisten könnten auf freiem Fuß überprüft werden, was die Unterbringungs- und Ernährungsprobleme sehr erleichtern würde.

Das allmächtige Innenministerium ließ sich jedoch solch kritische Einmischung nicht lange gefallen. In der Tagespresse erschienen verzerrte Auszüge aus Pitters vertraulichem Bericht. Man forderte vom Landrat, daß er wegen „Deutschfreundlichkeit“ aus der Kommission ausgeschlossen würde.

Das geschah plötzlich im Oktober. Was sollte nun aus den vier Schloßheimen werden, die ihm der Nationalrat zur

Verwaltung übergeben hatte? Was aus den darin untergebrachten Kindern? Besonders schlimm würde es sich für die deutschen Kinder auswirken. Das Ministerium des Innern würde sie gewiß nicht in der Pflege eines „unzuverlässigen" Privatmannes, der Pitter wieder geworden war, lassen. War all die Mühe um ihre Rettung umsonst gewesen?

Erschüttert ging Pitter ins Ministerium der Sozialen Fürsorge, wo er gerade etwas zu erledigen hatte. Ins Wartezimmer trat der Chef der Sektion für Jugendfürsorge, Dr. Stanislav Kohout, ein und fragte:

„Nun, wie geht es Ihren Kindern, Herr Pitter?" „Eben ist mir jegliche Vollmacht entzogen worden."

Da führte Dr. Kohout den Besucher in sein Arbeitszimmer. Schweigend saßen beide dort eine lange Zeit. Plötzlich stand Kohout auf und entfernte sich, um sich mit seinem Vorgesetzten, dem Minister Dr. Šoltész, zu beraten. Als er zurückkehrte, erklärte er:

„Das Ministerium der Sozialen Fürsorge übernimmt alle Schloßheime und ernennt Sie, Herr Pitter, zu ihrem Verwalter. Gleichzeitig betraut es Sie mit der Pflege von Müttern und Kindern aus den Internierungslagern bis zu ihrem Abtransport über die Grenze. Unser Dr. Ladislav Šťastný wird Ihnen als Verbindungsmann zum Ministerium dienen!"

So wirkte sich zum Segen der Kinder aus, was sich zuerst als Unglück erwiesen hatte! Dr. Šťastný besuchte unsere Erholungsheime oft, auch an Wochenenden, und Pitter suchte ihn im Ministerium auf, wann immer er einen juristischen oder anderen Rat brauchte. Der aktive Referent war wegen seiner jüdischen Abstammung vor Hitler nach England geflüchtet, seine Familienangehörigen waren dann unter dem Naziregime umgekommen. Und doch dachte er mit Liebe auch an die Kinder des Volkes, das sich so schwer gegen die Juden vergangen hatte. Mit Schwung verteidigte er unser Werk gegen Angriffe von links und rechts.

Auch das war nicht selbstverständlich: Minister Dr. Jozef Šoltész, ein Slowake, und sein Sektionschef Dr. Stanislav Kohout übernahmen zu dieser Zeit des nationalen Hasses und des Racheausbruchs die Verantwortung für Pitters Hilfsaktion, war sie doch in der Öffentlichkeit unpopulär – sofern man überhaupt von ihr wußte. Es war im Interesse der Sache, darüber möglichst zu schweigen. Alle drei genannten Amtsträger kümmerten sich nicht um die aufgehetzte öffentliche Meinung. Dafür gebührt ihnen großer Dank!

Das Ministerium der Sozialen Fürsorge wies uns auch einen erfahrenen Buchhalter zu, der den Heimverwaltern und den Erziehern viel schriftliche Arbeit abnahm, so daß sie sich mehr den Kindern widmen konnten. Bis dahin war der Betrieb der Erholungsheime ganz auf Spenden und Anleihen von Freunden angewiesen. Nach der Übernahme von Kindern aus Internierungslagern hatte Přemysl Pitter einen hektographierten Rundbrief an die Leser seiner Monatsschrift *Sbratření* [Verbrüderung] gesandt. Sie war unter Hitler eingestellt worden. In diesem „Boten aus dem Milíč-Haus“ schilderte er auch die Leiden der deutschen Kinder und bat um Unterstützung für sie. In kürzester Zeit hatte er achtzigtausend Kronen in der Hand, eine für jene Zeit sehr beträchtliche Summe. Die Freunde steuerten auch reichlich Nahrungsmittel und Kleidungsstücke bei. In all diesen Gaben offenbarte sich die wahre Seele des tschechischen Volkes, treu den humanitären Gedanken von Comenius und Masaryk.

Diese Hilfe war auch nach der Übernahme der Heime durch das Ministerium noch notwendig, denn die Zahlungen aus dessen Kasse waren an komplizierte Abrechnungen gebunden; die Kinder hätten unterdessen verhungern können. Auch die bescheidene Honorierung aller Mitarbeiter setzte erst jetzt ein. Sie widmeten sich weiterhin ergeben den Kindern und der Verwaltung der Heime.

*

Die meisten Lagerleiter waren jetzt froh, die deutschen Kinder loszuwerden. Mit Müttern war es schwieriger: Die Sicherheitsorgane überließen sie uns nur insofern, als wir Hilfskräfte brauchten. Die internierten Mütter waren jedoch durch das Erlebte so mißtrauisch geworden, daß sie sich nur in Ausnahmefällen dazu bewegen ließen, uns ihre

Kinder anzuvertrauen. So kam es, daß sich unsere Heime immer mehr mit elternlosen deutschen Kindern füllten – Kindern, die auf der Flucht vor der zurückflutenden Front, in den Umsturztagen oder in der Internierung von ihren Müttern getrennt worden waren.

Als die Sommerferien sich dem Ende zuneigten, konnten viele unserer ersten Pfleglinge, diejenigen aus Nazilagern, zu Verwandten zurückkehren. So wurde auch in Kamenice Platz frei für deutsche Kinder. Es blieben dort nur wenige jüdische Kinder, die man in Olešovice und Štiřín unterbringen konnte.

Sehr bald war auch Kamenice, das größte unserer Schlösser, wieder voll belegt. Aus allen Enden Prags traf eine Kindergruppe nach der anderen ein; auch vier deutsche Krankenschwestern und drei Ärztinnen wurden uns aus Lagern geliehen. Somit hatte nun jedes Heim die notwendige ärztliche Betreuung.

In Olešovice hatten wir schon im Frühsommer das Glück, einen erfahrenen Arzt – ein abgemagerter Rückkehrer aus dem KZ Mauthausen und ehemaliger Schulkamerad zweier Mitarbeiter – aufnehmen zu können. Er richtete dort in der leeren Villa unser „Arzthaus“ ein und betreute mit gleicher Hingabe alle Kranken unserer Heime.

Bald genügte sogar in Kamenice der Raum nicht mehr für die Neuankömmlinge. Da konnten wir noch das leerstehende Landhotel in Ládví beziehen, etwas weiter südlich an der Benešover Landstraße gelegen. Seine kleinen Zimmer eigneten sich besonders für unsere kleinsten Pflegebedürftigen.

An Wochentagen galt es meist in Prag mit verschiedenen Ämtern und Lagerleitern zu verhandeln. Die Wochenenden gehörten dem Besuch der Heime. Dann gingen oder fuhren wir von einem Schloß zum andern; überall wurde der fröhliche „Herr Direktor“ von den Kindern sehnsüchtig erwartet. Den neuangekommenen Kindern galt immer unsere besondere Aufmerksamkeit.

Einmal erblickten wir unter ihnen ein verweintes, etwa fünfjähriges Mädchen.

„Was fehlt der Kleinen?“ fragte Pitter die Kamenicer Lehrerin.

„Ach, nichts Schlimmes! Einige Kinder haben Bertl geneckt, weil sie rotes Haar hat.“

Pitter ging zu dem Kind, strich ihm sanft über den Kopf und sagte laut: „Du hast aber schönes, goldenes Haar! Du weißt ja gar nicht, was du an deinem Haar hast!“

„Ich weiß schon,“ erwiderte die Kleine, „Läuse!“ und brach von neuem in Tränen aus.

Ja, die Läuse – die waren damals eine Plage für sich. In Lojovice war es nicht so schlimm gewesen, wahrscheinlich hatten sie im Blut der fast Ausgehungerten keinen günstigen Nährboden gehabt. Jetzt, im Herbst, war die Verpflegung in den Lagern meist etwas weniger knapp; die hygienischen Verhältnisse waren jedoch unverändert. Das Ungeziefer gedieh und übertrug auch manche Krankheit. In Kamenice gingen Schwestern, Mütter und Pflegerinnen mit Selbstverständlichkeit an die Bekämpfung der Plage. Es war eine sehr unangenehme Prozedur, eine Sisyphus-Arbeit, denn kaum war ein Sieg errungen, kamen neue Lausköpfe an. So sah man in Kamenice des öfteren Mädchen mit verhülltem Haar herumgehen.

Die meisten machten sich nichts daraus. Aber Bertl war ein verwöhntes Einzelkind. Sie konnte sich nicht leicht an die fröhliche Kindergesellschaft anpassen. Auch der Mutter, die wir als Arbeitskraft mitbekommen hatten, war es nicht geheuer zumute. In der Küche mit gewöhnlichen Frauen, ja gar mit tschechischen Kollaborateurinnen Geschirr zu waschen, das mochte der Dame nicht gefallen. Ihr Einfluß auf das Kind und die Hausgemeinschaft war so störend, daß wir sie nach Lojovice versetzen mußten. Selbstverständlich konnte sie in ihrer Freizeit jede Woche Bertl besuchen. In einem ähnlichen Fall, dem einer frechen Kollaborateurin und undankbaren Mutter mehrerer Kinder, war die Untergrabung des Hausfriedens so schlimm, daß wir sie ins Internierungslager zurückbringen mußten. Ihre Kinder konnten selbstverständlich im Heim bleiben.

Es erforderte von den Leitern in allen Heimen viel Geduld und Einfühlungsvermögen in die sehr verschiedene Herkunft, Gesinnung und schreckliche jüngste Vergangenheit der deutschen Frauen, um sie an ein grundverschiedenes Zusammenleben zu gewöhnen. Erwachsene sind nicht so offen für gute Beispiele wie Kinder. In Olešovice und Štiřín waren die psychologischen Voraussetzungen sogar noch schwieriger, weil dort deutsche internierte Mütter für jüdische Kinder arbeiten mußten; es war bewundernswert, wie gut es die feinfühligen Hausmütter Libuše und Miluše verstanden, ein gutes Kollektiv des Dienens zu schaffen.

Ja, für die Leiter und Hausmütter war das Leben in den Schloßheimen nicht immer rosig. Ich mußte etwas von den Schwierigkeiten erwähnen, die sie oft hätten entmutigen können. Immer wieder wurden sie vor neue Probleme gestellt, die bloße Angestellte kaum gelöst hätten. Doch die meisten Mitarbeiter fühlten sich getragen durch das Beispiel des vollen Einsatzes ihres unerschütterlichen Direktors.

Wie war es schließlich mit dem befürchteten Unwillen der Bevölkerung und der jüdischen Heiminsassen gegenüber der Aufnahme deutscher Kinder in Pitters Erholungsheime? Was die ersteren anbelangt, waren die Befürchtungen begründet, hatte sie doch schon allein das Deutschsprechen einiger jüdischer Kinder aufgeregt. Es gab Verleumdungen in der Presse und an höchsten Stellen, Störungen der Nachtruhe durch laute „Kontrollen“, sogar in den Schlafräumen der kleinen Kranken. Es würde zu weit führen, davon zu erzählen ... Lieber will ich mit etwas Erfreulichem schließen. Die folgende Begebenheit spiegelt die Einstellung unserer jüdischen Schützlinge wider.

Die stille Polin Adéla war eines unserer ältesten jüdischen Mädchen, die von Kamenice nach Olešovice verlegt worden waren. Sie lernte jetzt dort mit Kameradinnen Englisch und ergänzte auch sonst ihre Bildung.

Als Adéla erfuhr, daß die Frauen in Kamenice mit Arbeit überlastet waren, bot sie mir an, ihnen etwas zu helfen. Sie ging dann oft unauffällig dorthin zum Tischdecken, Geschirr aufräumen, als Hilfe in die Küche. Ich schätzte ihre Hilfsbereitschaft für deutsche Kinder sehr und hätte mich gern näher mit ihr unterhalten. Ich bemühte mich tschechisch und deutsch, doch sie antwortete stets in „polnischem Tschechisch“, wovon ich meist nur einzelne Wörter verstand. Sie jedoch konnte mich gut verstehen. Die Kamenicer Lehrerin hatte mehr Erfolg als ich, denn Adéla unterrichtete sie hier und da in Polnisch.

Eines Abends – die Kleinen waren schon zu Bett gebracht worden – erzählte ihr Adéla aus ihrem Leben. Sie war im Gymnasium eine gute Schülerin gewesen und hatte mit ihren Eltern und einer verheirateten Schwester zusammengelebt. Auch der Schwager war ein guter Mensch. Die größte Freude aller war ein kleiner Junge gewesen, der eben anfing zu sprechen. Dann kam Hitler, und das KZ folgte. Sie wurden vorübergehend in einer primitiven Baracke untergebracht. Die Eltern höhlten dort ein großes Loch in den bretterlosen Boden und versteckten darin Adéla und den Kleinen. So kamen die beiden Kinder nicht auf das Verzeichnis der Häftlinge. Niemand wußte von ihnen, die Eltern der beiden ernährten sie aus ihren eigenen Rationen. Es verging einige Zeit, dann wurden sie verraten. Den Kleinen nahm man ihnen weg. Adéla erinnerte sich schmerzlich, wie sie ihm noch eine Brotrinde auf den Lastwagen hinaufreichte. Man wußte nicht, wohin die Kleinen weggeführt wurden. Adélas Schwager, der Vater des Bübchens, konnte zwischen den Wachen hindurchschleichen und versuchte festzustellen, was mit den Kleinen geschah. Er kam geistesverwirrt zurück und wollte nichts sagen. Dann verfiel er dem Irrsinn ganz und warf sich in die elektrisch geladenen Drähte, wo er den Tod fand. Es hieß, die kleinen Kinder wären für medizinische Experimente bestimmt.

Adélas Schwester und ihre Eltern kamen in Gaskammern um. Sie selbst war nicht so schwach und wurde unter die Arbeitsfähigen eingereiht. Sie mußte in einer Fabrik an einer Maschine arbeiten.

„Die Maschine war groß, und ich klein. Die Aufseherin bös und grausam", erinnerte sich Adéla. „Ich nahm mir vor, falls ich das alles überleben sollte, nie mehr auch nur ein Wörtchen deutsch zu sprechen, die Sprache der Feinde, die mir so viel Unrecht und Leid angetan hatten."

Sie blieb bei ihrem Vorsatz. Gerne hätte sie weiter studiert, aber das war nicht mehr möglich. Nach Polen zurückgehen? Zu wem denn? Dort hatte sie ja niemanden mehr, und es war dort auch noch nicht alles ruhig. So hatte sie sich entschlossen, mit unseren anderen Jugendlichen in Palästina eine neue Heimat zu suchen.

Die Kamenicer Lehrerin, die nur wenig Deutsch konnte, war manchmal bei ihren neuen Pflegekindern ratlos, besonders bei den Kleinen. Einmal bemühte sie sich vergeblich, das weinende Christinchen zu beschwichtigen. Sogar ihren Brüdern war es nicht gelungen. Da trat Adéla ins Zimmer, nahm Christinchen auf den Arm und sprach ihr zu. Sanft, freundlich – deutsch! Es dauerte nicht lange, da hörte das Weinen auf. Am Abend dankte die Lehrerin herzlich für die erwiesene Hilfe und fügte hinzu: „Ich wußte wirklich nicht mehr was tun, als das Kind andauernd weinte." Adéla erwiderte leise und bescheiden: „Ich verstehe wohl, auch unsere Kleinen haben so sehr geweint."[13]

Als mir die Lehrerin dies erzählte, mußte ich an andere Opfer Hitlers denken, an unsere verwaisten Jungen in Štiřín, die freiwillig halfen, Kinderbettchen nach Lojovice zu befördern, damit dort vielen deutschen Kindern aus Prager Lagern geholfen werden könne. Als Pitter sie auf die Ankunft dieser Deutschen vorbereitete, war ihre spontane Antwort: „Die Kinder können nichts dafür"!

[13] Als wir im Jahr 1965 auf Einladung unserer Ehemaligen Israel besuchen konnten, lag uns viel daran, auch Adéla wiederzusehen. Ganz kurz vor unserer Abreise konnte sie jemand ausfindig machen und zu uns führen. Aber sie sprach nur noch Polnisch und Ivrit. Wir konnten uns bloß mit Lächeln verständigen. Aber von bereitwilligen Dolmetschern erfuhren wir, daß sie eine glückliche Familie habe.

DER TRAURIGE SPÄTSOMMER 1945 IM SCHLÖSSCHEN LOJOVICE

Die erste erholungsbedürftige Kinderschar – die jüdischen und halbjüdischen Kleinen aus dem Ghetto Theresienstadt – hat das Schlößchen verlassen. Sie sind entweder mit Extra-Flug nach England eingeladen – oder ins Schlößchen Olešovice verlegt worden. Das Erholungsheim Lojovice wird in ein „Isolierungs-Krankenhaus“ für unsere ersten deutschen Kinder aus dem Sammellager in der Rais-Schule umgewandelt. Diese improvisierte Internierungsstelle war in der kritischen Zeit ein Massen-Hungerkerker, in dem alle Säuglinge umkamen. Wahrlich ein Husarenstück, daß es Přemysl Pitter gelungen ist, 30 Kinder daraus zu befreien und nach Lojovice zu bringen.

Einige Tage nach ihrer Ankunft besuche ich sie dort. Trotz guter Pflege liegen sie fast alle noch in ihren sauberen Bettchen. Ich störe ihre wohltuende Ruhe nicht und gehe in die Küche.

Da steht ein schlankes weibliches Wesen vor dem Geschirrtrog und reinigt, fast mit Liebe, Geschirr. Ich vermute eine der wenigen Mütter, die man uns im Lager als Hilfskräfte geliehen hat. Doch das kurze hellblonde Haar deutet auf ein Mädchen, und wie es sich umdreht, erkenne ich, daß es eigentlich noch ein Kind ist. Eine geradezu kindliche Unschuld spricht aus seinen lieblichen, blassen Zügen und den klaren Augen des jungen Geschöpfes.

Die anderen Kinder sind noch erschöpft, aber das zwölfjährige Mädchen, eines der ältesten, konnte nicht warten, bis sein einziges Kleid gewaschen war. Alle Erwachsenen sind voll beschäftigt mit den Kindern, wie könnte sie da untätig bleiben, wo jeder sich bemüht zu helfen? Schnell hat sie über ein zu kurzes, ausgeliehenes Kleidchen eine Küchenschürze umgebunden, ganz zufrieden, daß sie auch Hand anlegen kann. Die Fleißige ist sich gar nicht bewußt, in welch lächerlichem Aufzug sie dasteht, wie komisch ihre langen, dünnen Glieder aus der unzulänglichen Bekleidung herausragen. Sie hat sich während der paar Tage in Lojovice schon eingelebt und bewegt sich wie zu Hause. Keine Spur von Ängstlichkeit oder Unsicherheit in ihrem ruhigen Benehmen! Sie hat sofort begriffen, daß jetzt ein anderes Leben begonnen hat, das mit der Hölle der verflossenen achtzig Tage nichts mehr gemein hat.

Ich frage in deutscher Sprache nach ihrem Namen und ihrer Herkunft. Sie antwortet in gutem Tschechisch!

„Ich heiße Julie Sedláková[14], bin in Prag geboren und habe immer da gelebt."

„Wieso bist du denn unter den internierten Deutschen?"

„Meine Eltern sind Deutsche", antwortet sie ganz selbstverständlich, aber ein Schatten fliegt über ihre Züge beim Gedanken an ihre Familie.

Bis zum Ausbruch der tschechischen Revolution hatten sie glücklich zusammengelebt. Julie besuchte die deutsche Mittelschule. Die Mutter war zu Hause und betreute das einjährige Brüderchen. Der Vater arbeitete in einer Kanzlei. Als das Hitlerreich schon erkennbar im Zusammenbruch begriffen war, und die Nazis die Evakuierung der deutschen Bevölkerung Prags organisierten, war die Familie Sedlák ruhig zu Hause geblieben, in gutem Vertrauen, daß ihnen nichts geschehen würde. Sie waren doch in Prag beheimatet, hatten nie einem Tschechen etwas zuleide getan und sich um Politik nie gekümmert.

Aber dann kam der Umsturz. Der Vater wurde gleich in den ersten Tagen abgeführt. Am nächsten Tag kamen Mutter, Julie und das Baby an die Reihe, aber in ein anderes Sammellager. Das Mädchen erkrankte und wurde von einem Spital ins andere geschleppt, bis es schließlich doch genas und aus dem Internierten-Krankenhaus in der Salmovská-Straße ins nächste Sammellager, die Rais-Schule, gebracht wurde. Auf diesem langen Irrweg ist es schließlich zu uns gekommen.

[14] Im Tschechischen bekommen die Familiennamen weiblicher Personen, seien sie verheiratet oder ledig, die Endung *-ová* oder *-á*.

Vom Verbleib der Eltern weiß Julie überhaupt nichts. Sie gibt mir genau alle Daten an, im Vertrauen darauf, daß wir sie auffinden würden. Aber im Herzen hat sie doch Angst, sie könnten Krankheiten erlegen sein, wie so viele andere Deutsche.

*

Seit der Ankunft der kranken deutschen Kinder in Lojovice sind drei Wochen vergangen. Auf dem Friedhof von Popovice, zu welcher Gemeinde unser Weiler gehört, sind drei neue Kindergräber hinzugekommen. Für das fünfjährige Helenchen, die etwas kleinere Inge und den zweijährigen Bruno ist Pitters Rettung leider zu spät gekommen. Helenchens Mutter hat nach dem schmerzlichen Verlust ihres einzigen Kindes noch ein Jahr geholfen, für die Lojovicer Kinder zu sorgen!

Doch die Mehrzahl der Kinder hat sich gut erholt. Gute Luft und Sonne haben das ihre dazu getan. Die Gesichtchen haben etwas Farbe und Leben bekommen. Deutsche Kinderstimmen ertönen im Park – nicht immer zur Freude der Dorfbewohner.

Allein Julies Zustand hat sich verschlimmert. Schon seit einigen Tagen beobachtet die deutsche Hausärztin, die man uns zur Betreuung dieser schwerkranken Kinder vom Lager mitgegeben hat, ein rätselhaftes Fieber bei ihr. Lunge, Hals, alles ist in Ordnung, aber immer nach einigen Tagen steigt die Temperatur, und Julie fühlt sich schlapp und elend. Die Ärztin versucht gesprächsweise aus ihr herauszubekommen, was sie in den Lagern erlebt hat. Mit geschickten Fragen gelingt es ihr, dem Ursprung der Störung auf den Grund zu kommen. Das ahnungslose Kind verheimlicht ihr nicht ein schreckliches Erlebnis mit einem rohen fremden Soldaten. Eine Anzahl Uniformierter war damals in das Lager eingedrungen. Für die Ärztin besteht nun kein Zweifel mehr: Das große Kind ist mißbraucht und angesteckt worden!

Es braucht dringend fachärztliche Behandlung, die unser tschechischer Arzt ihm nicht geben kann. Unser

Arzthaus ist erst sehr spärlich eingerichtet. Julie gehört als Deutsche in die verrufene „Salmovka“, aber dort bekäme sie nicht die richtige Behandlung. Zum Glück spricht sie fließend tschechisch. Dr. Vogl bringt sie kurzerhand als seine tschechische Patientin in das große städtische Krankenhaus, die „Bulovka“. Da wird die böse Diagnose bestätigt und Julie erhält die richtige Therapie. Die Krankheit ist zum Glück noch im ersten Stadium und Julie ist bald geheilt. Niemand weiß, daß im Spital ein tschechisches Bett durch eine Deutsche besetzt war, und Julie selbst hat keine Ahnung, wie ernst es mit ihr gewesen ist.

Als das Mädchen noch in Lojovice war, hatte es einer befreundeten tschechischen Frau nach Prag geschrieben in der Hoffnung, ihre Mutter werde dasselbe tun. So erfuhren wir, daß diese mit anderen internierten Frauen auf einem größeren Gut in der Nähe von Prag als Landarbeiterin eingesetzt sei. Beim Befehlshaber dieser Arbeitstruppe konnte für Julie die Bewilligung erwirkt werden, die Mutter zu besuchen.

Welch freudige Überraschung für das Mädchen, als es durch unsere Sozialarbeiterin aus dem Krankenhaus abgeholt und als erstes zu seiner Mutter begleitet wurde. Was für ein unbeschreibliches Wiedersehen nach drei Monaten schrecklicher Ungewißheit!

Aber wo war das geliebte Brüderchen, auf das sich Julie so sehr gefreut hatte? Es war leider aus Mangel an Pflege und geeigneter Kost in Mutters Armen verhungert! Nicht einmal auf dem Bauernhof hatte man ihr für den Kleinen Milch besorgen wollen oder können! Julie trauert ihm nach, doch die Freude über die wiedergefundene gesunde Mutter hilft ihr darüber hinweg.

Ein Blick trübt jedoch ihre Freude von neuem: In einem Kellergeschoß müssen ein Dutzend Frauen auf dünner Streu schlafen. Auf einem kleinen Ofen in einer Ecke kochen sie sich selbst das Essen, bestehend aus den unzulänglich zugeteilten Lebensmitteln, so wie sie während des Krieges die Juden erhalten hatten. Julie graut es bei der Vorstellung, wie die liebe Mutter in dem dumpfen Loch auf der Erde im

Elend leben und schlafen muß, während sie selbst es so gut hat, von Freundlichkeit umgeben ist und ein sauber bezogenes Bett für sich hat.

Auf die Fragen der Mutter erzählt sie begeistert vom Lojovicer Heim. Aber von all dem, was sie selbst vorher Böses erlebt hat, auch vom Krankenhausaufenthalt sagt sie der Mutter nichts, um ihr nicht noch weitere Sorgen zu machen. Das junge Mädchen hat überhaupt einen gesunden Instinkt, der sie den Blick stets nach der lichten Seite wenden läßt.

Über den Vater weiß auch die Mutter gar nichts. Aber für den Augenblick sind beide, Mutter und Tochter, glücklich, daß wenigstens sie beide einander heil wiedergefunden haben. Zufrieden nehmen sie nach einem reichen halben Tag voneinander Abschied. Julie freut sich, wieder zu den Kindern nach Lojovice zurückzukehren, und die Mutter läßt sie gern ziehen, im Bewußtsein, daß sie in guten Händen ist.

Im Heim wissen nur ein paar Erwachsene von dem, was Julie widerfahren ist, aber niemand spricht davon. Und das Mädchen selbst hat in den Lagern so viele Greuelszenen miterlebt, daß die gefährliche Episode mit dem Soldaten in ihrer Erinnerung bald verblaßt. Sie ist immer noch das ruhige, ausgeglichene Kind.

Julie sollte jedoch nicht mehr lange in unserer Obhut bleiben. Wir erfahren bald, daß der Vater gleich am Anfang abgeschoben wurde – wahrscheinlich war er für einen Arbeitseinsatz zu schwach. Mutter und Kind wurden ihm mit einem der ersten Transporte nachgeschickt, und wir hörten nichts mehr von ihnen.

*

Julies Erlebnis war leider keine Ausnahme. Etwas später kam ein nur wenig älteres Mädchen in unsere Pflege, das ähnliches durchgemacht hatte. Diesmal war eine tschechische Wache der Missetäter. Dr. Vogl konnte auch hier alles zum Guten wenden. Ein fünfzehnjähriges Mädchen eröffnete einmal der Kamenicer Ärztin, es hätte sich vor einem ähnlichen Erlebnis nur dadurch retten können, daß es einen nervösen Anfall vorgespielt hätte.

Wie viele solcher junger Opfer hat es nach dem Krieg gegeben, von denen niemand weiß! Bei manchen ist das gesunde seelische Wachstum durch Gewalttaten beeinträchtigt oder verhindert worden – im empfindlichsten Entwicklungsstadium. Nur wenige Naturen haben schon in der Jugend ein so glückliches, ruhiges Wesen, wie unsere Julie, die Veranlagung, ihre Gedanken nicht an den Schattenseiten haften zu lassen, sondern sich immer wieder von neuem dem Aufbauenden zuzuwenden. Dies ist ein großer Verlust an seelischen Werten für die ganze menschliche Gemeinschaft. Er äußert sich nach jedem Krieg, auch auf der Siegerseite, in einer allgemeinen moralischen Verrohung.

HELMUT UND GILA

Das erste Friedensjahr neigt sich dem Ende zu. Eine unbekannte junge Frau erscheint im Milíč-Haus in Prag, um Auskunft und Rat zu erbitten. Ihr einziges Kind ist seit dem Zusammenbruch im Mai verschollen. Sie kommt aus einem Internierungslager für Deutsche außerhalb Prags und hat nur für einen Tag Urlaub bekommen, um nach dem Verbleib ihres Helmut zu forschen.

Wir haben eine Kartei mit den Namen aller Insassen unserer Erholungsheime; ich finde darin jedoch kein Kind mit dem Familiennamen Mikoláš. Eine Menge unaufschiebbarer Arbeiten erlaubt mir nicht, mich sofort mit diesem Fall näher zu befassen. Ich rate daher der Mutter, mir ihre Adresse samt näheren Angaben über das verlorene Kind zu geben und tröste sie: „Wir besuchen manche Internierungslager; wahrscheinlich werden wir dabei Ihren Helmut finden. Es ist schon einmal geschehen, daß wir ein gesuchtes Kind gefunden haben."

Frau Mikoláš spricht ziemlich gut tschechisch, aber auf dem kleinen Zettel, den sie mir überreicht, steht deutsch geschrieben: „Mikoláš, Elfriede[15], z. Z. im Sammellager in Brandýs n/L., sucht ihren Sohn Helmut Mikoláš, geb. 15. 12. 1941 in Brünn, zuletzt interniert in der Schule ‚Na Studánce' in Prag-Letná. Am 14. Mai 1945 wegen Scharlachverdacht per Ambulanz weggeführt, zusammen mit der zweijährigen Gisella Müller und der acht Monate alten Ilse Böhler."

Etwas später finde ich mehr Zeit, an den gesuchten Helmut zu denken. Da fällt mir ein, daß sich in unseren Heimen mehrere Kinder dieses Namens befinden. Der eine, von unbekannter Herkunft, befindet sich im Schloß Kamenice. Er ist uns unter dem Familiennamen Nikolaus

[15] Es hat in den böhmischen Ländern so viele Mischehen gegeben, daß die Familiennamen für die Volkszugehörigkeit nicht maßgebend sind. Interniert wurden alle Personen, die während des Krieges die günstigeren deutschen Nahrungsmittelkarten bezogen hatten.

aus einem Lager übergeben worden. Wir wissen jedoch, daß die Namen von kleinen Kindern oft bis zur Unkenntlichkeit verstümmelt sind und schreiben an die Leitung des Lagers, die Mutter des Gesuchten möge uns eine Beschreibung ihres Kindes senden. Fast umgehend kommt die Antwort: „Blondes Haar, blaue Augen, stumpfe Nase, keine besonderen Merkmale, nur unter dem rechten Auge eine unbedeutende Narbe. Mein Helmut spricht besser tschechisch als deutsch." Eine Fotografie ist beigelegt: Das Bild eines munteren dreijährigen Jungen auf der Dachterrasse eines modernen Hauses, von der aus ein Teil von Alt-Brünn erkennbar ist.

Nach dem Bild kann von Ähnlichkeit mit unserem Helmut nicht die Rede sein. Blond ist unser Helmut zwar auch, aber ihm fehlt die Lebendigkeit, die Munterkeit des abgebildeten Jungen. Unser Helmut hat einen nahezu stumpfen Gesichtsausdruck. Eine kleine Narbe finden wir wohl, aber unter dem linken Auge.

Vielleicht kann ich aus unserem Helmut doch noch etwas mehr herausbekommen. Ich zeige ihm die eingesandte Fotografie und frage ihn: „Kennst du diesen Jungen?" Keine Antwort. „Ist das vielleicht dein Brüderchen?" Helmut nickt bejahend; aber ich weiß ja, daß er keine Geschwister hat und mache einen anderen Versuch. Ich zeige ihm andere Kinderfotografien, lege sie einzeln vor ihn hin: „Welches Bild gefällt dir am besten, Helmut?" Er greift gedankenlos nach dem, das gerade vor ihm liegt. Unser Helmut wird schwerlich der gesuchte Junge sein, denke ich, sonst hätte er irgend eine Beziehung zu seinem Bild.

Indessen unterhalte ich mich noch weiter mit dem Kleinen – sofern man ein einseitiges Sprechen mit einem so schweigsamen Geschöpfchen Unterhaltung nennen kann. Es läßt sich bei seiner Wortkargheit auch wirklich nicht feststellen, ob er besser deutsch oder tschechisch spricht. Ich nehme die Fotografien wieder zur Hand und spreche mit ihm über jedes der abgebildeten Kinder. Zum Schluß nehme ich wieder das Bild mit dem Knaben auf dem Brünner Haus in die Hand und frage ihn: „Weißt du nicht, wer der kleine Junge ist?“ Ganz unerwartet platzt er plötzlich heraus: „Helmut! Ich!“

Wir sind zu dritt bei diesem Experiment, außer mir die tschechische Lehrerin, die allen Kindern hingebungsvolle Liebe und Sorgfalt widmet, und die junge deutsche Ärztin, die sich ebenfalls mit ungewöhnlicher Teilnahme der Kinder annimmt. Wir sehen uns mit vor Freude strahlenden Augen an: Es ist geglückt! Zweierlei ist geglückt: Für den Jungen ist die Mutter gefunden, und in ihm selbst, der durch erlittene Krankheit, Entbehrungen und die Trennung von der Mutter in einen Zustand von Stumpfheit verfallen war, ist ein Durchbruch geschehen: Der Nebel des Vergessens wurde durch eine lichte Erinnerung zerrissen.

Nach einigen Tagen kommt Frau Mikoláš in das Kamenicer Heim, um sich selbst davon zu überzeugen. Überglücklich kann sie das verlorene, nun wiedergefundene Söhnchen zu sich nehmen.

*

In dem eine knappe Wegstunde von Kamenice entfernten Lojovicer Schlößchen haben wir seit September 1945 unter anderen namenlosen Kindern ein zwei- bis dreijähriges Mädchen, das sich selbst Gila nennt. Das Kind war außerordentlich schwach, es konnte kaum sitzen, als wir es aus dem Internierungslager „Hagibor“ in Prag-Vinohrady übernahmen. Dort hatte sich eine internierte deutsche Frau seiner angenommen.

„Ich habe mich schon im Sommer um die Kleine gekümmert,“ sagte sie uns, „als ich noch in Hloubětín interniert war. Das Kind war ohne Namen und Papiere aus dem Krankenhaus auf der ‚Bulovka‘ dahin gebracht worden; es hatte Scharlach durchgemacht und war schrecklich mager. Ich hoffte, es würde sich in meiner Pflege doch erholen. Damals, schon im August, haben Sie, Herr Direktor, mir angeboten, es in eines Ihrer Erholungsheime zu bringen, aber ich habe an dem Kind wirklich gehangen; ich dachte, ich könnte ihm selbst helfen."

Ja, ich erinnere mich. Damals hatte der internierte deutsche Arzt im Lager Prag-Hloubětín Pitter gebeten, eine größere Anzahl Kinder, die dringend bessere Kost und Pflege brauchten, in unsere Erholungsheime zu übernehmen. Wir kamen mit einem Lastauto angerückt, mußten aber mit fast leerem Wagen abziehen: nur fünf Kinder fuhren mit uns. Die Mütter waren durch alles, was sie seit dem Umsturztag Anfang Mai durchgemacht hatten, so verstört, daß sie ihre Kinder nicht von sich lassen wollten, obwohl es für die Kleinen notwendig war, bessere Lebensbedingungen zu erhalten. Aber zu viele Frauen hatten es erlebt, daß Mütter gewaltsam von ihren Kindern getrennt und sie selbst zur Arbeit in die Landwirtschaft geschickt worden waren. Und sie wußten auch, wie schwer es dann war, wieder zu den Kindern zu gelangen. In manchen Fällen fand man sie überhaupt nicht mehr.

„Heute sehe ich ein", fuhr Frau R. fort, „daß Gila stirbt, wenn sie nicht Milch und ausgiebigere Kost erhält. Bei Ihnen haben es die Kinder gut. Ich habe es von anderen Müttern gehört. Gerade jetzt sind die beiden Kinder von Frau Sch. zum Transport nach Deutschland zurückgekehrt. Sie waren nur zwei Wochen bei Ihnen, und wie haben sie sich erholt! Gila stirbt, wenn sie nicht bessere Kost bekommt. So schwach ist sie schon! Bitte nehmen Sie das Kind zu sich, das ist nun meine letzte Hoffnung. Wenn sich Gilas Eltern nicht finden, würde ich sie später gern zu mir nehmen, ich habe keine Kinder. Über die Herkunft des Kindes weiß ich nichts."

Im Lojovicer Heim erholt sich Gila trotz guter Kost und Pflege nur sehr langsam. Sie weint immerzu und wirkt stets verstört. Inzwischen suchen wir nach Frau F., die ihre Mutter sein soll, in allen Internierungslagern Prags und außerhalb. Aber vergebens. Den Namen „Gila" mit dem ungefähren Alter des Kindes führen wir auf allen Verzeichnissen, die wir an verschiedene Suchstellen senden. Aber für Gila interessiert sich niemand.

Eines Tages blättere ich wieder einmal in unseren Akten über gesuchte Kinder. Es ist ein umfangreicher Faszikel geworden, und darin liegt einstweilen auch noch der Zettel mit den Angaben über Helmut Mikoláš. Es war wohl eine glückliche Schicksalsfügung, daß er noch nicht als „erledigt“ weggeworfen war. Ich lese den Zettel noch einmal durch, ein wenig aus Dankbarkeit für den guten Dienst, den er geleistet hat. Was mag aus den beiden Kindern geworden sein, die damals mit Helmut zusammen in das Krankenhaus gebracht wurden? Gott weiß, ob sie noch leben! Das eine, Ilse Böhler, war erst acht Monate alt; so kleine Kinder kamen in der Internierung um. Aber das andere, Gisella Müller, war damals etwa zweijährig, sie mochte noch leben. Gisella! Könnte das nicht unsere weinerliche Gila sein? Ein Kosename, den man ihr zu Hause gab?

Ich schicke sofort ein Bild unserer kleinen Gila an Frau Mikoláš und frage sie, ob sie darauf nicht etwa die gesuchte Gisella Müller erkenne. Damals, als sie uns in Prag besuchte, erzählte sie unter anderem, daß sie und die Mütter der beiden anderen weggeführten Kinder sich bei der Suche Hilfe versprochen hatten und auch ihre Adressen austauschten.

Wir warten mit Spannung auf die Antwort aus dem Brandýser Lager. Sie kommt auch sehr rasch. Der Lagerleiter teilt mit: „Sowohl Frau Mikolášová wie ihre Mutter haben auf der beigelegten Fotografie sofort Gisella Müller erkannt. Die Mutter des Kindes ist schon bald nach dem Umsturz ausgesiedelt worden. Laut Aussage von Frau Mikolášová hatte sie im Sinn, zu ihren Eltern nach D. in die britische Zone zu reisen. Wir hoffen, daß es Ihnen mit Hilfe des Roten Kreuzes möglich sein wird, das Kind zu seiner Mutter zu schicken (Adresse beigelegt).“

Leicht gesagt: „Wir hoffen, daß ...“ Wie sollen wir uns denn mit der Mutter verständigen? Es gibt ja noch gar keine Postverbindung mit Deutschland! Zufällig reist kurz danach die deutsche Ärztin, die bei den Kindern im Lojovicer Heim tätig ist, mit einem Transport nach Deutschland ab. Ihr waren während der ersten Zeit zwei gesunde Kinder im Lager an Unterernährung gestorben. Sie nimmt bereitwillig die Fotografie unserer Gila mit, um sie dann im Westen mit einem beigelegten Bericht an Frau Müller zu senden.

Als ein Jahr nach Kriegsende die Postverbindung mit Deutschland eröffnet wird, ist einer der ersten Briefe, die wir von dort bekommen, von Gilas Mutter. Sie schreibt:

„Auf der mit ‚Gila' bezeichneten Fotografie habe ich sofort mein Kind erkannt. Ich bin unendlich glücklich, daß ich diese erste Nachricht erhalten habe. Hat Gila nicht an der linken Schläfe eine kleine Narbe? Ich wundere mich nur, daß sie nicht ihren vollen Namen gewußt hat, sie konnte ihn damals schon gut aussprechen. Wahrscheinlich hat sie ihn infolge der Krankheit vergessen.

Ich bitte Sie inständig, schreiben Sie mir, wie ich zu meinem Kind gelangen kann! Wenn es notwendig ist, komme ich selbst bis zur Grenze. Einstweilen spreche ich Ihnen meinen innigsten Dank aus für alles, was Sie für das Kind getan haben. Darf eine sehnsüchtig wartende und glückliche Mutter um recht baldige Antwort bitten?"

Auch der letzte Beweis stimmt: Gila hat wirklich eine Narbe an der linken Schläfe. So können wir der Kleinen nun schon mit Sicherheit sagen, daß sie bald ihre Mutter wiedersehen wird. Zum erstenmal lächelt sie glücklich, was sie vordem nie zustande brachte.

Wir verhandeln eben über die gemeinsame Rückkehr einer ganzen Gruppe unserer Pflegekinder, deren Eltern oder Verwandte sich aus Deutschland gemeldet haben. Aber diese Verhandlungen ziehen sich sehr in die Länge. Für die ungeduldige Mutter Gilas bietet sich eine andere günstige Gelegenheit. Freunde von ihr übersiedeln im August als deutsche Antifaschisten freiwillig nach Bayern und sind bereit, das Kind mitzunehmen. Das Fürsorgeministerium stellt für Gila einen Ausweis aus, einen Geleitschein in tschechischer und englischer Sprache mit einer beglaubigten Fotografie. Unser Anstaltsarzt fügt ein

Gesundheitsattest bei. Die junge Pflegerin Eva [Tačíková], die das größte Verdienst um Gilas Gesundung hat, fährt mit ihr nach Prag und übergibt sie der Familie, die sie der Mutter bringen soll. So erfüllte sich auch hier das Wort der Schrift von den Letzten, die die Ersten sein werden. Gila war eines unserer erbärmlichsten Kinder gewesen, wir kannten ja nicht einmal ihren Namen. Jetzt gehört sie zu den ersten, die die Heimreise antreten konnten.

Ein paar Wochen vergehen. Da bekommen wir einen dankbaren Brief der Mutter mit einem neuen Bild Gilas. In dem glückstrahlenden Kind erkennen wir unser verweintes Mädchen kaum wieder.

Wir hatten Gila auf den Weg einen Brief an die Mutter mitgegeben, in dem wir alles schilderten, was wir von ihr wußten. Der Bericht schloß mit den Worten: „Sie können kaum eine Ahnung davon haben, welches Wunder es ist, daß Ihre Gila noch lebt. Nur eine sehr kleine Zahl Kinder ihres Alters hat die chaotische Übergangszeit im Krankenhaus überstanden. Und wenn Gila danach im Flüchtlingslager geblieben wäre, wäre sie bestimmt nicht am Leben geblieben. Darum halten Sie dieses Kind, das Gott Ihnen auf so wunderbare Weise gerettet hat, für ein anvertrautes Pfand Gottes und führen Sie es auf Seinen Wegen, dem Kinde selbst und auch seinen Nächsten zum Segen!"

Frau Müller hat uns dann jahrelang ausführlich über Gisellas Entwicklung berichtet. Einmal bot sich uns Gelegenheit, die Schülerin zu besuchen. Sie spielte uns sehr nett auf der Blockflöte vor, aber sonst benahm sie sich ziemlich fremd uns gegenüber, im Unterschied zur Mutter, die uns als teure Freunde empfing. Ihren letzten Brief erhielt ich im Jahre 1980. Beigelegt waren hübsche Fotografien der verheirateten Gisella mit ihrem Söhnchen David. Gisella selbst schrieb nie. Sie war in Lojovice noch viel zu klein, um klare Erinnerungen an die traurige Zeit ihrer Trennung von der Mutter behalten zu können.

Viel erlittenes Schlimmes ist aus dem Bewußtsein der kleinen Kinder verschwunden, und wenn ihnen auch die

Mütter davon erzählt haben, wie dies bei Gisella der Fall war, nehmen sie es nicht mehr als ihr eigenes Erlebnis wahr. So ging es bei vielen unserer ehemaligen kleinen Schützlinge. Deshalb wissen wir über die weitere Entwicklung der meisten fast nichts.

DER KLEINE WERNER

Auf der Benešover Landstraße rattert ein altes kleines Lieferauto mit einer heiklen Ladung Richtung Prag. Neben dem Chauffeur sitzt eine Frau mit einem kleinen Kind in den Armen. Sie denkt bald ans Kind, bald ans Auto. Denn es ist kein gewöhnliches Auto, sondern ein Wagen der Kindererholungsheime des provisorischen Nationalen Landrates. Leider ist der Wagen sehr oft defekt. Funktioniert er noch, so muß man immer darauf gefaßt sein, daß er mitten auf dem Weg nicht mehr weiterfährt. Dann muß der Chauffeur all seine Kunst und Geduld aufbieten, um ihn wieder in Gang zu bringen. Seines schäbigen Äußeren und der grünlichen Farbe wegen haben ihn die Jungen im Kinderheim „grüner Anton“[16] getauft. Noch passender wäre die Bezeichnung „störrischer Esel“ gewesen.

„Nur heute, liebes Eselchen, sei vernünftig! Wir fahren einen schwer kranken Jungen ins Krankenhaus, und jede Verspätung kann das Ende für den kleinen Kerl bedeuten“, bittet die Frau. Und unser störrischer Esel, als wenn er Verständnis dafür hätte, schluckt gehorsam Kilometer um Kilometer, bis er vor dem Infektionskrankenhaus für Deutsche in der Salmovská-Straße anhält.

Allerdings hält er sich nachher dafür schadlos, als er einige geheilte Kinder aus dem Krankenhaus zurück in unsere Erholungsheime bringen soll. Schon nach einer knappen Viertelstunde besinnt er sich auf seine Eselsnatur und läßt die Kinder samt der Betreuerin auf der Landstraße sitzen, bis in die Nacht hinein – bis der Chauffeur einen anderen Wagen aufgetrieben hat. Das ist in dieser Nachkriegszeit ja keineswegs einfach.

Aber wie gut, daß wir wenigstens den „grünen Anton“ haben – was ist er doch für ein wertvoller und wichtiger

[16] So nannte man früher in Prag die Polizeiwagen, mit denen Häftlinge und Straftäter transportiert wurden.

Diener! Das vergegenwärtigen wir uns jedes Mal, wenn der Wagen wieder in Reparatur ist. Das Sanitätsauto des Bezirks ist nicht immer verfügbar, und ein Kind mit jähem Ausbruch von Diphtherie kann nicht im Kinderheim bleiben. Nicht nur wegen der Ansteckungsgefahr; es braucht auch sofort ärztliche Hilfe, die wir nicht leisten können.

Nur mit Bedenken übergibt die Fürsorgerin den kleinen Werner der Pflege des Krankenhauses. Sie weiß, daß in dieser Abteilung für die internierten Deutschen hinsichtlich der Verpflegung nicht so gesorgt ist, daß ein entkräfteter Organismus die Krankheit überstehen kann. Sie weiß von der bestürzend großen Zahl von Todesfällen, die auch an höheren Stellen bekannt ist, aber mit gleichgültigem Achselzucken quittiert wird. Schade, daß unser Werner nur deutsch spricht, sonst könnte man ihn in ein tschechisches Krankenhaus einschmuggeln, wo die Kinder gute Pflege erhalten.

Immerhin hoffen wir, daß Werner die Krankheit überstehen wird. Er ist stämmig gebaut und sieht sonst gesund aus. Anfang September 1945 haben wir ihn mit fünfzehn anderen deutschen Kindern aus den Frauenheimen in Prag-Smíchov übernommen, wo sich ein Lazarett für internierte Deutsche befand. Er hat dort Keuchhusten gehabt und sich nach dreiwöchigem Aufenthalt in unserem Kamenicer Heim sehr gut erholt. Vielleicht wird er jetzt eine Zeitlang das Hungern aushalten. Sobald wie möglich soll er wieder ins Heim zurück.

Gut, daß seine Mutter jetzt nichts von ihm weiß, so wie wir nichts von ihr wissen. In dem Begleitschein, mit dem wir ihn übernommen haben, steht nur: „Werner Bergelt, etwa drei Jahre alt“.

Die deutsche Krankenschwester, die wir bei der Liquidierung des Lazaretts mitbekommen haben, berichtet, daß der kleine Werner aus einem Internierungslager, wo er sich mit seiner Großmutter aufgehalten hatte, ins Lazarett gebracht worden war.

Werner überstand die Krankheit glücklich; nach sechs Wochen konnten wir ihn wieder abholen. In der Zwischenzeit hatten wir in der nahen Gemeinde Ládví noch das Hotel „Bellevue" zur Verfügung erhalten und schnell für fünfzig unserer kleinsten Kinder eingerichtet. Es hat eine gesündere Lage als das große und kalte Schloß Kamenice.

Gleich nach der Ankunft in Ládví wurde der kleine Werner ins Bad gesteckt, und seine sämtlichen Sachen wurden gründlich desinfiziert. Unlängst übergab man uns ein Kind mit verlausten Kleidern aus der „Salmovka". Große Vorsicht war geboten, denn in manchen Internierungslagern gab es Fälle des gefährlichen Flecktyphus, der von Kleiderläusen übertragen wird.

In Ládví blieb der kleine Werner über ein Jahr, bis zur Auflösung des Heimes im Februar 1947. Viele Kinder gingen während dieser Zeit im Heim ein und aus. Gut erholt konnten wir sie nach längeren oder kürzeren Aufenthalten den Müttern, die wir inzwischen aufgefunden hatten, übergeben.

Der kleine Werner kümmerte sich wenig um seine Umgebung; er schloß sich an niemanden besonders an, weder an seine kleinen Kameraden noch an eine Pflegerin. Er wurde auch von niemandem bevorzugt, denn es war nichts an ihm, was Beachtung verdiente: ein stilles, zuerst etwas ängstliches Kind, ständig mit einem Rotznäschen und mit etwas getrübtem Aufnahmevermögen.

Es war also kein Wunder, daß wir von ihm nichts über seine Herkunft erfahren konnten. Auch über seine Großmutter war nichts festzustellen. Unter dem Namen Bergelt war sie in den amtlichen Verzeichnissen der internierten Personen nicht zu finden, und einen anderen Namen kannten wir nicht. Wir vermuteten, daß sie in einem Lager gestorben war, wie sehr viele ältere Leute, sonst hätte sie wohl selbst nach ihrem Enkel geforscht. Werners Name war natürlich in die Verzeichnisse unserer Heiminsassen aufgenommen, Verzeichnisse, die wir an alle Suchstellen gesandt hatten. Aber auch aus Deutschland kam keine Nachfrage nach einem Kind ähnlichen Namens.

Englische und amerikanische Unitarier hatten eine beträchtliche Geldsumme zur Errichtung eines ständigen Kinderheims als Geschenk für die befreite Republik gestiftet. Auf Anfrage des Ministeriums für Soziale Fürsorge schlugen wir dafür den Umbau des Olešovicer Herrenhauses vor, das sich von unseren fünf Heimen für einen solchen Zweck am besten bewährt hatte. Das Ministerium bestimmte, daß es nach dem Umbau als Heim für verlassene Kinder dienen sollte, die dort bis zu ihrer Unterbringung bei Pflegeeltern zur Beobachtung und Vorbereitung aufgenommen werden sollten. Über ein halbes Jahr arbeiteten alle möglichen Handwerker im Olešovicer Heim. Es war nicht mehr das luxuriös eingerichtete Herrschaftshaus einer einzigen Adelsperson, in welchem wir im Mai 1945 die wertvollen Teppiche entfernt und Bettchen für die jüdischen Waisen von Theresienstadt aufgestellt hatten. In welcher Entzückung waren damals diese kleinen Gäste gewesen, als sie sich zum erstenmal unter den strahlenden Kristalleuchter zum Essen gesetzt hatten. Mit welcher Wonne hatten sie die weiß bezogenen Bettchen und die Plüschteppiche des Treppenhauses genossen!

Ein Kinderheim verlangt jedoch eine andere Einrichtung, weniger Luxus, aber heimelige Ausstattung. Am Anfang mußten wir uns mit den allernotwendigsten Anpassungen begnügen. Jetzt war Olešovice ein modernes Kinderheim mit holländischem Linoleum in allen Räumen und Fluren, mit gekachelten Waschräumen und einfachen, aber zweckentsprechenden Möbeln. Alles war gut durchdacht und mit liebevoller Überlegung auf die Bedürfnisse der Kinder und des Pflegepersonals zugeschnitten. Beim Eingang in das Haus wurde eine Bronze-Tafel in tschechischer und englischer Sprache angebracht. Die Aufschrift lautete:

„DIE LIEBE ZU KINDERN MÖGE DER WEG ZUR VERSTÄNDIGUNG ZWISCHEN DEN VÖLKERN SEIN!“

In dieses schöne, von einem Park umgebene Heim übersiedelten am 1. Februar 1947 diejenigen unserer kleinen Kinder, deren Angehörige bisher noch nicht gefunden waren. Darunter auch unser Werner.

In der letzten Zeit hatte sich der kleine Junge geistig erstaunlich entwickelt und sich in die tschechische Umgebung eingelebt. Seit dem Umsturz waren nun schon fast zwei Jahre vergangen, und bisher hatte niemand nach Werner Bergelt gefragt. Man begann daran zu denken, ihn bei einer tschechischen Pflegefamilie unterzubringen, die bereit wäre, ihn später zu adoptieren.

Aber unserem „Honza" war es nicht bestimmt, ein tschechischer Honza zu werden. Plötzlich erhielten wir innerhalb von drei Tagen drei Anfragen nach ihm! Von drei verschiedenen Stellen meldeten sich Mutter, Vater und Geschwister! Wie war das nur möglich?

Der erste Brief kam von der Oberschwester eines Waisenhauses in Hessen. Sie hatte die Geschwister Günther und Elisabeth Bergelt schon zwei Jahre in ihrer Fürsorge. Nach deren Eltern hatte sie durch Vermittlung des Roten Kreuzes in München suchen lassen und dort erfahren, daß wiederum wir nach den Eltern eines Werner Bergelt forschten.

Der zweite Brief war von der Mutter und kam aus der russischen Besatzungszone Deutschlands, wohin sie aus Böhmen evakuiert worden war. Sie hatte indessen schon die Erlaubnis erwirkt, zu ihren zwei Kindern in die amerikanische Zone zu übersiedeln.

Und der dritte Brief kam vom Münchner Kindersuchdienst, mit dem wir in jener Zeit in ständiger Verbindung standen. Er teilte uns die Adresse des Vaters mit, der sich immer noch als Kriegsgefangener in Ägypten befand!

Wunderlich, auf einmal so viele Nachrichten und vorher nichts! Wie das zusammenhing, erklärte uns ein weiterer Brief der Mutter, die nun schon glücklich mit zwei Kindern vereint war. Sie berichtete uns, daß sie fünfzehn Monate in Böhmen interniert gewesen – und es ihr nicht ermöglicht worden war, nach ihren Kindern und der Großmutter zu forschen. Erst Ende August 1946 wurde sie mit einem Transport nach Deutschland geschickt, wo sie sich sofort an die verschiedenen Suchdienststellen wandte, aber ohne Ergebnis. In der Annahme, daß ihre Kinder irgendwo mit der Großmutter zusammen seien, hatte sie vor allem nach dieser gesucht. In ihrer Verzweiflung wandte sie sich auch an das Pfarramt in Oberschlesien, wo sie vor der anrückenden russischen Front hatten flüchten müssen und wohin sie nun nicht mehr zurückkehren durften. Auf dem Pfarramt lagen schon über ein Jahr die Briefe ihres Mannes aus einem Kriegsgefangenenlager in Ägypten. Endlich konnten diese an sie weitergeleitet werden!

Endlich war sie nun wenigstens mit einem Familienmitglied in direkter Verbindung. Aber es dauerte lange, bis die Nachrichten hin- und hergingen, und die Hoffnung auf ein baldiges Wiedersehen war gering.

Eines Tages aber schrieb der Vater aus Ägypten, er habe vom Roten Kreuz die Nachricht über die Unterbringung der beiden Kinder Günther und Elisabeth in einem hessischen Waisenhaus erhalten. Welche Freude für die Mutter, die über zweieinhalb Jahre überhaupt nichts über ihre Kinder erfahren hatte. Waren sie noch am Leben? War für sie in einem verarmten Land gesorgt?

Als dann endlich alle Hindernisse überwunden waren und sie zu ihren Kindern nach Hessen fahren durfte, übergab ihr die freundliche Oberschwester unseren Brief mit der weiteren frohen Botschaft, daß ihr Jüngster, Werner, gesund und munter sei und zur Mutter geschickt werden könnte, sobald die nötigen Formalitäten erfüllt seien. Nun fehlte nur noch die Großmutter. Frau Bergelt bat uns, ihr bei der Suche behilflich zu sein und berichtete kurz: „Ich war mit meiner Mutter und meinen drei Kindern, damals sieben, vier und zwei Jahre alt, auf der Flucht aus N. in Oberschlesien. Wir kamen bis nach Königgrätz [Hradec Králové]. Das war im März 1945.

Wir wurden dort in einem Lager für Flüchtlinge untergebracht. In den ersten Maitagen 1945 kam von deutscher Seite der Befehl, das Lager schleunigst zu räumen. Im entstandenen Wirrwarr bemühte ich mich, die Großmutter mit den Kindern auf ein Militärauto zu bekommen, aber ehe ich selbst noch aufsteigen konnte, fuhr der Wagen davon. Ich stieg in das nächste Auto, das jedoch in eine andere Richtung fuhr. So verlor ich jede Spur meiner Kinder. Ich selbst wurde dann von den Russen gefangen genommen, die mich den tschechischen Behörden übergaben. Fünfzehn Monate war ich dort als Internierte im Arbeitseinsatz eingereiht, ganz von der Welt abgeschnitten. Ich hoffte, daß die siebzigjährige Großmutter mit allen drei Kindern zusammen sei. In Wirklichkeit hatte sich – wie ich jetzt von den älteren Kindern erfahren habe – beim Umsteigen der Flüchtlinge auf einen anderen Wagen dasselbe wiederholt wie beim Aufbruch: Die Großmutter half Günther und Elisabeth beim Einsteigen und ehe sie ihnen mit Werner folgen konnte, fuhr der Wagen davon. Der beiden verlassenen Kinder nahm sich dann eine andere Flüchtlingsfrau an und übergab sie amerikanischen Soldaten. Diese brachten sie in Hanau zur Jugendfürsorge. So landeten sie dann in einem hessischen Waisenhaus.“[17]

Diesem ausführlichen Brief hatte die Mutter eine Fotografie von Werners älterem Bruder Günther beigelegt, weil sie Werners Bild samt all ihren Dokumenten auf der Flucht verloren hatte. Günthers Bild hätte eines unseres „Honza“ sein können – die Ähnlichkeit war nicht zu leugnen.

Über das Schicksal der Großmutter konnten wir auch mit den genaueren Angaben nichts ausmachen. Wahrscheinlich war sie den Leiden in der ersten Zeit erlegen, als die Registrierungen noch ganz unvollständig waren.

[17] Alle von Deutschen verfassten Zuschriften sind Rückübersetzungen aus dem Tschechischen. Die Originale befanden sich im Archiv des Milíč-Hauses in Prag-Žižkov, sie sind 1951 zusammen mit anderen Belegen einer wilden Hausdurchsuchung zum Opfer gefallen.

„Honza" hatte Glück: Soeben wurde ein neuer Transport deutscher Kinder aus dem Sammellager in Lešany vorbereitet. Es war noch Zeit genug, die notwendigen Papiere aus Deutschland zu beschaffen und den Jungen in Olešovice für die Reise auszustatten.

1947 gingen nur noch sehr selten Transporte nach Deutschland. Lange hatten andere Kinder, und weit weniger geduldige als „Honza", warten müssen, ehe es gelang, sie in einen Transport einzureihen! Manche hatten ein halbes Jahr und länger vergeblich gehofft. Unser „Honza" konnte noch vor Weihnachten 1947 abreisen. Seine Mutter kam ihm bis nach Furth im Wald entgegen.

*

Im Januar 1948 bekamen wir wieder einen Brief von ihr: „Ihr ehemaliger Werner Bergelt ist glücklich angelangt. Er hat sich bei mir und seinen Geschwistern schon gut eingelebt, wenn er es auch bei Ihnen in vieler Hinsicht sicher besser gehabt hat. Man sieht es ihm an, daß er in guter Pflege war, und ich bin Ihnen von ganzem Herzen dankbar dafür. In den ersten Tagen war es freilich mit der Verständigung schwer; ein Glück, daß ich in den fünfzehn Monaten in Ihrem Lande soviel Tschechisch gelernt habe, daß ich mit ihm ein bißchen sprechen konnte! Er erzählt viel von den Kindern und den Erwachsenen und weiß von jedem den Namen. Mit seinen Geschwistern tanzt er gern und singt dabei ‚tanzovi, tanzovi, wie gut es sei, wie gut es sei.' [In Wirklichkeit hat er das slowakische Tanzliedchen gesungen: ‚Tancuj, tancuj, vykrúcaj, vykrúcaj']. So mischt er das Tschechische mit dem Deutschen. Eine große Freude habe ich über die schönen Sachen, die er mitbekommen hat und die wir sehr gut gebrauchen können. Wie schlecht es damit bei uns bestellt ist, können Sie daraus ersehen, daß wir vier Personen zusammen nur eine Bettstelle haben und ein Kinderbettchen für Werner. Alle zusammen besitzen bloß einen Stuhl; die Kleider müssen wir an einen Nagel an der Wand hängen. Und Hoffnung auf Besserung ist keine ..."

Schwer ist das Schicksal solcher Kriegsflüchtlinge, die nicht in ihre Heimat zurückkehren können. Ein Glück, wenn eine so vom Unheil getroffene, in alle Winde verstreute Familie durch eine gütige Schicksalsfügung sich wenigstens wieder zusammenfindet!

Zimmer Nr. 2

Das Schloß Kamenice erhebt sich stolz über der Landstraße von Prag nach Týnec nad Sázavou mit seinem vierkantigen, vierstöckigen Turm. Bis zum Zusammenbruch des Dritten Reiches wohnte dort einer der Barone Ringhoffer allein. Die vielen großen Räume belebten sich nur, wenn eine Jagdgesellschaft eintraf. Noch heute zeugen zahlreiche Jagdtrophäen in den breiten Gängen davon.

Nach der Plünderung kam neues Leben in den stattlichen Herrschaftssitz. Přemysl Pitter und seine mutigen jüngeren Freunde verwandelten ihn eilig in ein Erholungsheim für Kinder, die unter dem Naziregime gelitten hatten. Bis Ende August genossen diese meist jüdischen Rückkehrer aus Konzentrationslagern die Annehmlichkeiten des Schlosses mit seiner nach Süden gerichteten großen Gartenterrasse, dem anschließenden Park und den weiten Wäldern. Erholt konnten dann die meisten zu Verwandten oder Bekannten ziehen, um sich für das neue Schuljahr zu melden, hatten sie doch so manche Jahre an versäumter Bildung nachzuholen! Es blieben meist ausländische Jugendliche; sie fanden Unterkunft in den Heimen Olešovice und Štiřín, die beide behaglicher eingerichtet waren als das kalte Kamenicer Schloß.

So wurde nun dieses größte von Pitters Erholungsheimen frei, um verlassene deutsche Kinder aufzunehmen. Auch sie waren ja eigentlich Opfer des Hitlerregimes. Wir holten sie aus den improvisierten Internierungszentren der Prager Vorstädte Hloubětín und Modřany und aus dem Lazarett in Prag-Smíchov.

Manche dieser Kinder sprachen tschechisch und waren im schulpflichtigen Alter. Sie stammten aus national gemischten Ehen; ihre Eltern hatten sich während des Krieges notgedrungen als Deutsche gemeldet. Jetzt mußten sie auch deren schlimmes Schicksal teilen. Für diese Kollaborateure und andere tschechisch sprechende Kinder richteten wir jetzt regelrechten Schulunterricht ein. Den Kindern rein deutscher Herkunft war zwar jeglicher Unterricht von Amtes wegen untersagt. Das neue Schulministerium entsprach jedoch unserem Ansuchen und teilte uns noch einen tschechischen Lehrer zu, der sich ausschließlich mit den Kindern tschechischer Herkunft befaßte, um sie zum baldigen Übergang in die tschechische Volksschule vorzubereiten. Seinem Kollegen oblag nämlich die ganze Verwaltung des Heimes Kamenice. Unter der deutschen Besatzung mußten die Kinder aus Mischehen deutsche Schulen besuchen. Jetzt würden sie in tschechischen Schulen kaum nachkommen, wenn diese sie überhaupt wieder aufnehmen würden, was gar nicht sicher war. Wir konnten nicht immer leicht abschätzen, welche Kinder den tschechischen Unterricht besuchen durften und welche als Deutsche ausgesiedelt würden. Es zeigte sich später, daß wir uns in einigen Fällen geirrt hatten.

Die Kollaborateurskinder, die beide Umgangssprachen beherrschten, erwiesen sich als große Hilfe bei der Verständigung zwischen den tschechischen und deutschen Heiminsassen. Die deutschen Kinder andererseits lernten ziemlich schnell, rein durch das Hören, etwas Tschechisch. So bildete sich in Kamenice verhältnismäßig bald ein gutes tschechisch-deutsches Kinderkollektiv.

Der tschechische Unterricht wurde in zwei Zimmern der ehemaligen Portierswohnung eingerichtet. Er erfreute sich regen Besuchs. Doch für die Entwicklung der ganzen Kamenicer Kindergemeinschaft hatten die gemischten Schlafräume im ersten Stock eine viel größere Bedeutung.

Die ältesten Mädchen wohnten, unabhängig von ihrer Muttersprache, im Zimmer Nr. 2, einem sehr geräumigen Eckraum mit fünf hohen Fenstern. Darin standen zwölf bis vierzehn einfache Bettstellen aus Eichenholz, wie wir sie in großer Anzahl aus den ehemaligen Heimen der Hitlerjugend übernehmen konnten. Dazwischen die dazugehörigen Nachtschränkchen mit den kleinen Habseligkeiten der Mädchen, und in der Mitte ein großer runder Tisch mit Stühlen. An der Decke hing noch ein kostbarer

Kristall-Kronleuchter, aber sonst war von der ehemaligen Pracht dieses Raumes nichts übrig geblieben.

Dieses Zimmer Nr. 2 – die „dvojka“, wie man es tschechisch nannte – wurde zu einem Begriff für die Bewohner. Es war der Ort, wo manche über ein Jahr unter dem Druck eines schweren Schicksals dennoch eine so reiche Zeit verlebten, daß es für manche das schönste Jahr ihrer Jugend werden sollte, wie einige später bekannten.

In den Erinnerungen von uns Erwachsenen bedeutet die „dvojka“ auch diese Mädchengemeinschaft selbst. Mit ihren munteren Einfällen und auch mit ihrem ernsten Streben, mit ihren Aufmerksamkeiten für alle, verbreitete sie Wärme im ganzen Haus, so daß sich niemand wie in einer „Anstalt“ verloren fühlte, selbst als die Zahl der Schützlinge im Winter auf hundertfünfzehn anstieg. Nicht, daß jedes dieser Mädchen ein Vorbild gewesen wäre! Keineswegs. Die meisten waren durchschnittliche „Backfische“. Doch sie hatten seelische Erschütterungen durchgemacht, die sie trotz ihrer Jugend sensibler, reifer erscheinen ließen.

Die Leiden, die sie alle in ähnlicher Weise betroffen hatten, erweckten in ihnen ein besonderes Zusammengehörigkeitsgefühl und Verantwortungsbewußtsein. Wenn eine von ihnen abends im Bett in Gedanken an ihre Angehörigen ihr Schluchzen unter der Decke verbarg, fühlte das ganze Zimmer mit, und alle waren bemüht, sie mit liebevollen Worten zu trösten und ihr neue Hoffnung zu geben. Wenn eine andere nach langer Ungewißheit endlich eine Nachricht von Angehörigen bekam, freuten sich alle. So wechselten trübe Stimmungen mit Übermut ab. Es gab allerhand Explosionsstoff in den gärenden jungen Seelen, und zu einer richtigen Führung brauchte es feinfühliges Verständnis, oft viel Nachsicht und dabei eine feste Hand.

Zum Glück erhielten wir für Kamenice zur Pflege der noch in halbkrankem Zustand übernommenen Kinder eine junge deutsche Ärztin, die auch tschechisch sprach. Ihr kleines Ordinationszimmer, in dem sie auch wohnte, war dem Zimmer Nr. 2 gerade gegenüber, und so wurden die Mädchen dieser „dvojka" ihrer speziellen Fürsorge anvertraut. Es war keine leichte, aber eine lohnende Aufgabe. Selbst aus einem Internierungslager kommend, konnte Frau K. sich in die seelische Verfassung der ihr Anvertrauten gut einfühlen.

Unter den deutschen Mädchen der „dvojka" waren einige sehr begabte, die es verstanden, in ihrem Zimmer eine besondere Atmosphäre zu schaffen. Die sechzehnjährige Marianne war die älteste von allen. Sie wußte noch gar nichts über den Aufenthalt ihrer Familienangehörigen. In den ersten Umsturztagen war sie mit Eltern und Bruder im Gefängnis in Prag-Pankrác interniert gewesen, aber bald von ihnen getrennt worden. Sie selbst kam allein zum Arbeitseinsatz zu einem tschechischen Bauern. Eine frühere Schädigung des motorischen Nervensystems verursachte ihr viele Beschwerden, so daß ihr bei jeder Bewegung die Glieder zuckten, was jegliche manuelle Arbeit erschwerte.

Traute und Erika, beide ein Jahr jünger als Marianne, hatten keine Ahnung, wohin das Schicksal ihre Familien verschlagen hat. Vor dem Umsturz lagen sie mit Tuberkulose in einer deutschen Klinik. Nun liegen sie beide im Zimmer Nr. 2 in schweren Gipsverbänden. Ihre Kameradinnen bemühen sich rücksichtsvoll, ihnen den Aufenthalt zu erleichtern.

Den Leipziger Zwillingen Eva und Helga ist die Mutter in einem Prager Internierungslager dem Typhus erlegen. Vom Vater wissen sie schon lange nichts mehr.

Isabella und Martina befanden sich in der letzten Kriegszeit mit ihrer Mutter und vielen schlesischen Landsleuten in Notbaracken für die zu Tausenden daher strömenden Flüchtlinge. Als der Umsturz erfolgte, war die nichtsahnende Mutter zu Einkäufen auf der Straße und kehrte nicht mehr zurück.

Hanna, Regina und Hertha sind besser dran; ihre Mütter arbeiten als internierte Hilfskräfte im Heim.

Selbstverständlich haben auch sie zumindest ein verschollenes Familienmitglied, sei es Vater, Bruder oder Schwester.

Am wenigsten betroffen fühlt sich jetzt die zwölfjährige Brigitte aus einer gutbürgerlichen Prager deutschen Familie: „Mein Vater war Prokurist in einer Firma", berichtete sie uns bald nach ihrer Ankunft in fließendem Tschechisch. „Mutti führte den Haushalt und ich besuchte mit meinem Bruder das deutsche Gymnasium. Anfang 1945 fiel mir auf, daß manche Klassenkameradinnen nicht mehr zum Unterricht erschienen. Es hieß, sie seien mit ihren Müttern vor dem vorrückenden Feind nach Westen geflüchtet. Meine lieben Eltern dachten jedoch nicht daran. Wir waren ja in Prag beheimatet und kamen mit den Tschechen gut aus, hatten sogar gute Freunde unter ihnen. Aber dann kam die schwere Enttäuschung!" Und Brigittes liebe Stimme erhielt einen traurigen Tonfall. „Schon als die ersten Kämpfe in den Prager Straßen ausbrachen, sind Vati und Bruder abgeführt worden – wurden interniert im Kino auf der Letná, wie wir noch erfuhren. Gleich am folgenden Tag kamen Mutti und ich an die Reihe. Ich weiß nicht mehr, in welches Lager, denn ich erkrankte bald und wurde von einem Krankenhaus ins nächste geschleppt, bis ich schließlich hierher nach Kamenice kam." Brigitte erzählte alles so genau wie nur möglich in der Hoffnung, daß wir ihre Angehörigen finden würden.

Unsere Nachforschungen blieben leider ergebnislos. Aber Brigitte hatte gleichzeitig an tschechische Freunde nach Prag geschrieben. Die Mutter tat mit gutem Instinkt dasselbe – nur mußte sie ihre Zeilen heimlich durch einen tschechischen Boten senden, denn sie war als internierte Arbeitskraft bei einem Bauern eingesetzt worden. So erhielt das Mädchen nach langem Bangen die erste Nachricht von ihrer Mutter. Viel später erfuhr sie, wiederum von den tschechischen Freunden, wo sich Vater und Bruder befanden. Auch sie waren im Arbeitseinsatz bei einem tschechischen Bauern, jedoch weiter entfernt von Prag. Sie konnte jetzt Vater und Mutter schreiben und wartete stets sehnsüchtig auf ihre Antworten. Sie wußte schon, daß die Familie nicht in der Tschechoslowakei bleiben durfte, daß sie ihre Heimatstadt verloren hatte. Aber was für ein Glück, dachte sie, daß beide Elternteile alles überstanden hatten, sie würden wieder alle zusammen sein, es war nur eine Frage der Zeit. So wartete sie geduldig, bis sie mit den Eltern zum Transport nach Deutschland beordert wurde. Wenn sie an die viel schlimmeren Schicksale ihrer Kameradinnen dachte, kam sie sich vom Schicksal begünstigt vor.

Eines Tages im Advent erschien vor dem Schloß Kamenice ein Bauer aus der entfernten Gegend von Český Brod (dt. Böhmisch Brod). Hinter ihm auf dem Fahrrad saß eine unbekannte Frau mit der weißen Armbinde, die alle Internierten tragen mußten. Sie war dem Bauern als Landarbeiterin zugeteilt! Blitzschnell gelangte die gute Nachricht hinauf zu Traute, die noch bettlägerig war. Es war ein Freudenfest für die ganze Hausgemeinschaft und natürlich für Mutter und Kind, die seit Mai überhaupt nichts voneinander gewußt hatten. Der gute Mann hatte aus Mitleid mit der fleißigen Arbeiterin mehrere Tage und auch die Kosten darauf verwandt, Trautes Aufenthalt selbst ausfindig zu machen. Diese Erfahrung war auch für uns, die wir leider sonst mit Arbeitgebern ganz anderes hatten erleben müssen, eine große Ermunterung. Dem freundlichen Mann gefiel es in dem Kamenicer Heim so außerordentlich gut, daß er den Besuch mit seiner Arbeiterin wiederholte und so Mutter und Tochter von neuem die Freude des Wiedersehens bereitete.

Wie glücklich war nun Traute, die Mutter in einer günstigen Umgebung zu wissen! Mit ruhiger Seele konnte sie sich ihren Kameradinnen noch mehr widmen, als sie es schon vorher getan hatte. Sie durfte immer noch nicht aufstehen, aber alle Mädchen kamen mit ihren Anliegen und Problemen zu ihr und baten sie um Rat und Hilfe. Die Mädchen saßen mit Vorliebe um ihr Bett herum, um Traute zu unterhalten, wie sie meinten, damit ihr die Zeit nicht lang würde; aber sie selbst gingen immer bereichert von ihr weg. Die kleineren Kinder aus den anderen Schlafzimmern sorgten dafür, daß auch Trautes Finger nicht Langeweile litten. Sie brachten ihr ständig abgerissene Knöpfe und zerrissene Strümpfchen. Das noch nicht fünfzehnjährige Mädchen aus bescheidenen kleinbürgerlichen Verhältnissen einer deutschen Stadt Mährens – der Vater war Schneider gewesen – hatte die seltene Gabe, zu erfühlen, wie und wo gerade jemand Hilfe brauchte. Auch an die Lehrerinnen dachte sie dabei; sie wußte, daß diese vor lauter Arbeit für die Kinder überhaupt keine Zeit für sich selbst hatten. So schickte sie heimlich „Heinzelmännchen" aus, die ihr Zimmer mit Blumen schmückten. Kurz, Traute war ein Engel, nicht nur für die „dvojka", sondern für das ganze Heim.

Brigitte hatte sich sehr bald in enger Freundschaft an sie angeschlossen. Zwei Schwesterseelen hatten sich gefunden. Noch heute, obwohl sie nun beide verheiratet, weit voneinander entfernt leben, sind sie in herzlicher Verbindung. Sie ergänzen sich in ihren Anlagen aufs glücklichste. Traute konnte viele Gedichte und Lieder auswendig und war noch dazu begabt, Märchen zu dramatisieren und mit den Mädchen einzuüben. In Brigitte entdeckte sie ein darstellerisches Talent. So verging kaum eine Woche, in der nicht eine ernste oder heitere Aufführung in dem großen Spielzimmer stattfand. Die Theatervorstellungen waren zweisprachig, je nachdem, welche Sprache die Darsteller besser beherrschten. Die Hauptrolle fiel oft Brigitte zu, denn sie improvisierte tschechisch und deutsch. So konnte sie eventuelle „Entgleisungen" immer gut zurechtbiegen. Aber auch andere Darstellerinnen waren in beiden Sprachen sicher und so geschah es einmal, daß Jana und Jiřina unwillkürlich tschechisch begannen, worauf Hertha, die mit ihnen weiterzuspielen hatte, laut unterbrach: „Deutsch sprechen, já nerozumím!" [ich verstehe nicht]. Also wurde noch einmal begonnen, diesmal auf deutsch, und das beifallsbereite Publikum amüsierte sich. Diese kleinen Aufführungen bereiteten Spielenden wie Zuschauern Freude und halfen über manche Stunde der Sehnsucht und Trauer glücklich hinweg. Die christlichen Feste wurden im Kamenicer Heim mit besonderer Aufmerksamkeit sorgfältig vorbereitet. Die Mädchen aus der Nr. 2 verstanden es, mit allerlei hübschen Einfällen zur bescheidenen, aber innigen Weihnachtsfeier beizutragen.

Im Jahr 1946 erhielt das Kamenicer Heim einen großen Zuwachs von zwölf- bis sechzehnjährigen deutschen Jungen. Da war es unerläßlich, den Kreis der Erzieher durch eine Arbeitskraft zu erweitern, welche die deutsche Sprache gut beherrschte. Die erste Lehrerin verstand es zwar meisterhaft, sich mit den Kindern zu verständigen, etwa mit Hilfe einer deutschen Taschenbibel. Sie zog diese hervor, wenn gerade kein Kind als Dolmetscher da war, und deutete mit dem Zeigefinger auf einen Vers, der auf die gestellte Frage Antwort bot. Es war ihr gelungen, auch auf deutsche Kinder moralisch und religiös zu wirken. Aber für die neuen großen Burschen konnte dies nicht genügen. So empfahl sie uns ihre Freundin Mája Štěrbová aus Mähren. Zur Unterscheidung von der ersten großen und schlanken Lehrerin nannten sie die Kinder „die kleine Lehrerin“. Beide konnten sich vorzüglich in die Seelenverfassung unserer verlassenen und geplagten Schützlinge einfühlen. Die neue „Tante Mája“ besaß ein frohes, aber ruhigeres und ausgeglicheneres Temperament als „Tante Dobruše“ [Štěpánková], und so ergänzten sie einander ausgezeichnet und trugen viel zur guten Entwicklung der einzelnen Kinder sowie der ganzen Kindergemeinschaft bei. Sie waren nicht nur Lehrerinnen, sondern Erzieherinnen und Hausmütter im schönsten Sinne dieser Bezeichnungen.

Wir begriffen auch, daß die heranwachsende deutsche Jugend mit irgend einer geistigen Arbeit in der Muttersprache beschäftigt werden mußte. An praktischen Aufgaben war zwar in Haus und Park kein Mangel, aber es tat Not, die Seelen der irregeleiteten Jugend zu den geistigen Schätzen des eigenen Volkes hinzuwenden. Unsere Prager Freundin aus den Friedenskreisen, Schwester Clara [Mágrová], eine gebürtige Leipzigerin, übernahm diese schwere Aufgabe. Sie hatte uns schon vorher im Prager Büro mit der Errichtung und Führung der Kartei unserer deutschen Kinder ausgiebig geholfen und auch schon sehr viele Antworten auf Anfragen nach verlorenen Kindern für mich auf der Schreibmaschine geschrieben. Jetzt kam sie jede Woche für zwei, drei Tage nach Kamenice und las im Kreis der älteren Kinder aus Werken der deutschen Literatur vor, stellte ihnen Gestalten der deutschen Kultur vor Augen, lieh ihnen Bücher aus ihrer eigenen Bibliothek aus, deren Inhalt sie bei der nächsten Zusammenkunft zu hören wünschte. Daraus ergaben sich oft tiefe Aussprachen über ernste Lebensfragen.

Alle größeren Mädchen, namentlich Marianne und Traute, und auch die etwas jüngeren, Brigitte, Hertha, Regina und Ilse, nahmen dankbar diese geistigen und moralischen Anregungen auf. Obwohl sie sonst immer gern auch bei der häuslichen Arbeit halfen – wenn Schwester Clara in der Eingangshalle erschien, liefen sie ihr entgegen und hätten am liebsten Tag und Nacht nur mit ihr zusammen im Gespräch gesessen. Sie gab ihnen mit diesen ungezwungenen „Unterhaltungen“ mehr, als sie durch normalen Unterricht hätten gewinnen können.

Die deutschen Jungen brachten anfangs kein sonderliches Interesse für diese freiwilligen Zusammenkünfte auf. Etliche taten sogar ihre Abneigung dagegen unverhohlen kund. Sie waren ja so erzogen und geführt worden, daß ihnen alle geistige Tätigkeit fremd sein mußte. Sie waren auch voll Mißtrauen gegen alles, was man ihnen sagte, dazu unglaublich undiszipliniert, seit langem aller Schulen und geordneten Tätigkeiten entwöhnt, wirklich geistig verwildert. Die andauernde Begeisterung der Mädchen steckte sie – zumindest einen Teil von ihnen – allmählich an, so daß sie bereitwilliger wurden für das, was man ihnen anbot.

Bei den Mädchen war auch das religiöse Interesse sehr lebendig. Aus eigener Initiative lasen sie gemeinsam in der

Bibel und beschäftigten sich mit dem Gelesenen. Marianne, evangelisch erzogen und ausgesprochen religiös veranlagt, bemühte sich, den Gefährtinnen dabei zu helfen. Es war ihnen selbstverständlich, an göttliche Hilfe zu glauben, sie hatten sie ja doch selbst erfahren. Sie verstanden auch, daß es die Liebe Christi in den Menschen war, die in Kamenice wirkte und sie führte. Einige Jungen waren auch religiösen Betrachtungen zugänglich, und „Tante Dobruše" verstand es, in diesem Sinne einzuwirken; aber die meisten zeigten sich lange gleichgültig dagegen. Der „Herr Direktor" versuchte, mit einfachen deutschen Sonntagsansprachen und Liedern ihr Interesse zu wecken. Ein besonderes Ereignis – es gehört in das Kapitel über unsere „Hitlerjugend" – machte auch die letzten Skeptiker für Glaubensfragen empfänglich. Bereits am Palmsonntag kamen auch alle Hitlerjungen zur Andacht, und der von allen geachtete Direktor konnte es wagen, ihnen in einer lebendigen Ansprache die Bedeutung der Osterbotschaft zu erläutern. Er hatte bereits den Weg zu ihren Seelen gefunden.

*

Der Muttertag bot unseren Mädchen eine willkommene Gelegenheit, ihre Dankbarkeit all den Frauen, die für sie sorgten, zu bezeugen. Frühmorgens schmückten sie den großen Speisesaal mit Flieder und Vergißmeinnicht und deckten für alle Mütter, die wirklichen und die Pflegemütter, einen gemeinsamen Festtisch. Für jede einzelne der Mütter war der Platz mit einem Geschenklein und einer Widmung versehen, so auch für „Mutti Dobruše" und „Mutti Mája". Die deutschen Mädchen hatten diesen beiden geliebten „Tanten" bereits den scherzhaften Ehrentitel „Muttterersatz" gegeben. Das festliche Frühstück wurde mit Gesang eröffnet. Nachher begab sich die ganze Nr. 2 in die Küche, während die anderen Kinder in den Wald spielen gingen. Die Mütter, die sonst mit der Hausarbeit beschäftigt waren, die „Tante Ärztin", Schwestern und Pflegerinnen durften an diesem Tag keine Hand rühren – alles würde Zimmer 2 besorgen! Die Erwachsenen mußten wohl oder übel gehorchen, und die Mädchen hatten einen Riesenspaß daran. Mittags übernahmen sie auch selbst das Austeilen der Speisen sowie das Aufwaschen des Geschirrs. Die Mütter sollten wirklich ihren Festtag haben!

Am Abend versammelte sich groß und klein im Saal. Auch die internierten Mütter aus den anderen Heimen kamen ihre Kinder besuchen. Unsere bewährte Theatergruppe gab die Festvorstellung: zwei Märchen, eins in deutscher, das andere in tschechischer Sprache. Auch die Jungen bereicherten das Programm um einige selbst ausgedachte und eingeübte Szenen.

Diese Kindervorstellungen hatten immer etwas seltsam Rührendes und Eindrucksvolles. Es war, als ob der seelische Adel, der von der kleinen Gruppe größerer Mädchen ausging, sich auf die ganze Jugendgemeinschaft übertrüge. Auch die ältere Jugend, die durch die nationalsozialistische Erziehung und durch die Internierung verroht waren, wurden davon berührt und wie verzaubert. Im Allgemeinen sind heute Mädchen aus bürgerlichen Kreisen durch den Einfluß des Kinos gewöhnlich unfähig, natürlich zu spielen; sie ahmen unwillkürlich die Manieren der Filmstars nach, was nichts als Affektiertheit zum Ergebnis hat und die Buben zum Spott reizt. Aber unsere Kamenicer Jugend verfolgte mit echter Anteilnahme jede dieser Aufführungen und bemühte sich auch ehrlich, etwas dazu beizutragen.

Sie hatten besonders vor Traute und Brigitte große Achtung. Mit welch' stolzem Ernst übernahmen sie abwechselnd den täglichen Dienst, die noch bettlägrige Traute auf einer Tragbahre hinunter zu bringen, in den Park oder in den ehemaligen Jägersaal, der jetzt als Spielraum diente. Des Mädchens seelische Feinheit begann namentlich den entzündlichen Waldemar zu beeinflussen, der – fast siebzehnjährig – anfing, sich nach Mädchen umzusehen. Es war rührend, ihre junge Liebe zu beobachten. Er, schlank und biegsam, schritt ganz langsam neben Traute, als diese schon vorsichtig an Krücken gehen durfte, und trug ihre Sachen. Wenn sie dann unter den Bäumen auf dem niedrigen Mäuerchen, ihrem Lieblingsplatz, saß, legte er ihr sorgsam die Strickjacke um die Schultern.

Waldemar war jedoch ganz im Geiste der Hitlerjugend aufgewachsen und mit Nazi-Propaganda vollgestopft. Zu vielen Fragen verhielt er sich hartnäckig ablehnend. Es wollte ihm durchaus nicht in den Kopf, daß wir uns ihrer aller nur deswegen annahmen, um sie vor körperlichem und moralischem Elend zu schützen, und daß wir sie, sobald wie möglich, wirklich in die Heimat nach Deutschland schicken wollten. Fortwährend spukte ihm der Begriff „Tschechisierung" im Kopf herum. Traute hatte sein Vertrauen; ihr hatte er mit gewissem Stolz gestanden, daß er sogar dem „Werwolf" angehört hatte. Sie brachte es allmählich so weit, seinen Haß gegen die Tschechen zu mildern, ebenso seine Empörung über die Kameraden, die ihren tschechischen Erziehern schon Vertrauen entgegenbrachten. Im Laufe der Zeit siegte die Sanftmut Trautes über seine Vorurteile: Vor seiner Abreise in die Heimat bekannte Waldemar der Lehrerin, daß er keinen Haß mehr gegen die Tschechen hege.

Brigitte, im Frühjahr dreizehn Jahre alt geworden, besaß noch nicht die charakterliche Reife Trautes, so daß sie einen beträchtlichen Einfluß auf ihre Umgebung hätte ausüben können. Aber sie bemühte sich ganz aus eigener Einsicht um das gleiche Ziel. Bereitwillig spielte sie die Dolmetscherin bei den um innere Verständigung bemühten Gesprächen von „Tante Dobruše" mit den großen Burschen. Ihre intelligente und liebenswürdige Art, so etwas weiterzugeben, öffnete ihr die Herzen. Kein Wunder, daß mehrere sich um ihre Gunst bemühten. Gut erholt nach vielen Strapazen und Sorgen, war sie auch ein sehr hübsches Mädchen geworden. Sie wußte sehr wohl, daß sie auf den älteren der beiden Siegfriede starken Einfluß hatte, aber sie mißbrauchte diese Macht niemals. Sie war allen eine gute Kameradin und dabei uneigennützig und bemüht, die guten Gedanken ihrer Freundin Traute zu verwirklichen. Ihr ruhiges, besonnenes Auftreten verriet eine für ihr Alter ungewöhnliche innere Harmonie. Die „große Lehrerin“, an die typischen Unausgeglichenheiten der Jugend im Pubertätsalter gewöhnt, meinte einmal von Brigitte, sie sei „ausgeglichen schon vor dem Sturm“.

Inzwischen hatte Traute auch Nachricht von ihrem Vater bekommen. Der kleine Schneider war schon früh in den Westen abgeschoben worden, wahrscheinlich war er zu schwach gewesen für die Feldarbeit. Er wartete jetzt in Bayern auf Frau und Tochter. Befreit von den schweren Sorgen um das Schicksal ihrer Eltern, konnte sich Traute nun noch freudiger ihrer Umgebung widmen. Mädchen und Jungen kamen mit ihren Anliegen zu ihr. Am Fenster, neben dem Eingang zu Zimmer Nr. 2, stand eine breite Bank; dort saß Traute mit Vorliebe, eine Handarbeit in den fleißigen Händen. Kinder und Erwachsene suchten sie dort gerne auf. In der Erinnerung vieler ist diese Bank mit Trautes lieber Gestalt verbunden.

*

Im Juni 1946 kam in die ganze jugendliche Gesellschaft von Kamenice lebhafte Bewegung: Irgendwie war es herausgekommen, daß der „Herr Direktor“ bald Geburtstag habe. Wie könnten sie ihm wohl zu diesem Tag am besten ihre Liebe und Dankbarkeit beweisen? Bloß gratulieren, das wäre doch ungenügend, war die allgemeine Überzeugung. Was könnten sie ihm aber schenken, sie, die ja selbst nichts hatten? Und dabei ein Geschenk, das für ihn Wert hätte? Die größeren Kinder, zumal natürlich die Mädchen, bereiteten immer kleine Geschenke für die vielen anderen. Alle Geburtstage im Heim wurden festlich begangen. Es wurde sogar schon im Februar ein Tag bestimmt für die Kleinen, deren Geburtstag nicht bekannt war. Sie sollten nicht zu kurz kommen! Jungen und Mädchen brachten allerlei hübsch ausgedachte Erzeugnisse ihrer Handfertigkeit, der Tisch der Geburtstagskinder wurde festlich gedeckt und mit Blumen geschmückt.

Was aber könnte man für den „Herrn Direktor" machen? Schließlich wurde unter beratender Hilfe der Lehrerinnen beschlossen, daß alle, die einigermaßen dazu fähig waren, etwas über ihre Erlebnisse seit Kriegsende schreiben sollten. Diese von den jungen Verfasserinnen und Verfassern sorgfältig ins Reine geschriebenen Blätter, bereichert um ähnliche Niederschriften der Erzieher und der Ärztin, wurden zu einem Sammelband vereinigt. So entstand das *Okénko do Kamenice* [Guckfensterchen nach Schloß Kamenice]. Es bot ein lebendiges und ursprüngliches Bild der Kamenicer Gemeinschaft.[18]

Doch diese stille Gabe genügte den Kindern nicht. In Kamenice war keine Festlichkeit ohne Theater denkbar. Aber diesmal sollte es etwas Besonderes und Außergewöhnliches werden, und das wurde es auch. Die großen Jungen waren jetzt die Initiatoren. Sie erinnerten sich an eine Erzählung Tolstois, die ihnen „Tante Mája" einmal vorgelesen hatte, als sie nach getaner Arbeit auf dem Rasen ausruhten: „Wo Liebe ist, da ist Gott ..."

Sie erfuhren, daß der „Direktor" eine besondere Vorliebe für diese „Volkserzählung" empfand, weil sie in seinen jungen Jahren einen entscheidenden Einfluß auf ihn ausgeübt hatte. So wurde beschlossen, diese Geschichte zu dramatisieren. Viktor selbst erbat sich die schwierige Rolle des frommen Schusters Martin Awdjejitsch. Es wurde kein Szenar geschrieben, sondern die Erzählung wurde einfach noch einmal angehört; die Einteilung in Auftritte ergab sich von selbst. Die Schauspieler improvisierten in deutscher oder tschechischer Sprache.

Von all diesen Vorbereitungen hatten wir, die Prager Gäste, keine Ahnung. Das Ganze sollte eine Überraschung sein! Am Vorabend des 21. Juni versammelte sich die ganze Belegschaft des Heimes im großen Saal. Unter den

---

[18] Leider ist es verloren gegangen, wahrscheinlich bei der späteren Hausdurchsuchung des Milíč-Hauses. *Anmerkung: Das Bändchen wurde einige Jahre nach dem Ableben von Olga Fierz wieder aufgefunden.*

Geladenen aus Prag saßen auch Schwester Clara Mágrová und Bruder Fedor Krch, der eigentlich nur die Namen mancher Kinder kannte, weil er in Prager Ämtern unermüdlich Nachforschungen nach ihren Eltern anstellte.

Als es im Saal mäuschenstill wurde und wir die Ankündigung des Titels hörten, befürchteten wir, die schöne ernste Erzählung könnte in dieser einfachen Darstellung profanisiert werden. Aber gleich der erste Auftritt zeigte uns, daß diese Sorge grundlos war; alles stellten die Kinder schlicht, eindrucksvoll und würdig dar. Auch die Zweisprachigkeit störte keineswegs. Am Schluß las der nun glückselige alte Schuster langsam, erst tschechisch, dann deutsch, die Worte Jesu aus dem Gleichnis von der Scheidung der Guten und der Bösen: „... Denn ich war hungrig, und ihr habt mir zu essen gegeben; ich war durstig, und ihr habt mich getränkt; ich war fremd, und ihr habt mich beherbergt; ich war nackt, und ihr habt mich bekleidet; ich war krank, und ihr habt mich besucht; ich war im Gefängnis, und ihr seid zu mir gekommen: ... Wahrlich, ich sage euch: Was ihr getan habt einem dieser meiner geringsten Brüder, das habt ihr mir getan." (Mt. 25)

Wie hatte sich unser Bursche in die vorgetragenen Worte eingefühlt, sich eingelebt in die Gestalt des alten Schusters! Der junge Darsteller war ja kein anderer als unser Viktor, der unter unserer „Hitlerjugend" einer der verstocktesten gewesen war und uns große Mühe gemacht hatte, da er, intelligent und sehr aktiv, auch die anderen, lenksameren Jungen immer wieder aufgestachelt hatte.

Wir begriffen, daß Viktor diese Worte Jesu an sich selbst erlebt und daß ihn die Gnade Gottes berührt hatte. Kein anderes Geschenk hätte dem Geburtstagskind und uns allen größere Freude bereiten können als dieses Zeugnis von Viktors innerer Wandlung. Er hatte ja auch selbst diese Geschichte vorgeschlagen und sich die Rolle des Schusters Martin erbeten.

Doch warum schreibe ich hier so ausführlich über Viktor, während dieses Kapitel eigentlich dem Mädchenkollektiv von Zimmer Nr. 2 gewidmet ist? Weil es ohne den alltäglichen Einfluß dieser Mädchen kaum zu einem solch erfreulichen Ergebnis gekommen wäre. Ihre unauffällige und taktvolle Führung hatte die Herzen der Burschen allmählich bezwungen. Unwillkürlich strebten diese danach, sich dem Ideal zu nähern, das in den Mädchenseelen schon so stark lebte. Besonders Traute und Brigitte bewiesen mit ihrem Einfluß auf diese irregeleiteten Jugendlichen, was reine und starke Mädchenherzen vermögen.

Kurze Zeit nach diesem Kamenicer Festtag, diesem Sieg der Liebe über den Haß, wurde Brigitte zum gemeinsamen Transport mit den Eltern abberufen. Im Lager freilich mußte sie mit der Mutter noch einige Wartewochen ertragen, da Vater und Bruder erst nach beendeter Erntearbeit entlassen wurden.

Als am Abend nach ihrer Abfahrt aus dem Kamenicer Heim die eine Lehrerin in üblicher Weise durch die Schlafzimmer ging, erblickte sie im Zimmer der großen Jungen ein rührendes Bild: Die beiden größten Verehrer Brigittes – hartnäckige Rivalen – lagen schlafend auf ihren nebeneinander stehenden Betten, Hand in Hand! Der schmerzliche Verlust hatte sie zusammengeführt. Sie mußten nun die gleichen Trennungsschmerzen erleiden. Im Gespräch über das Verlorene und im gegenseitigen Trost waren sie eingeschlafen.[19]

---

[19] Traute und Brigitte kamen im Juni 1985 zum Ehemaligentreffen in die Schweiz.

Das fünfblättrige Kleeblatt und der weite Weg in die Freiheit

Im September 1945 ersuchte uns die Leitung des Internierungslagers Modřany im Süden Prags, 25 verlassene Kinder zu übernehmen. Zum Glück war im Kamenicer Schloß noch Platz, so daß wir gleich zusagen konnten. Bei den oft deprimierenden Erfahrungen mit Lagern war es uns auch eine Ermunterung, daß nun zum ersten Mal eine Lagerleitung selbst um unsere Hilfe ansuchte. Diesmal also waren wir nicht mehr die Fordernden, die sich manche Beleidigungen gefallen lassen mußten, bevor uns leidende, ja sogar todkranke Kinder zur Pflege überlassen wurden. Eine Hoffnung blinkte auf: Vielleicht werden wir nicht mehr ständig mühevoll gegen einen reißenden Strom schwimmen müssen! Es sollte dann allerdings noch fast ein Jahr vergehen, bevor an einigen anderen Stellen Verständnis für Pitters Hilfswerk erwachte.

Die Verkehrsabteilung des Repatriierungsamtes versprach uns für den Transport der Kinder wieder einen alten Autobus oder ein Lastauto. Aber mit der Einhaltung des Versprechens haperte es. Am angesetzten Tag warteten wir den ganzen Vormittag im Milíč-Haus, zur Abfahrt bereit. Immer wieder rief Pitter im Amt an, bekam aber nur Ausreden zur Antwort. Offensichtlich war ihnen dort alles wichtiger als der Transport von deutschen Kindern, die mit ihren Bündelchen verängstigt warteten, wohin sie wohl wieder geschleppt würden. Am nächsten Tag das gleiche: erfolglose Anrufe und Warten. Endlich, zur Mittagszeit, kam der Bescheid, daß ein Lastwagen zur Abfahrt bereit sei. Wir holten ihn gleich ab und fuhren weiter zu den Kindern nach Modřany.

Dieses Lager machte nicht gleich den niederschmetternden Eindruck wie die meisten anderen, die wir vorher besucht hatten. Auf dem weiten Gelände einer außer Betrieb stehenden Schokoladenfabrik wurden dort aus Prag und der weiteren Umgebung diejenigen Internierten zusammengebracht, die schon endgültig für die Aussiedlung bestimmt waren. Der Lagerleiter empfing uns fast freundlich im Hof. Um ihn stand ein Grüppchen stiller Kinder, nicht durch Unterernährung und Krankheit entkräftet, wie die meisten unserer früher übernommenen, aber in ihren Gesichtern konnte man denselben Ausdruck von Einschüchterung, ja auch Abgestumpftheit erkennen, als wären sie sich bewußt, etwas Unwillkommenes darzustellen.

„Diese 25 verlassenen Kinder", erklärte uns der Lagerleiter, „sind erst vor einer Woche aus einem Kindergarten der Prager Kleinseite zu uns gebracht worden, weil das Gebäude nach den Sommerferien für den normalen Betrieb geräumt werden mußte. Doch es wird in absehbarer Zeit kein Transport nach Deutschland abgefertigt. Die Kinder sind uns hier im Weg. Sie gehören ja eigentlich nicht hierher. Ich bin froh, daß Sie sie einstweilen übernehmen. Ich gebe Ihnen die deutsche Schwester Anna und ihre Gehilfin mit, durch die sie schon früher betreut wurden."

Zu unserer großen Überraschung erkannten wir die zwei Frauen, deren Hingabe wir im Sommer bei unserer ersten Visite der Internierungslager in einem Klassenzimmer auf der Kleinseite bewundert hatten. Das war, als Přemysl Pitter vom Volksausschuß des Landes als Kontrolleur der Lager beauftragt worden war. Mich nahm er stets mit, als seine Sekretärin: „Vier Augen sehen mehr als zwei", meinte er.

Jenes Kinderlager in der Nähe des Kleinseitner Rings ist die einzige lichte Erinnerung unserer Visiten geblieben. Es freute uns damals, internierte Kinder zu finden, die nicht kränklich aussahen und sich in der Obhut dieser beiden Frauen wohl fühlten. Nach unseren früheren Erfahrungen war es uns ein Rätsel, wie ein solches Kinderlager überhaupt existieren konnte.

„Wer hat Sie eigentlich hier als Leiterin eingesetzt?" fragte Pitter damals Schwester Anna. Sie antwortete in gutem Tschechisch: „Das hiesige Rote Kreuz hat verlassene Kinder hierher zusammengebracht und mich mit ihnen, weil ich mich schon im großen Lager etwas um sie gekümmert hatte – soweit es überhaupt möglich war. Die fleißige Frau Zimmermann hat mir schon dort geholfen und durfte mit ihren drei Kindern als meine Gehilfin mitkommen."

Schwester Anna nahm uns beiseite und fuhr fort: „Die vier ruhigen Kinder dort hinten sind eigentlich tschechische Waisen, aber kein tschechisches Kinderheim würde sie aufnehmen, weil ihre Eltern Kollaborateure waren. Die größeren haben mir erzählt, wie wilde Männer (sogenannte Revolutionsgardisten) mit schrecklichem Geschrei in ihre Wohnung eingedrungen waren und vor ihren Augen Mutter und Vater umbrachten. Dann haben wir hier die fünf Brüder Karl, die sprechen nur deutsch. Der Jüngste ist bloß etwa anderthalb Jahre alt, schauen Sie: Dort schmiegt er sich an Frau Zimmermann. Der Älteste, der etwa sechsjährige Ekkehard, erzählt, daß sie in einem hübschen Haus in Prag gewohnt hätten. Als sie auf der Straße Schüsse hörten, sei die Mutter nicht mehr heimgekommen. Auch die anderen Brüderchen – zwei von ihnen sind Zwillinge – erkennt man an den großen dunklen Augen und den pausbackigen Gesichtchen. Es sind artige Kinder, ihre Mutter muß eine ordentliche Frau sein. Sie ist jetzt gewiß in großer Sorge, falls sie das Chaos überhaupt überlebt hat."

Wir mußten damals staunen, wie gut sich Schwester Anna auf tschechisch ausdrückte. „Wo haben Sie so schön tschechisch gelernt?" erkundigte sich Pitter. „Ich stamme aus dem tschechisch-polnisch-preußischen Grenzgebiet und wußte nie, welchem Volksstamm ich eigentlich angehörte. Meine Geschwister und Eltern wußten es auch nicht. Die Tschechen hielten uns für Tschechen, die Polen für Polen und die Deutschen für Deutsche. So kommt es, daß ich auch drei Muttersprachen habe."

Beim Abschied fand Pitter gute Worte der Anerkennung für die beiden Frauen, für ihre vorbildliche Pflege und familiäre Geborgenheit, die sie den Kindern trotz elender Verhältnisse gewährt hatten.

Nun steht also die kleine Gesellschaft vor uns in Modřany, und wir dürfen sie in den alten Autobus einladen. Den fünfjährigen Günther Karl wollte die internierte Schreibkraft bei sich behalten, solange die Mutter nicht gefunden würde. Sie hatte den Kleinen besonders lieb gewonnen und ihm von ihren höheren Lebensmittelzuteilungen manchen guten Bissen zugesteckt. Pitter bestand jedoch darauf, daß der Bub mitfahre, da es unter noch so ungeordneten Verhältnissen nicht ratsam war, die Geschwister zu trennen.

Wir kamen glücklich in Kamenice an. Die neuen Pfleglinge lebten sich bald in die besseren Verhältnisse ein und die beiden Frauen bewährten sich als tüchtige und bescheidene Kinderpflegerinnen.

Im Oktober übernahm das Fürsorgeministerium vom verständnislosen Landesausschuß die oberste Verantwortung für alle vier Erholungsheime und gab Pitter den Auftrag, auch das leerstehende Hotel Bellevue im nahen Ládví zu mieten. Im Schloß Kamenice brauchte man jetzt mehr Platz für schulpflichtige Kinder. So wurden viele Kleinere nach Ládví verlegt, unter ihnen die fünf Brüderchen mit ihrer Pflegetante Frau Zimmermann.

Schwester Anna blieb mit den restlichen Kindern aus Modřany in Kamenice. Nach einiger Zeit reichte sie bei den tschechischen Behörden ein Gesuch um Zurückerlangung der tschechoslowakischen Staatsbürgerschaft ein. Wir waren überzeugt, daß es günstig erledigt würde, denn Schwester Anna trug einen tschechisch klingenden Familiennamen, und Pitter selbst hatte ihr bei der Abfassung des Gesuches geholfen. Aber sie erhielt sehr lange Zeit keine Antwort und erkannte unterdessen, daß die im Lande gebliebenen Deutschen immer noch als Menschen zweiter Klasse behandelt wurden. So entschloß sie sich schließlich freiwillig für die Aussiedlung.

Die verwaisten vier Geschwister Minařík erholten sich in Kamenice körperlich und seelisch. Sie konnten als erste bei guten Pflegeeltern zur späteren Adoption untergebracht werden. Diese verantwortungsvolle Aufgabe übernahm unsere erfahrene Freundin Frau Anna Pohorská, die im Milíč-Haus von Anfang an tätig gewesen war. Sie sammelte die zahlreichen Angebote zur Übernahme von Kriegswaisen, studierte sie und führte Orientierungsgespräche mit den Anwärtern, bevor sie sich entschied, ihnen ein gewisses Kind vorzuschlagen.

Die kerngesunden Karls-Buben – sie wurden unterdessen kurz „Náš pětilístek" getauft, was soviel heißt wie „unser fünfblättriges Kleeblatt" – wuchsen zu strammen Bürschchen heran, munter wie junge Rößlein. In der Obhut Frau Zimmermanns fühlten sie sich in Ládví bald wie zu Hause. Auch Ekkehard, obwohl er sich an seine Mami gut erinnern konnte. Es war erstaunlich, wie die einfache Frau Zimmermann, Mutter von drei eigenen Kindern, so viele Kleine mit ihrer Mutterliebe beschenken konnte. Und sie fühlte sich bei ihrer fleißigen Pflege ganz zufrieden, was nicht bei allen hier arbeitenden Müttern der Fall war.

Uns bereitete dieses Heim des öfteren große Sorgen. Die umsichtige „Tante Emma"[20], die sich vorher im Spielzimmer des Milíč-Hauses sehr bewährt hatte, ermöglichte Ládví einen sehr guten Anfang. Aber später mußte sie in Olešovice und Lojovice wegen Krankheitsfällen einspringen. In unserem großen Freundeskreis gab es keine neuen passenden Kräfte mehr, die frei gewesen wären. Als wir uns einmal in der Klemme befanden, ersuchten wir das Arbeitsamt um Zuweisung einer Kinderpflegerin für Ládví. Diese ging gleich am zweiten Tag nach ihrem Eintritt davon; sie wollte nicht für deutsche Kinder arbeiten. Es fehlte zuweilen in Ládví eine feste, verständnisvolle und ergebene Hausmutter, die den anderen Arbeitskräften hätte als Beispiel dienen können. Aber die internierte Mutter Zimmermann zeichnete sich unter allen Umständen durch Fleiß und Hingabe aus. Einige ältere Mädchen und ihr Ältester, der zehnjährige Oskar, standen ihr zur Seite.

[20] Es handelt sich um Emma Svatáková, die spätere Frau von Dr. Šťastný.

Nach und nach erfuhr ich mehr von ihrer Vergangenheit. Sie hatte schon vor der Internierung eine lange Odyssee erlebt. Sie stammte aus einer deutschen Familie, die schon seit Generationen in der Bukovina in Rumänien angesiedelt war – die Bukovina gehörte bis 1918 zu Österreich-Ungarn. Im Herbst 1940 ließ sich die dortige deutsche Minderheit durch Hitler für die Umsiedlung „Heim ins Reich" anwerben. Das ganze Dorf meldete sich dafür, auch die Eheleute Zimmermann mit ihrem damals vierjährigen Oskar. Doch Ansiedlung erwartete sie nicht. Gleich nach ihrer Ankunft in Erfurt wurde Fliegeralarm gemeldet, und sie mußten in den Keller flüchten. Sie wohnten dann an verschiedenen Orten, wo ihre Arbeitskräfte gebraucht wurden, oft in Lagern untergebracht. Die kleine Edith wurde in einem schlesischen Kloster geboren. Ihr folgte bald Ruth. Sie war halbjährig, als der Vater einrücken mußte. Er fiel bald darauf an der Front. Anfang 1945, als sich die deutsche Armee großräumig zurückzog, wurde Frau Zimmermann mit ihren Kindern in ein Lager bei Litoměřice (dt. Leitmeritz) versetzt. Endlich kam die Kapitulationserklärung, und sie schlossen sich einer Gruppe von Landsleuten an, die in ihre rumänische Heimat zurückkehren wollten. Sie saßen bereits in einem ostwärts fahrenden Zug, da zog sie die tschechische Polizei zur Kontrolle heraus. So gerieten sie in tschechische Internierung. Trotz all dieser schlimmen Ereignisse ist die junge Witwe in Ládví eine ausgeglichene Frau, die über nichts klagt.

Es blieb uns lange ein Rätsel, woher wohl unsere fünf Brüderchen Karl stammten, obwohl ihre Namen auf allen unseren weithin versandten Suchlisten standen. Aus ihren Gesprächen erfuhren wir allerhand Einzelheiten über die Familie, aber bestimmte Angaben waren daraus nicht zu erschließen. Sie waren offenbar in Deutschland geboren, wo noch Großvater und Großmutter lebten. Der Vater war vermutlich ein Offizier oder Parteifunktionär. Der fünfjährige Wolfgang vergnügte sich manchmal damit, daß er die Rundfunkkundgebungen Goebbels oder Hitlers nachahmte.

Über die Mutter war auch nichts zu erfahren. War sie tot oder interniert oder irgendwo zur Landarbeit verschickt worden? Wir erkundigten uns in verschiedenen Lagern und Ämtern, schrieben auch an Internierungslager. Fünf kleine Brüder! Das konnte doch niemand übersehen! Aber alle Anfragen blieben ergebnislos.

*

Eines Tages erhält Pitter im Milíč-Haus ganz unerwartet einen Anruf von der Gefängnisverwaltung in Brandýs nad Labem. Es sei dort eine gewisse Gertrude Karl in Haft, ob er vielleicht etwas über ihre sechs Kinder wisse. Pitter hört, wie der Beamte seine Antwort ins Deutsche übersetzt. „Sprechen Sie deutsch?“ wendet er sich an Pitter, „die Karl will nämlich nicht glauben, daß ihre fünf Kinder bei Ihnen in Pflege sind. Sie meint, daß ich sie nur beruhigen will.“

So kann ihr Pitter selbst die gute Nachricht bestätigen. Die aufgeregte Stimme ertönt immer von neuem; sie will wieder und wieder hören, daß Wolfgang, Günther, Peter, Hansi und Ekkehard bei uns sind. Aber ein Kind fehlt! Das jüngste, es war noch ein Wickelkind. Von ihm wissen wir nichts. Der Beamte nimmt den Hörer wieder an sich. Pitter versucht, mehr über die Mutter zu erfahren. Der Beamte kann nichts Näheres mitteilen, glaubt jedoch, daß sie nicht so bald entlassen wird. Jetzt wissen wir wenigstens, wo sich die Mutter unseres Fünfblattes aufhält. Es ist bestimmt erwähnenswert, daß das Leiden der Frau einen Gefängnisbeamten so tief ergriffen hat, daß er aus eigener Initiative nach ihren Kindern geforscht – und ihr sogar erlaubt hat, ein deutsches Telefongespräch zu führen. Die Vorschriften sind verschwunden, und der mitfühlende Mensch ist zum Vorschein gekommen!

Frau Karl wurde später vor das außerordentliche Volksgericht in Prag-Pankrác gestellt. Auf Anfrage bekam Pitter den Bescheid: „Die Deutsche Gertrude Karl ist durch das Urteil des Unterfertigten Gerichts vom 6. 6. 1946 zu neun Jahren schweren Kerkers verurteilt worden. Sie hat die

Strafe sofort angetreten. Über die Frage des Abtransportes ihrer Kinder ist das Gericht nicht befugt zu entscheiden."

Als Direktor der Heime des Fürsorgeministeriums erhielt Pitter ausnahmsweise die Genehmigung, die Gefangene im Zuchthaus zu besuchen. Er nahm eine hübsche Fotografie der Buben mit; darauf stehen sie alle mit ihrer lieben Pflegerin, pausbackig, mit großen munteren Augen, auf der Terrasse des Heimes Ládví – eine Freude anzusehen! Er hat seinen Besuch selbst wie folgt niedergeschrieben: „Der Wächter führt mir die Gefangene in Sträflingskleidung vor. Ich reiche ihr das Bildchen ohne ein Wort zu sagen. Sie betrachtet es erst ohne zu begreifen. Dann plötzlich schreit sie auf: „Meine Kinder!" Der Aufseher schaut auch auf das hübsche Bild und verfolgt mit wachsender Teilnahme meinen kurzen Bericht, wie wir zu den Kindern gekommen sind und wie schwierig es war, etwas über die Mutter zu erfahren.

‚Aber wo ist mein Kleinster?' fragt die Mutter.

‚Säuglinge konnten es im Lager ohne Milch nicht lange aushalten. Sie sind alle gestorben. Aber freuen Sie sich, daß Ihnen Gott fünf Kinder erhalten hat!'

‚Ja, und nun will ich auch leben!' ruft sie aus. ‚Nun weiß ich wieder, wofür ich lebe.' Dann fügt sie mit leiser Stimme hinzu: ‚Wissen Sie, als ich in Brandýs nad Labem die Nachricht hörte, daß meine Kinder leben, habe ich es bloß in dem Augenblick geglaubt. Und als dann das Urteil über mich ausgesprochen war, sagte ich mir, daß ich ja meine Kinder sowieso nicht wiedersehen würde. Ich habe mir mit einem Löffel die Adern aufgeschnitten ...', und sie zeigt mir dabei die Handgelenke mit den kaum verheilten Narben. ‚Aber ich schwöre bei dem Leben und der Gesundheit meiner Kinder', ruft sie wieder aus, ‚daß ich unschuldig bin!'

Der Gefängniswärter entfernt sich etwas und überläßt es mir, die Mutter zu beruhigen. Ich erzähle ihr verschiedene kleine Züge von ihren Kindern und von der schönen und heiteren Umgebung, in der sie leben. Hoch erfreut gibt sie mir die Adresse ihrer Eltern in Sachsen und bittet mich, ihnen über sie und die Buben zu schreiben. Ich verspreche ihr auch, alles Mögliche zu tun, damit sie mit ihren Kindern zusammen heimkehren könne. Dabei glaube ich ja selbst nicht, daß es möglich sein würde. Denn schließlich ist es nicht im Interesse unseres Staates, die fünf Kinder samt der Mutter hier durchzufüttern. Ich hoffe, daß das Gnadengesuch, das auf mein Ansuchen hin das Fürsorgeministerium an das Justizministerium gerichtet hat, günstig behandelt wird, und daß unser ‚Pětilístek' nicht allzu lange auf den Heimtransport mit der Mutter wird warten müssen.

Das Gesuch wandert zum Präsidium des Pankrácer Kreisgerichts und von dort zum Zentralen Nationalausschuß in Prag. Ich gehe ihm nach, suche überall die zuständigen Referenten auf, um zu verhüten, daß die Sache in der Masse unerledigter Schriften versinkt. Ich kenne einen Paragraphen, auf Grund dessen es möglich ist, den Strafvollzug zu erlassen und daß der Staat sich schon vieler Verurteilter durch Abschub in ihre Heimat entledigt hat.

Der ganze Sommer ist durch die ständigen Transporte für uns sehr bewegt. Die Mehrzahl unserer deutschen Kinder sind auch schon abgereist. Wer weiß, wie lange es uns überhaupt noch möglich sein wird, uns um ‚Pětilístek' zu kümmern? Als ich die Akten durchblättern konnte, sank meine Hoffnung auf den baldigen Abtransport mit der Mutter. Ich vertiefte mich in die Schriften des Straffalles und konnte folgendes feststellen: Der Ehemann der Frau Karl war Offizier der Wehrmacht und dienstlich nach Prag beordert worden. Die Familie wohnte in einer Gemeinde unweit Prags. Frau Karl hatte sich mit dem Gemeindesekretär überworfen und ihn bei der Gestapo angezeigt, weil er sie um ihr zustehende Lebensmittelkarten betrogen hatte. Der Beamte wurde zwar verhört, aber wieder entlassen. Aber nach dem Zusammenbruch des Reiches waren im Archiv der Prager Gestapo diese Akten mit der Beschuldigung durch Frau Karl von den Tschechen gefunden worden, und so ist sie als Denunziantin vor das tschechische Gericht gekommen."

Soweit der Bericht Přemysl Pitters.

Mitte September 1946 wurde das Gnadengesuch abgelehnt. Trotzdem wollte Pitter die Sache noch nicht verloren geben. Er richtete durch Vermittlung des Fürsorgeministeriums ein Gesuch um Überprüfung des Falles an den Generalstaatsanwalt. Die Hoffnung auf eine günstige Erledigung war jedoch gering.

Zu jener Zeit wurde der letzte große Kindertransport in die russische Besatzungszone Deutschlands vorbereitet. Wir erhielten den Auftrag, alle bei uns verbliebenen Kinder, deren deutsche Volkszugehörigkeit unzweifelhaft war und deren Familie nicht in den westlichen Zonen wohnten, in das Sammellager Polepy bei Litoměřice zu senden. So bot sich eine günstige Gelegenheit, auch die fünf Karl-Buben zur Großmutter nach Sachsen zu schicken. Freilich hätten wir sie lieber in Begleitung der Mutter reisen sehen, aber damit war nun nicht mehr zu rechnen.

Unter unseren zwanzig Kindern, die für die Aussiedlung nach der Ostzone bestimmt waren, befand sich auch die dreizehnjährige Ingeborg, ein gutes und bedachtsames Mädchen, das von einem ähnlichen Schicksal betroffen war wie unsere fünf Brüderchen. Ihre Mutter war schon über ein Jahr in der Untersuchungshaft eines Kreisgerichts in Nordböhmen. Auch in dieser Angelegenheit hatte sich Pitter bemüht, daß Mutter und Kind gemeinsam ausgesiedelt würden. Aber in diesem Falle sah es von Anfang an fast hoffnungslos aus. So entschlossen wir uns, Ingeborg zu ihrer Tante zu senden, die in der selben Gegend wohnte wie die Eltern von Frau Karl. Ingeborg nahm sich bereitwillig der Kleinen an, mit denen sie gemeinsam sieben Wochen im Heim zu Ládví verbracht hatte. Wir versahen sie mit einem tschechischen und deutschen Geleitbrief, worin wir ihr die Fürsorge für die Kinder übertrugen, und die Vertreter der Behörden ersuchten, ihr behilflich zu sein. Zur Sicherheit hingen wir jedem der Jungen ein hölzernes Täfelchen mit seinem Namen und der Verwandten-Adresse um den Hals.

Am Tag nach der Überführung der Kinder ins Sammellager unternahm Pitter einen letzten Versuch, Frau Karl für die Aussiedlung frei zu bekommen. Das mußte sofort geschehen, solange die Behörden annahmen, daß die Kinder auf ihre Mutter warten. So suchte Pitter den Generalstaatsanwalt des Volksgerichtes, dem das abgelehnte Gesuch zur Überprüfung geschickt worden war, persönlich auf. Der hohe Funktionär ließ sich diesmal die Akten selbst vorlegen und vertiefte sich sofort ins Studium der Unterlagen. Verwundert schüttelte er schließlich den Kopf und rief aus: „Aber was geht *uns* das überhaupt an? Der Beamte, den sie angezeigt hat, war ja ein Deutscher!"

Ein paar Federstriche, und nach einer Weile erhielt Pitter einen Schein mit der Erklärung: „Es bestehen keine Einwände gegen die Aussiedlung der Gertrude Karl."

Pitter war voller Freude – und zugleich ärgerlich, denn er wußte, daß die Formalitäten für Frau Karls Freilassung nicht schnell erledigt werden könnten. „Warum habe ich dieses Papier nicht schon früher gehabt? Dann hätten die Kinder nicht allein reisen müssen, sie hätten bei uns auf die Mutter warten können."

Auch das Schicksal der Mutter Ingeborgs bekam eine plötzliche Wendung. Etwa einen Monat nach der Abreise ihrer Tochter erschien sie unerwartet bei uns, mit einer amtlichen Ermächtigung zum gemeinsamen Heimtransport. Sie war bitter enttäuscht, als sie von Ingeborgs Abreise erfuhr! Wir luden sie ein, vorläufig in Kamenice zu bleiben und hier Kinderwäsche auszubessern. Wir wollten ihr vor der Abreise die Möglichkeit geben, sich von Unterernährung und Drangsalen der Haft zu erholen, ehe sie als Begleiterin anderer Kinder die Heimreise antreten könnte. Im Winter jedoch wurden die Aussiedlungstransporte wieder ganz eingestellt, und so mußte sie noch ein halbes Jahr warten. Körperlich erholte sie sich zwar sehr gut, aber das lange Leiden in der Haft hatte sie so verbittert und abgestumpft, daß sie nicht fähig war, die ihr gebotene Hilfe mit Vertrauen anzunehmen. Mit Bedauern mußten wir an Ingeborg denken, das liebe Mädel, das eine so verbitterte und mit Haß erfüllte Mutter zurückbekommen würde.

Dabei war ihre sechsmonatige Wartezeit im freundlichen Kamenicer Heim gar nichts gegen die Hinauszögerungen, die Frau Karl noch treffen sollten. Deren Akten mit der günstigen Erledigung des Generalstaatsanwalts wanderten zurück zum Kreisgericht. Es gab wieder eine lange Wartezeit, bis Pitter dort urgieren konnte. Es hieß, die günstige Erledigung des Generalstaatsanwaltes müsse über die niederen Instanzen bis zum Ortsausschuß der Gemeinde, wo die Familie damals wohnte, laufen. Nach langer Zeit kamen die Akten ins Kreisgericht zurück, mit dem Vermerk, der Ortsausschuß könne mit dem Abschub von Frau Karl nicht übereinstimmen und beharre auf der Verbüßung der Strafe. Das Bezirksgericht könne daher dem Justiz-Ministerium nicht empfehlen, den Strafvollzug zu erlassen.

Das einzige, was wir für Frau Karl noch tun konnten, war, ihr die gute Nachricht von der glücklichen Ankunft ihrer Kinder bei den Großeltern zu übermitteln und ihr selbst allmonatlich ein Dreikilo-Paket mit nahrhaften Lebensmitteln zu senden. Später haben wir erfahren, daß sie von 13 Paketen nur acht erhalten hatte.

Es vergingen wieder Monate. Da erfuhr Pitter, daß einer seiner vielen Freunde jetzt eine einflußreiche Person geworden war. Er besuchte ihn und zeigte ihm das Material. Der Freund versprach, direkt mit dem Justizminister zu sprechen. Wir warteten wieder einen, zwei, drei Monate. Pitter urgierte telefonisch und persönlich. Schließlich erhielt er von der nächsten Stelle des Ministers die Antwort, dieser habe versprochen, den Entlassungsbefehl zu unterschreiben; der Befehl werde eben ausgestellt. Das war am 25. Februar 1948. Es hatte ein halbes Jahr gedauert, aber es war gelungen.

War es wirklich gelungen? Es war gerade der Tag, an dem die Kommunisten die volle Macht im Staat ergriffen. Es kam ein neues Regime und ein neuer Minister, und der beschlossene Befehl blieb liegen. Frau Karls Schriften wurden wieder „ad acta“ gelegt.

Unter dem neuen Regime war die ganze Sache aussichtslos. Pitter erhielt einen Brief der SED (Sozialistische Einheitspartei Deutschlands), Zweigstelle K. in Sachsen. Das Parteisekretariat ersuchte ihn, sich für die Begnadigung von Frau Karl und für ihre Abreise zu deren Kindern einzusetzen. Das Parteisekretariat verwendete sich für Frau Karl, weil deren Eltern aktive Antifaschisten waren und weil sich auch Frau Karls Bruder auf hervorragende Weise am Widerstand gegen Hitler beteiligt hatte, wofür er mehrere Jahre im Gefängnis absitzen mußte. Außerdem seien Frau Karls Eltern alt und krank und der Erziehung von fünf lebhaften Buben nicht mehr gewachsen.

So erhielt Frau Karls Angelegenheit einen neuen Auftrieb. Diesmal waren es aber nicht die tschechoslowakischen Behörden, die Hindernisse in den Weg legten, sondern die sowjetischen, die keine weiteren Aussiedlungen mehr erlaubten. So empfahl Pitter dem SED-Sekretariat, bei den dortigen russischen Besatzungsbehörden eine Ausnahmebewilligung zu erwirken. Auch dieses Gesuch war vergeblich.

Jetzt entschloß sich Pitter noch einmal zu einem letzten Schritt. Er erinnerte sich, daß er im Mai 1945 bei der Übernahme der ersten Kinder aus dem Ghetto Theresienstadt die Bekanntschaft der Sekretärin des neuen Lagerverwalters gemacht hatte, die auch vorher dort inhaftiert gewesen war – eine freundliche und tatkräftige Frau. Sie hatte ihm ihre Hilfe angeboten, wenn er sie je brauchen sollte. Damals sah er das Angebot nur als einen Ausdruck ihrer Dankbarkeit an. Jetzt jedoch amtierte diese Frau an einer wichtigen Stelle in der Prager Zentrale der Kommunistischen Partei. So wandte sich Pitter an sie – und diesmal hatte er endlich Glück. Es dauerte kaum einen Monat, bis alle Formalitäten erledigt waren und Gertrude Karl zu ihren Kindern und Eltern reisen konnte. Man schrieb Oktober 1948!

Frau Zimmermann lebt jetzt in Oberbayern. Sie ist immer noch in losem Briefwechsel mit mir. In jedem Brief erinnert sie sich an „die schöne Zeit“, die sie in Ládví verbracht hat. Mit den heutigen Kindern – ihren Enkeln – sei es keine so leichte Arbeit. Ihr Oskar ist ein strammer Bäkkermeister geworden. Er ist zum Treffen der Ehemaligen im Juni 1985 hier erschienen [in Affoltern am Albis]. Seine Schwestern hatten kein Interesse daran, sie haben keine Erinnerungen mehr an die Kriegs- und Nachkriegszeit, sie waren damals noch zu klein.

Frau Karl schrieb Pitter mehrere sehr dankbare Briefe. Dem einen legte sie eine kleine Fotografie bei, auf der sie von ihren lächelnden netten Buben umgeben ist. Pausbackig waren sie nicht mehr nach den vier bis fünf Jahren, aber alle gutaussehend. Nach Pitters Flucht im Sommer 1952 kamen in Prag keine Nachrichten mehr für ihn an. Es ist anzunehmen, daß die tschechoslowakische Zensur damals alle an ihn, den „Verräter“, gerichtete Korrespondenz konfisziert hat.

Heute sind die fünf Bübchen Männer mittleren Alters. Was ist wohl aus ihnen geworden? Wie steht es mit ihrer Gesinnung? Sie werden sich wahrscheinlich nur noch an das erinnern können, was ihnen Frau Karl schon früher erzählt hat. Die Einstellung der Mutter hat gewiß einen großen Einfluß auf ihren Werdegang gehabt. Mögen alle Erinnerungen an das Böse, das sie während dreieinhalb Jahren schwerer Haft ertragen mußte, in tiefer Dankbarkeit verblaßt sein – Dankbarkeit gegenüber Gott, der ihr in schlimmsten Zeiten fünf Kinder bewahrt und sie ihr heil und gesund zurückgeschenkt hat!

Unser Arzthaus und seine Patienten

Frühjahr 1946. Beim Olešovicer Arzthaus blühen die Bäume. Der dürftige Garten, der die einfache Villa umgibt, ist ein Aschenbrödel gegen die prächtigen Parks der anderen Erholungsheime; aber jetzt ist er wunderschön in der weißen Fülle seiner Obstbäume. Gegenüber, im Park des Schlößchens, fehlen die Frühlingsboten; dort herrschen vornehme, fremde Gewächse vor.

Auch unser Arzthaus selbst – die ehemalige Villa des ungarischen Grafen Szereny-Ringhoffer – ist sehr schlicht. Vor einem Jahr, bei unserer ersten Schloßbesichtigung, haben wir es kaum beachtet. Aber jetzt hat es für unsere Heime, seiner zentralen Lage wegen, größte Bedeutung bekommen. Gleich der Landstraße gegenüber ist jetzt im Schlößchen Olešovice auch die Zentralkanzlei eingerichtet. Zum Schloß Kamenice geht man kaum zehn Minuten, nach Ládví, weiter südlich, etwa eine halbe Stunde, zum Schloß Štiřín zwanzig Minuten in östliche Richtung und zum Schlößchen Lojovice schließlich eine Stunde.

Unser Chefarzt, Dr. Emil Vogl, ein Jugendkamerad und Mitarbeiter Pitters, läßt die Schwerkranken aus all diesen Erholungsheimen hierher bringen und auch diejenigen Kinder, die isoliert werden müssen. Zwei deutsche internierte Krankenschwestern stehen ihm zur Seite. Er selbst erholt sich bei seinem Dienst von den Folgen langer Internierung in deutschen Konzentrationslagern, wobei ihm die dort gemachten Erfahrungen jetzt von großer Hilfe sind. Als Prager Internist war er schon im Jahr 1941 aus Rassegründen mit seiner Frau von den Nationalsozialisten direkt nach Polen deportiert worden. Sie ist beim Fliegerangriff auf Dresden umgekommen. Er selbst ist, zum Skelett abgemagert, zurückgekehrt. Gleichwohl sorgt er nun als Arzt ebenso gut für die Kinder aus Hitlerdeutschland wie für die jüdischen. Nachdem er den schrecklichen Zustand in der berüchtigten „Salmovka" – dem Infektionsspital für deutsche Internierte – festgestellt hatte, machte er selbst den

Vorschlag, unsere an Diphtherie und Scharlach erkrankten deutschen Kinder auch in „seinem" Arzthaus zu behandeln und richtete dafür Isolierzimmer ein.

Der jetzt etwa vierjährige Ada – ein Findelkind unbekannter Herkunft aus den Umsturztagen – ist jetzt hier so gut wie zu Hause. Er verlangt gar nicht zu seinem pausbäckigen Brüderchen zurückzukehren, in die muntere Kinderschar des nahen Schlößchens. Man hat ihn im Sommer aus einem Prager Krankenhaus mit einem nicht ausgeheilten Exudat zu uns zurückgeschickt. Dr. Vogl mußte ihm lange Zeit täglich Drainageröhrchen in den Brustkorb einführen. Eine sehr schmerzhafte Prozedur für so ein kleines Kind! Wie freute er sich jedes Mal, wenn ihn nachher unsere Blanka liebevoll in ihre Arme nahm. Blanka war in unserem Milíč-Haus aufgewachsen und trotz fehlender Ausbildung eine ausgezeichnete Kindergärtnerin geworden. Im ersten Friedenssommer stellte sie ihre ganze Ferienzeit für die Aushilfe im Arzthaus zur Verfügung.

Auch die schwächliche kleine Anita fühlte sich beim Onkel Doktor wohl. Sie sprach nur englisch. Der Vater war als Emigrant aus London mit ihr zurückgekehrt und hatte die englische Mutter dort gelassen, weil sie angeblich schlecht für das Kind sorgte. Leider kam sie nach ein paar Monaten Anita abholen; das Kind hätte längere Erholung gebraucht.

Der fünfjährige Volker siechte drei Monate lang dahin, zuerst in unserem „Infektionskrankenhaus" Lojovice, ehe er sein Seelchen aushauchen konnte. Die andauernde Unterernährung im Prager Internierungslager war nicht mehr aufzuholen. Pitter hielt selbst den Trauergottesdienst auf dem Friedhof von Kamenice – vorher hatte sich einmal ein Kaplan geweigert, ein deutsches Kind zu beerdigen.

Hansi, unser anderer Honza, war noch nicht zweijährig, als er wie Volker in hoffnungslosem Zustand aus einem Prager Internierungslager für Deutsche zu uns kam. Ein runzliges, greisenhaftes kleines Geschöpf. Er hatte Diphtherie und zwei Ohrenoperationen hinter sich. Wider jede Erwartung erholte er sich und wurde der Spaßvogel seines Zimmers. Doch im Frühjahr ereilte ihn ganz plötzlich doch der Tod, vermutlich infolge eines versteckten Geschwürs. Noch am Vorabend hatte er seine Kameraden belustigt. Was für ein Schlag für seine Mutter, die im Lager hoffnungsvoll auf ihn wartete! Hansi war nicht der einzige, bei dem sich unsichtbare Folgen von Unterernährung erst nach trügerischer „Erholung“ einstellten.

Der kleine Schelm Pepík entpuppte sich als Magyar. Die Mutter erfuhr von seinem Aufenthalt durch das Rote Kreuz und konnte ihn, gut erholt, vor ihrer Repatriierung nach Ungarn selbst abholen. Wir können nur hoffen, daß nicht auch bei ihm Spätfolgen der Unterernährung ausgebrochen sind.

Zusammen mit Pepík und Maruška (vgl. Kapitel XVI) konnten wir schon im August den dreijährigen Toník aus dem Internierungslager im Prager Stadion befreien. Auch er erholte sich langsam von den unheilvollen Folgen des Hungerns. Wie dankbar und glücklich hat er uns oft im Arzthaus angelächelt! Aber dann traten im Januar plötzlich Lähmungserscheinungen auf. Eines Tages hörte ich im Lager Hagibor, wie die Wache einen alten Mann rief: „Janák!“ Der hagere Alte amtete als Pförtner bei dem breiten Brettertor für Fahrzeuge. „Kennen Sie vielleicht einen kleinen Toník Janák?“ wandte ich mich nach einer Weile in tschechischer Sprache an ihn. „Das war das Söhnchen meiner ledigen Tochter“, antwortete er. Ich erzählte ihm von dem Kleinen. Er gab mir ihre Adresse, und wir luden sie ein, Toník bei uns zu besuchen. Die Nachricht hat sie erhalten, aber gekommen ist sie nicht. Wahrscheinlich fürchtete sie, daß wir ihr das kranke Kind mitgeben würden. Zwei Monate verstrichen – im März ist der kleine Toník gestorben. Als ich die Möglichkeit hatte, den Großvater zu benachrichtigen, war das Begräbnis schon festgesetzt. Der Alte war inzwischen im Lager Hagibor Heizer geworden. Ich suchte ihn im Keller des großen Steinbaus auf. Er nahm die Nachricht ruhig entgegen:

„Das arme kleine Kerlchen“, meinte er, „für ihn ist es gewiß so am besten.“

„Morgen ist das Begräbnis auf dem Kamenicer Friedhof, der Herr Kaplan hat versprochen zu kommen. Wir haben angenommen, daß Sie katholisch sind.“[21]

„Wir sind zwar evangelisch“, antwortete der Großvater, „aber das macht nichts – es gibt nur einen Herrgott.“

Ein guter Gesellschafter war den Kleinen der siebzehnjährige Šimek, der sich viel langsamer als seine Schicksalsgenossen im Schloß Štiřín vom zweijährigen Aufenthalt im deutschen Konzentrationslager Sachsenhausen erholte. Er mußte daher noch den ganzen Winter unter ärztlicher Aufsicht bleiben. Erst vor kurzem konnte ihm Dr. Vogl erlauben, seinen Kameraden nach Bayern zu folgen, um mit ihnen nach Palästina auszuwandern. Allerdings wurden sie dann noch lange in einem britischen Internierungslager auf Zypern festgehalten, ehe sie illegal ins gelobte Land weiter fahren konnten.

Einen längeren Aufenthalt im Arzthaus brauchte auch die zarte siebzehnjährige Edith, die mehrere Jahre im KZ Ravensbrück interniert war. Auch sie gelangte schließlich wohlbehalten nach Palästina.

*

Noch viel hätte ich von bewegenden Kinderschicksalen erzählen können, die sich in unserem Arzthaus während des ersten Nachkriegsjahres abgespielt haben. Doch weshalb finde ich in meinen Berichten kein Kind aus der großen Schar derjenigen, welche die Erholungsheime Olešovice, Lojovice und Kamenice eingeweiht hatten, nachdem sie Pitter gleich im Mai aus dem Ghetto Theresienstadt geholt und sie so vor Ansteckung der sich dort verbreitenden Typhus-Epidemie gerettet hatte? Zu unserem Erstaunen

[21] Die große Mehrzahl der Tschechen war zu jener Zeit katholisch, und der Vorname Antonín war unter ihnen häufiger als bei den Protestanten.

kamen sie in ziemlich gutem Zustand zu uns, so daß sie dem Arzthaus kaum schwierige Patienten lieferten. Einmal verbreiteten sich zwar im Olešovicer Heim die Masern, aber diese Krankheit mußte dort intern behandelt werden, weil das Arzthaus mit viel schwierigeren Fällen schon überfüllt war. Wieso nur waren die Kinder aus Theresienstadt in besserem Zustand als die deutschen aus Prager Internierungslagern? Die schwächeren waren schon im Laufe einiger Jahre den Entbehrungen erlegen, sofern sie nicht in die Gaskammern von Auschwitz geschickt wurden. In Theresienstadt waren eigentlich nur ganz wenige, kräftigere geblieben. Für alle hatte die interne jüdische Jugendfürsorge trotz sehr beschränkter Möglichkeiten ausgezeichnet gesorgt. Sie hatte z.B. jedem Waisenkind eine gute alleinstehende „Tante" zur besonderen Betreuung zugeteilt, die „ihrem" Kind oft vom eigenen Wenigen etwas zuschob.

Ganz anders sind die Verhältnisse in den rasch hergerichteten Prager Internierungslagern. Ihre Häftlinge sind viel stärker dem Unwillen und Haß der tschechischen Organe preisgegeben, abgesehen davon, daß man von einem Durcheinander von parteilosen und mehr oder weniger schuldigen Menschen kaum Solidarität erwarten kann.

Eines der schlimmsten dieser Lager ist der „Hagibor", ein großes jüdisches Gelände beim ehemaligen israelitischen Altersheim, wo die Besatzungsmacht während des Krieges für ihre Zwecke viele Holzbaracken aufgestellt hat. Jetzt, nach der Auflösung anderer Lager, werden hauptsächlich arbeitsunfähige internierte Deutsche dorthin verlegt – viele Mütter mit kleinen Kindern.

Der Hagibor [d.h. wörtlich übersetzt: der Löwe] liegt an der nördlichen Ausfahrtsstraße Prags, nur etwa eine halbe Stunde von unserem Tageskinderheim „Milíč-Haus" entfernt. Wir konnten daher dieses Lager öfter besuchen – d.h. Přemysl Pitter nur einige Monate lang, bis ihm vom Innenministerium, dem diese Lager unterstanden, der Zutritt verboten wurde.

Von allen Mißständen war dort die Unterernährung der größte. Ausgehungerte Menschen, besonders Kinder, waren allen Ansteckungen preisgegeben. Wir konnten zwar öfters etwas hineinschmuggeln – aber was bedeutete das, wenn etwa zweitausend Menschen das Notwendigste entbehrten. Zweimal ist es leider geschehen, daß ein Kind, das sich in einem unserer Heime in ein paar Wochen schon sichtbar erholt hatte, plötzlich zur Aussiedlung mit der Mutter ins Lager Hagibor zurückbeordert wurde. Der Transport wurde hinausgeschoben, und das etwa dreijährige Mädchen mußte während der unbestimmten Wartezeit unter zweitausend Hungernden erneut Entbehrungen erleiden. Es starb an Masern, ein anderes an einer schweren Lungenentzündung.[22]

Ganz besonders hat mich das Schicksal von Karl und seiner Familie bewegt. Anfang Oktober entdeckte ich die hustende, hagere Mutter, die eher einer Urgroßmutter glich, auf der unteren Pritsche einer überfüllten, lärmigen Baracke. Über ihr war die Schlafstelle ihrer beiden Töchterchen, die jetzt schüchtern bei ihr standen. Ich bot ihr wiederholt an, die fünf- bis siebenjährigen blassen Mädchen bei guter Pflege in unserem Erholungsheim unterzubringen. Sie wollte sich jedoch von Erika und Gertrude nicht trennen, obwohl ihr Pritschennachbarinnen versicherten, wie gut erholt schon manche Kinder von dort zurückgekehrt seien. Eines Tages jedoch bat sie mich selbst, die beiden Kinder zu übernehmen und auch weiterhin für sie zu sorgen. Das war Ende Oktober. Gleichen Tags fuhr ich mit den Kleinen nach Olešovice. Nach Ablauf der Quarantäne schickte sie Dr. Vogl unter die gesunden Kinder nach Lojovice; sie waren wohl schwach, aber ohne verdächtigen Befund. Vermutlich hatte ihnen die Mutter vieles von ihrem Essenanteil zugeschoben. Als ich ihr bei meinem nächsten Besuch im Hagibor gute Nachrichten und Grüße von

[22] Für Schwerkranke wurde erst später im großen Steinbau des Hagibors eine besondere Unterkunft eingerichtet, die von einem machtlosen internierten Arzt betreut wurde.

Erika und Gertrude bringen wollte, war sie schon von ihrem Leiden erlöst.

Nur ein paar Tage später wurde der 14jährige Karl, ihr Sohn, von dem ich nichts wußte, aus der Landarbeit bei einem Bauern entlassen und kehrte voll Vorfreude über das Wiedersehen ins Lager zurück, ein Bündel Eßwaren an der Hand, die er sich für seine Lieben vom Mund abgespart hatte. Als er sich nach dem harten Schlag etwas gefaßt hatte, fragte er die ehemaligen Pritschennachbarinnen:

„Und wo sind meine Schwesterchen?“ „Die hat Schwester Olga auf Mutters Wunsch schon vorher mitgenommen. Warte nur hier bei uns, sie wird dich gewiß zu ihnen bringen.“

So geschah's. Unterwegs mit ihm im Auto versuchte ich, von dem schweigsamen Jungen Näheres zu erfahren.

„Es war nicht schlecht beim Bauern“, meinte er, „nur die Arbeit war sehr anstrengend. Aber wenigstens konnte ich mich hier und da satt essen.“

Vom Vater wußte Karl nichts. Er war gleich nach dem Zusammenbruch verschwunden.

„Und andere Verwandte habt ihr keine?“ Er überlegte eine Weile.

„Einen Onkel und eine Tante, aber sie haben schon vor langer Zeit alle Beziehungen zu uns abgebrochen! Aber Kinder können doch nichts für die Gesinnung ihrer Väter“, fügte er ohne weitere Erklärung nachdenklich hinzu.

Im Arzthaus erwarteten Karl weitere Enttäuschungen. Die Schwestern fand er dort nicht und er durfte sie nicht einmal in Lojovice besuchen. Dem Arzt gefiel der Zustand seiner Lungen nicht. „Wahrscheinlich war dem schnell wachsenden Jungen zuviel Arbeit zugemutet worden“, meinte er. Es wurden wohl liebe Grüße und gute Nachrichten ausgewechselt, aber für Karls Geduld war es eine harte Probe. Erst nach einigen Monaten durfte er im Kamenicer Heim mit seinen Schwesterchen vereint werden. Es war rührend zu beobachten, wie väterlich besorgt er sich stets um sie kümmerte, wie schonend er ihnen den Verlust der Mutter beibrachte. Wir hielten Karl dazu an, den Verwandten zu schreiben, und die Lehrerin unterstützte seine zaghafte Schilderung mit einer warmen Empfehlung der Geschwister. Onkel und Tante wohnten noch an der alten Adresse in der Gegend von Karlsbad. Nach längerem Briefwechsel ließ das zuständige Bezirksamt die drei Geschwister zur Übergabe an die Verwandten abholen, und sie konnten mit Onkel und Tante als „bevorzugte Antifaschisten" in den Westen übersiedeln!

*

Der Frühling ist fortgeschritten, aber das Arzthaus ist immer noch überfüllt. Es sind zwar nicht mehr so viele Kranke dort, aber schon seit vierzehn Tagen will unser Doktor niemanden in unsere Kinderheime entlassen, und unter verschiedenen Ausreden läßt er auch niemanden herein. Er hegt insgeheim die Befürchtung, daß die sechsjährige Inge an Typhus erkrankt ist. Wir haben sie vor kurzem mit hohem Fieber von Hagibor ins Arzthaus bringen können. Der deutsche Lagerarzt und sogar auch der tschechische Lagerleiter hatten uns ersucht, das Kind mit der Mutter aufzunehmen. Sie konnten über Inges Zustand nicht ins Klare kommen. Auch Dr. Vogl war lange in Ungewißheit darüber, was dem Mädchen eigentlich fehle. Schließlich aber ging alles gut aus. Die Fieberzustände verschwanden, und Inge wurde gesund!

Es ist wirklich ein großes Glück, daß wir während der ganzen zwei Jahre währenden Hilfsaktion in unseren Kinderheimen nicht einen einzigen Typhusfall zu verzeichnen hatten. Eigentlich war es beinahe ein Wunder, denn die Lager, aus denen wir unsere Schützlinge überführten, waren von Typhus verseucht.

Im Laufe des Sommers 1946 werden Aussiedlungstransporte nach West und Ost organisiert. In den Heimen und auch im Arzthaus lichten sich die Reihen der Kinder.

Der schwerste Fall im Arzthaus ist jetzt die dreijährige Uschi. Wir sehen sie oft im Garten, in Decken eingepackt, auf einem alten Liegestuhl ruhend, die Frühlingssonne genießend. Wenn man denn bei einem so abgemagerten Kind überhaupt noch von „genießen" sprechen kann! Auch Uschi haben wir vom Hagibor ins Arzthaus geholt, im November zusammen mit ihrer Tante, die dort so gut wie nur möglich vier schwache Kinder betreut, ein eigenes Mädchen und die Kinder ihrer im Lager verstorbenen Schwägerin. Sie waren gleich nach dem Zusammenbruch des Dritten Reiches aus ihren eigenen Häusern in Roztoky bei Prag in einer Schule interniert worden. „Dort war es nicht so schlimm," sagte mir später die Tante, „weil man uns in der tschechischen Kleinstadt kannte. Aber im Sammellager Hagibor ..." Gleich in der ersten Quarantänewoche in unserem Arzthaus brach bei allen vier Kindern Scharlach aus. Jetzt erholen sie sich schon längst im Heim Ládví, nur das jüngste Kind, Uschi, mußte bei Dr. Vogl zurückbleiben. Es stellte sich nämlich heraus, daß ein Lungenflügel zur Hälfte von Tuberkulose befallen war. Oft war Uschis Zustand so schlimm, daß man befürchten mußte, ihr letzter Tag sei gekommen. Es war ein sorgenvoller Winter für die Tante und für uns alle.

Eines Tages begrüßt mich Frau Patsch, sichtlich erfreut: „Uschi fängt an, mit Appetit zu essen!" Jetzt ging's mit der Kleinen endlich langsam aufwärts. Noch bevor im Herbst der letzte Transport abfuhr, konnte sie Dr. Vogl der guten Obhut der Tante übergeben und die Zustimmung für die Reise erteilen. Frau Patsch berichtete uns dann mehrmals über die guten Fortschritte von Uschis Befinden.

*

Von Karl und seinen Schwesterchen erfuhren wir lange nichts, aber Traute hat die Verbindung mit manchen ehemaligen Kamenicern aufrechterhalten. Welche Freude, als Karl im Juni 1985 zum Treffen Ehemaliger mit seiner Frau in Affoltern erschien! „Er ist ein guter Familienvater geblieben", beteuerte sie. Jetzt ist der tüchtige Geschäftsmann ein glücklicher Großvater und Großonkel.

Die Familie Patsch konnten wir nach Pitters Flucht in den Westen besuchen und uns von Uschis erfreulichem Ergehen überzeugen. Herr Patsch war inzwischen aus vierjähriger russischer Gefangenschaft zurückgekehrt – nicht in sein eigenes Haus in Roztoky, sondern in eine Notunterkunft in Württemberg. Statt eines einzigen Kindes fand er eine vierköpfige Kinderschar vor! Er kümmerte sich nun um das Wohlergehen und die Bildung aller.

Zum Treffen nach vierzig Jahren war Frau Patsch schon mit Uschi angemeldet. Leider wurden sie durch die schwere Erkrankung des Familienvaters, der bald darauf den Folgen der Kriegsstrapazen erlag, an der Teilnahme gehindert. „Die ältesten Kinder stehen tüchtig im Leben und sind immer bereit zu helfen, wo Hilfe notwendig ist", schrieb mir damals Frau Patsch. Und Uschi, unser todkrankes Sorgenkind im Arzthaus, ist – wer hätte das von dem armseligen Tröpfchen erwartet – eine kräftige Mutter und Haushalt- und Sportlehrerin geworden! Sie hat mich im Jahr 1988 zusammen mit ihrem Ehemann, dem achtzehnjährigen Sohn und der geliebten Tante mit ihrem Besuch erfreut.

RITA UND JUTTA

Eines schönen Tages im Herbst 1945 erscheint im Milíč-Haus ein Herr, zusammen mit einer kleinen traurigen Frau, und stellt sich als pensionierter Beamter aus unserer Nachbarvorstadt Vinohrady vor. Er sei dieser vom Schicksal schwer geprüften Frau bei der Suche nach ihren verschollenen Kindern behilflich. Der ängstliche Blick der Mutter schweift rasch hin und her über die Schar unserer Žižkover Kinder, die sich gerade zum Vesperbrot einfinden: ob sich nicht vielleicht unter ihnen Rita und Jutta befinden? Unterdessen erzählt uns ihr Begleiter: „Frau Porwolowa ist Polin, stammt aus Oberschlesien, von wo sie mit ihren beiden Kindern flüchten mußte, als die russische Front näher rückte, und die deutschen Behörden die sofortige Evakuierung der Ortschaften anordneten. Ihr Mann war zu der kritischen Zeit gerade anderswo zur Arbeit, und der Frau blieb nichts übrig, als allein die paar allernötigsten Sachen zu packen und sich mit den Kindern der flüchtenden Bevölkerung anzuschließen. So ist sie mit der dreijährigen Jutta und der vierjährigen Rita bis nach Prag gekommen, wo sie in einer Schule in der Nähe des Wilson-Bahnhofs [jetzt Hauptbahnhof] einquartiert wurden. Dann erkrankten beide Kinder an Scharlach und wurden in das deutsche Kinderspital in der Sokol-Straße gebracht. Kurz darauf erfolgte der Zusammenbruch des Dritten Reichs. Die schlesischen Flüchtlinge wurden jetzt alle als Reichsuntertanen interniert. Nach ihrer Volkszugehörigkeit fragte niemand; für die sich erhebenden tschechischen Volksmassen galten alle als Deutsche. Frau Porwolowa wandte zwar ein, daß sie Polin sei und nicht einmal deutsch könne, aber die sogenannten Revolutionsgardisten hörten nicht auf ihre Proteste.

‚Da könnte jeder Deutsche kommen, der ein bißchen Tschechisch oder Polnisch kann', meinten sie, ‚und erklären, er sei gar kein Deutscher!' So wurde Frau Porwolowa zusammen mit deutschen Frauen als landwirtschaftliche

Arbeiterin nach Český Brod geschickt. Sie durfte vorher nicht einmal ihre Kinder im Krankenhaus besuchen.

Meine Tochter, erzählte der alte Mann weiter, hat die Sommerferien in dem Dorf verbracht, wo diese Frauen unter Aufsicht auf dem Feld gearbeitet haben. Sie hat bemerkt, wie schwer sich Frau Porwolowa mit den deutschen Gefährtinnen verständigte. Die besorgte Mutter hat ihr ihren Kummer anvertraut. Meine Tochter ist ein mitleidiges Wesen und hat ihr geraten, sich an das polnische Konsulat zu wenden, und ihr beim Ortsausschuß die Erlaubnis erwirkt, nach Prag zu fahren. Mich hat sie gebeten, der armen Mutter behilflich zu sein. Beim Konsulat hat man von ihr Belege über ihre Volkszugehörigkeit verlangt. Woher sollte sie diese jetzt nehmen? So war es zunächst nötig, auf langwierigen amtlichen Wegen eine Bestätigung von der Heimatgemeinde in Polen zu beschaffen. Ohne diese gab es für sie keine Hilfe – sie galt weiter als Deutsche. Da sie nun schon in Prag war, eilte sie noch zum Krankenhaus in der Sokol-Straße, wo die Kinder geblieben waren. Dort erhielt sie die niederschmetternde Nachricht, daß alle Kinder in den Revolutionstagen aus dem Krankenhaus fortgeführt worden waren, niemand wußte, wohin.

Ich konnte die arme Frau nicht ihrer Verzweiflung überlassen und führte sie zu mehreren Krankenhäusern, aber niemand wußte, wohin die Kinder aus der Sokol-Straße gebracht worden waren. Auf dem Polizeipräsidium erfuhren wir, daß ein Lazarett für Deutsche im Smíchover Frauenheim eingerichtet worden sei. Es fand sich dort sogar eine Eintragung, daß Rita Porwolowa, das ältere der beiden Kinder, sich dort befand. Endlich ein Hoffnungsstrahl für das gequälte Mutterherz! Voll froher Erwartung fuhren wir zum Smíchover Lazarett. Dort erwartete uns wieder eine Enttäuschung: Auch dieses Lazarett war schon liquidiert worden! Der Beamte wußte nur, daß die letzten Kinder von Přemysl Pitter, Direktor des Milíč-Hauses in Prag-Žižkov, übernommen worden sind. Also ging es weiter ins Milíč-Haus!“

Nun haben wir sie hier, erschöpft vom langen vergeblichen Suchen, aber doch in der Hoffnung, endlich am Ziel zu sein. Wir schlagen in unseren Namenslisten nach. Leider zeigt es sich, daß wir unter unseren heimatlosen Kindern weder eine Rita noch eine Jutta haben, auch kein namenloses Mädchen, das in Frage kommen könnte. Pitter versucht, der enttäuschten Frau neue Hoffnung zu geben:

„Leider waren Ihre Töchterchen nicht unter den 16 Kindern, die wir im September aus dem Lazarett in Smíchov in unser Erholungsheim nach Kamenice gebracht haben. Sehr wahrscheinlich waren beide schon gesund und kamen bereits vorher woanders hin. Gehen Sie doch zurück ins Frauenheim und bitten Sie, daß man die Sache noch einmal überprüfe. Als wir unsere Kindergruppe dort übernahmen, hat man ein ausführliches Protokoll verfaßt. Sicherlich ist das auch bei der Übergabe der gesunden Kinder an andere Stellen getan worden. Vielleicht sind Rita und Jutta unter ihnen."

Frau Porwolowa ist jedoch durch das negative Ergebnis so niedergeschlagen, daß sie zu weiteren Schritten gar nicht mehr fähig ist. Überdies ist es höchste Zeit für die Rückkehr, denn ihre Bewilligung für Prag gilt nur für zwei Tage. Ihr Begleiter tröstet sie mit dem Versprechen, daß er selbst weiter nach den Kindern forschen werde. So kann sie einigermaßen beruhigt zu ihrem Bauern zurückkehren.

Der gute Begleiter spricht gleich am folgenden Tag wieder im Smíchover Frauenheim vor. Nach langem Suchen wird dort festgestellt, daß Rita schon am 11. Juli von einem Stabswachtmeister K. K. übernommen worden ist, der inzwischen einer Dienststelle im ehemaligen Sudetengau zugeteilt wurde. Pitter ersucht ihn schriftlich um Mitteilung, wem er Rita übergeben habe. Keine Antwort. Es sieht nach all dem aus, als wenn die beiden Schwesterchen die Drangsale der Internierungen nicht überstanden hätten, um so wahrscheinlicher, als beide ja bereits vorher durch Krankheit geschwächt gewesen waren. Doch der beharrliche Helfer der polnischen Frau sucht uns noch wiederholt zu Beratungen auf und läßt sich durch weitere Mißerfolge nicht entmutigen.

*

Anfang Dezember desselben Jahres besucht uns im Milíč-Haus eine Sekretärin der Jugendfürsorge, um sich in einer rätselhaften Angelegenheit mit uns zu beraten: Das Kommando des Gefängnisses in der Festung Theresienstadt (Terezín) hat ihrer zentralen Amtsstelle in Prag das Verzeichnis irgendwelcher Kinder geschickt, die dort noch festgehalten sind.

„Ist es möglich," fragt sie erstaunt, „daß dort jetzt noch – sieben Monate nach der Befreiung – jugendliche Opfer des Naziregimes sind, deren sich niemand angenommen hat?"

„Unmöglich", versichert ihr Pitter, „wir haben im Frühjahr alle jüdischen Kinder aus Theresienstadt übernommen, sofern sie dort nicht mit Angehörigen verblieben sind. Für sie alle ist in unseren Erholungsheimen gut gesorgt. Viele konnten seither zu Verwandten oder nach Palästina abreisen."

Wir interessieren uns für das Verzeichnis der in Theresienstadt noch verbliebenen Kinder. Gleich auf den ersten Blick erkennen wir, daß es sich um deutsche Kinder handelt, offensichtlich solche, die nach der Revolution dorthin gebracht wurden. Unter den 32 Namen lesen wir: Siegfried, Horst, Waldtraut, Christa, Sigrid. Das sind doch keine jüdischen Namen! Und siehe da! Hier steht: „Rita Porwolowa, 21. 9. 1940, Bytom (dt. Beuthen)." Unser gesuchtes Kind! Endlich für die unglückliche polnische Mutter eine wirkliche Hoffnung! Wir lassen sie gleich benachrichtigen.

Zweiunddreißig verlassene Kinder! Pitter ist fest entschlossen, daß sie das Weihnachtsfest in einer freundlichen Umgebung erleben sollen, nicht im Gefängnis und voller Entbehrungen.

Leicht gesagt. Aber wohin auf einmal mit so vielen Kindern? Unsere fünf Heime sind ganz voll, auch das

Arzthaus ist mit kleinen Patienten besetzt. Nur der Nebenbau des Štiříner Schlosses ist nicht ganz ausgenützt, denn manche der älteren Rückkehrer aus Konzentrationslagern sind schon nach Palästina abgereist. Ihre Plätze sind jedoch schon für tschechoslowakische Kinder reserviert, die das Repatriierungssamt in den nächsten Tagen aus Österreich zurückbringen soll, damit sie in diesem abgesonderten Trakt eine Quarantäne verbringen.

Während wir noch mit den Heimleitern das Unterbringungsproblem zu lösen suchen, kommt ein Telefonanruf: Das Repatriierungssamt meldet, daß die Abreise der Kinder aus Österreich verschoben ist! Hurrah! Welch' glückliche Wendung! Jetzt heißt es nur noch, die Bewilligung für die Übernahme der deutschen Kinder zu besorgen und ein genügend großes Lastauto aufzutreiben. Zum Glück erfährt Pitter, daß das Schweizer Rote Kreuz eben Lebensmittel für Gefangene nach Theresienstadt bringen soll. Er fährt mit, und während die Ware dort abgeladen wird, sammelt er alle alleinstehenden Kinder. Eines der jüngsten ist Rita! Sonst sind es großenteils schon ältere Jungen, diesmal wirklich ehemalige Mitglieder der Hitlerjugend. Die ältesten müssen erst aus der Umgebung geholt werden, wo sie im Arbeitseinsatz stehen.

Am späten Nachmittag des 13. Dezember 1945 fährt Pitter mit seiner schweren Ladung auf der selben Landstraße nach Prag, auf der er vor einem guten halben Jahr die Kinder, die aus der Nazigefangenschaft befreit waren, geholt hatte. Es dunkelt schon, als sie in der Hauptstadt ankommen. Der Rot-Kreuz-Wagen steht jedoch für den weiteren Weg nach Štiřín nicht mehr zur Verfügung. Die Kinder müssen aussteigen und auf der Straße, in der Nähe des Wenzelsplatzes, auf ein anderes Auto warten. Verschüchtert und bei eisigem Wind frieren sie in ihren leichten Kleidern und halten sich kaum auf den Beinen. Einige der größeren Jungen sind noch in alte Uniformstücke der Hitlerjugend gekleidet. Die tschechischen Vorübergehenden werden aufmerksam, bleiben stehen. Fäuste werden drohend erhoben, Schimpfworte fallen. Das Ersatzauto kommt und kommt nicht! Die kleineren Kinder sind so eingeschüchtert, daß sie nicht einmal fähig sind zu weinen. Sie drücken sich aneinander und zittern vor Angst und Kälte. Hier und da ist ein mitleidiges Wort zu hören, aber es wird sofort überschrien. Die Polizei muß zu Hilfe gerufen werden. Endlich kommt das versprochene Lastauto angefahren, es ist viel zu klein. Aber die Kinder werden rasch hineingestopft – alle! Kaum zu glauben, daß sie samt und sonders Platz finden.

Es ist schon Nacht, als sie in Štiřín ankommen. Jugendliche – lauter Rückkehrer aus Nazikonzentrationslagern – helfen den kleinsten Ankömmlingen bereitwillig aus dem Wagen, gleich werden sie alle gebadet, dann gibt es schmackhaften süßen Grießbrei, und zu guter Letzt bekommt jeder ein eigenes sauberes Bett zugeteilt!

*

Am anderen Morgen erscheint unser Arzt, der selbst mehrere Jahre im KZ auf polnischem Gebiet verbracht hat. Seine erste Frage ist: „Nun, wo ist denn die kleine Polin?“

Die Pflegerin bringt Rita und Dr. Vogl spricht ihr freundlich zu, in ihrer Muttersprache. Das Kind blickt ihn verständnislos an. Der Arzt bemüht sich immer von neuem, wenigstens ein Wort aus Rita herauszubekommen, aber vergebens. Offensichtlich versteht sie ihn nicht. Dann versucht er es auf deutsch – und siehe da, Rita antwortet, zwar einsilbig, aber immerhin ...

„Das ist kein polnisches Kind!“ stellt der Arzt mit Entschiedenheit fest.

So ist es wohl doch nicht das gesuchte Kind? Entscheiden kann das nur die angebliche Mutter. Pitter ersucht den zuständigen Ortsausschuß ihrer Arbeitsstelle, ihr die Bewilligung zur Reise nach Štiřín zu erteilen. Frau Porwolowa erscheint schon am folgenden Tag. Der Arzt warnt sie gleich vor verfrühten Hoffnungen. Sie soll nicht enttäuscht sein, falls diese Rita doch nicht ihr Kind sei; das kleine Mädchen verstehe überhaupt kein Polnisch!

Aber die Mutter stürzt beim ersten Blick beglückt auf das Kind zu, drückt es an sich, liebkost es und weint vor Freude. Sie spricht zu ihrer Rita, aber die Kleine lächelt nur ohne zu antworten, glückselig auf der Mutter Schoß sitzend. Die Mutter erzählt ihr, wie sie gesucht hat und welche Freude sie hat, daß Rita lebendig und gesund ist, und wie auch der Vater glücklich sein wird, wenn sie dann zu ihm zurückkehren. Rita lächelt immerzu und drückt die Puppe ans Herz, die Mutter ihr mitgebracht hat. Frau Porwolowa möchte so viel von ihr erfahren und bemüht sich weiter, ein Wort aus Rita herauszubekommen, aber vergebens. Eins vor allem liegt ihr ja noch am Herzen: Wo ist Jutta? Was ist mit ihr geschehen? Hat auch sie die Krankheit überstanden? Warum ist sie nicht mit der Schwester zusammen?

Der Arzt, der bis dahin etwas entfernt stand, tritt nun zu Rita heran und fragt sie auf deutsch nach Jutta. Das Kind antwortet stets nur mit Achselzucken.

Frau Porwolowa wird auf einmal traurig. Wie sehr hatte sie gehofft, mit Hilfe Ritas auch eine Spur vom kleineren Töchterchen zu finden. Immer wieder erinnert sie Rita mit zärtlicher Stimme daran, wie sie mit Jutta gespielt hat, wie sie dann beide krank geworden sind und in das Krankenhaus gebracht wurden. Sie achtet nicht darauf, daß Rita sie nicht versteht; es ist ihr eine Erleichterung, ihren Schmerz und ihre Sehnsucht auszusprechen. Da auf einmal leuchtet Ritas Gesichtchen auf, sie beginnt ersichtlich etwas von dem zu begreifen, was die Mutter erzählt – und plötzlich flüstert sie „Mamuša moja!“ [meine Mami].

Die Muttersprache, durch den achtmonatigen Aufenthalt unter deutschen Kindern verdrängt, taucht aus dem Unterbewußtsein auf und wird in Ritas Mund wieder lebendig.

Die Mutter erzählt weiter, und Rita verfolgt nun schon mit Aufmerksamkeit, was sie sagt; hier und da wirft sie ein polnisches Wort ein, nickt oder schüttelt den Kopf. Von Jutta kann sie leider Gottes nichts sagen. In Theresienstadt war sie sichtlich schon nicht mehr mit ihr zusammen. Auch

Abb.1: Olga Fierz mit ca. 20 Jahren.

Abb. 3: Das Milíč-Haus (Milíčův dům) im Jahr 1937.
Abb. 4: Schloß Kamenice, 1946.

Abb. 5: Die Kinder von Schloß Kamenice auf dem Weg zur Schule, 1946.
Abb. 6: Kinder beim Schulunterricht auf Schloß Kamenice.

Abb. 7: Schloß Kamenice, 1947.
Abb. 8: Die Lehrerin Marie Štěrbová, genannt „Tante Mája", mit Kindern aus den Internierungslagern in Kamenice, 1946.

Abb. 9: Tante Maja Černíková („die kleine Lehrerin") mit Christel Skalicky und Ilse Grützner.
Abb. 10: Kamenice im Winter 1946/47, von links Věra Lenochová, Renata Langhausová, Frieda Malá.

Abb. 11: Kleine Indianer, 1946. Zweiter von rechts H. Wunder.
Abb. 12: Die Mitarbeiter der Schlösseraktion in Kamenice im August 1946. Von links Přemysl Pitter, Dobroslava Štěpánková, Olga Fierz, Ferdinand Krch, Rudolf Czech.
Abb. 13: Přemysl Pitter mit Kindern der Schlösseraktion.

Abb. 14: Kinder der Schlösseraktion.
Abb. 15: Kleinkinder vor dem Schloß Olešovice, 1945.

Abb. 16: Schloß Olešovice, 1945.
Abb. 17: Kinder im Speiseraum des Schlosses Olešovice.

Abb. 18: Kinder aus Theresienstadt und dem Säuglingsheim in Rumburg beim Spiel in Olešovice, 1945.

Abb. 19: Flugblatt eines deutschen Suchdienstes.

Abb. 20: Kinder aus dem Säuglingsheim in Rumburg mit ihrer deutschen Erzieherin im Garten des Schlosses Olešovice, 1945.
Abb. 21: Kinder aus Theresienstadt und dem Säuglingsheim von Rumburg in Olešovice, 1945.

Abb. 22: Olga Fierz im vorgerückten Alter.

Abb. 23: Schloß Štiřín, 1945.
Abb. 24: Abbildung aus *Über dem Erdenstreit* aus Olga Fierz' Errinnerungen an die bewegten Zeiten in Prag und die Kinderrettung während der Schlösseraktion.

Abb. 25: Schloß Štiřín, 1945.
Abb. 26: Jüdische Kinder aus Auschwitz und anderen Konzentrationslagern zur Erholung in Schloß Štiřín, 1945.

Abb. 27: Endlich dürfen diese jüdischen Kinder und Jugendlichen wieder spielen. Schloß Štiřín, 1945.

Abb. 28: Vor dem Schloß Štiřín, 1945.
Abb. 29: Deutsche Kinder aus den Internierungslagern mit Erzieherinnen in Schloß Ládví, 1946.

keines der dortigen Kinder, die nun mit Rita da sind, weiß etwas von ihr.

So kehrt Frau Porwolowa an ihre Arbeitsstelle zurück, voller Glück über die wiedergefundene Rita und doch in Schmerz und Ungewißheit wegen des verschollenen zweiten Kindes. Auch wir stehen ratlos vor diesem Rätsel.

Frau Porwolowa ist nun aber zufrieden, daß sie einstweilen die angeforderten Papiere aus Polen noch nicht erhalten hat, denn dann würde man sie mit Rita in die Heimat repatriieren und sie hätte nicht mehr die Möglichkeit, weiter nach Jutta zu forschen. Ohne Ausweis kann sie jedoch von der Internierung nicht befreit werden und muß weiter beim Bauern arbeiten. Wir versuchen, sie wie andere Mütter unserer Pflegekinder in unsere Heime als Arbeitskraft zugeteilt zu bekommen, so daß sie in Ritas Nähe wäre und sich auch etwas erholen könnte. Sie ist von der schweren Landarbeit erschöpft und von der schlechten Verpflegung entkräftet. Das Gesuch wird abgelehnt. Der Bauer will nicht um seine billige Arbeitskraft kommen und ohnehin, heißt es, werde sie ja bald nach Deutschland abgeschoben!

Nun lebt die Mutter in ständiger Angst, plötzlich in einen solchen Transport eingereiht und wieder von Rita weggerissen zu werden. Sie hat leider die Erfahrung gemacht, daß die den Transport durchführenden Organe für die Einwände und Bitten der Mütter taub sind. Die angeforderten Dokumente sind trotz mehrmaligen Urgierens noch nicht eingetroffen. Der Postverkehr mit Polen ist einstweilen noch sehr unregelmäßig und unzuverlässig.

*

Wir forschen inzwischen selbst weiter nach Jutta. Vom Tschechoslowakischen und vom Internationalen Roten Kreuz erhalten wir negative Auskunft, auch alle sonstigen Amtsstellen bei uns und in Deutschland wissen nichts über das Kind.

Überall, wo wir nur entfernt vermuten, auf eine Spur zu kommen, fragen wir nach, aber vergeblich. Nur eine Sache scheint sich aufzuhellen: Jutta wurde offenbar schon in den

Revolutionstagen von Rita getrennt. Das bestätigt uns auch die neunjährige Christa, von der wir jetzt erfahren, daß sie mit Rita zusammen nach Theresienstadt gekommen ist, und daß sie schon vorher mit ihr gemeinsam von einer Stelle zur anderen gebracht worden war. Auch im Stadion, dem schrecklichen Internierungslager, waren sie bereits zusammen, jedoch ohne Jutta. Christa erinnert sich jetzt sogar an Jutta, mit der sie im Krankenhaus in Behandlung gewesen ist. Aber sie entsinnt sich, daß Jutta eher weggekommen ist als Rita und sie selbst.

In Štiřín soll nun Christa bald Abschied nehmen. Sie hatte uns die Adresse einer Verwandten in der Nähe von Karlsbad angegeben; wir hatten dorthin geschrieben, und wirklich kam Antwort von Christas Großmutter. Bevor wir jedoch Christa nach Hause begleiten und damit unseren einzigen Zeugen, der sich an Jutta erinnert, ganz verlieren, überprüfen wir ihre Angaben in einem neuen „Verhör". Christa hat sich, seit sie sich erholt hat, zu einem recht mitteilsamen, gewandten Mädchen entwickelt, ist voll Vertrauen zu uns und überdies in der besten Stimmung: Morgen fährt sie doch endlich nach Hause! In diesem günstigen Augenblick sage ich ihr:

„Schau, liebe Christa, wir möchten so gern, daß alle heimatlosen Kinder bald nach Hause zurück können, so wie du. Und du kannst uns ein bißchen helfen. Du weißt ja, daß wir immerzu Ritas Schwesterchen Jutta suchen. Erzähl mir nochmals alles recht genau, was du von ihr weißt. Vielleicht erinnerst du dich jetzt noch an etwas, das uns beim Suchen nützlich sein kann."

Christa erzählt ganz ohne Zögern. Sie wiederholt alles, was sie schon früher gesagt hat, wie sie mit Rita und Jutta und anderen Kindern in demselben Krankenzimmer lag. „Hattet ihr da noch Fieber?" „Nein, da ging es uns schon besser. Bloß Jutta hatte noch Scharlach oder Mittelohrentzündung; aber es tat ihr schon nicht mehr weh. Sie hatte Watte in den Ohren. Und einmal kam Schwester Liesel, hat die Jutta angezogen und gesagt, daß sie mit einer anderen Schwester wegfahren wird. Das haben wir durchs große Fenster auf der Straße gesehen. Da war ein Wagen mit dem roten Kreuz, in den sind Jutta und noch andere Kinder eingestiegen und der Wagen ist weggefahren. Dann ist Jutta nicht mehr zurückgekehrt. Wie die Schwester Liesel wiedergekommen ist, haben wir sie gefragt, wo die Jutta denn hingefahren ist, aber sie hat uns nichts gesagt."

„Und wann ist das gewesen? War es erst, als schon die Kämpfe in Prag vorbei waren? Waren da schon Tschechen im Haus?" „Nein, da war noch alles deutsch und da wurde geschossen. Wir sind damals noch oft in den Schutzraum gegangen. Und einmal, als wir gerade aus dem Schutzraum heraufkamen, da sind die Kinder weggefahren."

Daraus konnten wir entnehmen, daß Jutta, schon gesund, noch während der Straßenkämpfe weggebracht worden war. Wahrscheinlich hatte die Schwester eine Anzahl Kinder ausgewählt und sie mit dem letzten abziehenden Militär weggeschickt.

Wie war wohl das weitere Schicksal dieser Kinder? Vielleicht sind sie während der letzten Kampfoperationen umgekommen; aber sie konnten auch irgendwo angehalten und interniert worden sein. In diesem Fall hätte sich nach einem Jahr eine Spur in irgend einem der Internierungslager finden lassen müssen – vorausgesetzt freilich, daß sie die ersten schlimmsten Monate der Internierung überstanden hatten.

Dann bleibt noch eine weitere schwache Möglichkeit: daß die Krankenpflegerin doch mit den Kindern glücklich über die westliche Grenze gekommen ist. Wir schicken Christas neue Aussage an das Rote Kreuz, damit die Nachforschungen in Deutschland fortgesetzt werden können.

Für Ritas Mutter kommt nach den anstrengenden Erntearbeiten eine ruhigere Zeit. Endlich erhält sie auch die lang erwarteten Ausweispapiere von ihrem Mann. Sie wird nun auf freien Fuß gesetzt, während ihre Arbeitskolleginnen in ein für den Abschub bestimmtes Sammellager gebracht werden.

In zerlumpten Kleidern, ein Bündel in der Hand, kommt sie zu uns mit der Bitte, wir möchten ihr erlauben, in Ritas Nähe zu verbleiben, solange sie beide nicht in einen Transport nach Polen eingereiht würden. Die Hoffnung, Jutta hier zu finden, hat sie aufgegeben. Jetzt drängt es sie sehr, zu ihrem Mann zurückzukehren, dessen letzte Briefe sie beunruhigen. Es scheint, daß er ernstlich erkrankt ist. Wir geben Frau Porwolowa eine leichte Arbeit im Arzthaus, wo sie sich schnell erholt.

So kommt der 10. Oktober 1946 heran, der Tag, an dem wir uns von der lieben Rita und ihrer Mutter verabschieden. Mit zwei Bündeln Gepäck kehren sie in einem Repatriierungszug in ihre Heimat zurück.

*

Etwa ein Monat ist seit ihrer Abreise vergangen, und wir haben von Frau Porwolowa noch keine Zeile erhalten, obwohl sie versprochen hat, uns sofort nach der Rückkehr zu schreiben. Endlich kommt ein sie betreffender Brief vom Suchdienst München an, der an ihre Adresse beim Bauern gerichtet war und an uns weitergesandt wurde. Natürlich öffnen wir den Brief und lesen erfreut: „Wir glauben, Ihre Jutta in einem der namenlosen Kinder, die hier untergebracht sind, gefunden zu haben. Bei Frau F.D. in Sch. in Württemberg ist ein vier- oder fünfjähriges Kind, das sich Jutta nennt. Der Familienname konnte nicht festgestellt werden. Das Kind ist ohne irgendwelche Papiere nach Deutschland gebracht worden, und zwar aus einem Prager Krankenhaus, in Begleitung einer Rot-Kreuz-Schwester. Wir haben Frau F.D. aufgefordert, sich gleich mit Ihnen in Verbindung zu setzen und Ihnen eine Fotografie des Kindes zu senden."[23]

Wir schicken die frohe Botschaft sofort eingeschrieben an die uns bekannte Adresse des Vaters, Karl Porwol in Ch. Wir möchten auch gern von ihm erfahren, wie die Mutter

[23] Die zitierten Brieftexte dieses Kapitels sind Rückübersetzungen aus meinem tschechischen Original, denn die deutschen Briefe sind in Prag bei Hausdurchsuchungen verloren gegangen.

und Rita heimgekommen sind, und wie es ihnen geht. Nach einigen Tagen erhalten wir den Brief zurück mit dem Postvermerk: „Adressat verstorben." Wie sehr braucht wohl die arme Frau jetzt eine Aufmunterung! Ob sie wenigstens ihren Mann noch lebend angetroffen hat? Aber wie können wir sie jetzt erreichen?

Inzwischen trifft ein weiterer Brief für sie von Juttas Pflegeeltern ein: „...Vor anderthalb Jahren ist eine Gruppe von Kindern aus einem Prager Krankenhaus hierher gebracht worden, darunter ein kleines Mädchen mit dem Namen Jutta. Es war in elendem Zustand, was uns dazu veranlaßte, uns seiner anzunehmen. Wir haben der Kleinen alle Pflege angedeihen lassen, und so ist Jutta, Gott sei Dank, ein gesundes und kräftiges Kind geworden. Wir haben uns auch darum bemüht, daß Jutta ihren Eltern zurückgegeben werde und uns an die zuständigen Behörden gewandt. So haben wir heute durch Vermittlung des Roten Kreuzes erfahren, daß Jutta wahrscheinlich Ihr Töchterchen ist. Vielleicht darf ich Sie, geehrte Frau, beglückwünschen und Sie zu den glücklichen Müttern zählen, die nach langer Zeit ihr teures Kind wiedergefunden haben – und das mit Hilfe von anständigen Deutschen, die sich Ihrer Kleinen liebevoll angenommen haben."

Diesem Brief sind zwei Fotografien beigelegt, die erste vom Juni 1945, als sie das Kind übernommen haben, die zweite ein Jahr später. Das erste Bild zeigt ein kleines Mädel, das völlig unserer Rita gleicht, wie wir sie aus Theresienstadt gebracht haben: dieselben gealterten, traurigen Gesichtszüge, kein Zweifel! Diese Jutta ist Ritas Schwesterchen! Das zweite Bild zeigt ein Kind, das dem ersten gar nicht ähnelt, so blühend und heiter sieht es aus. Wenn wir nur dieses Bild hätten, würden wir schwerlich sagen, daß das Ritas Schwester sein könne.

Nun muß unser Suchen von neuem einsetzen, diesmal nach der verschollenen Mutter! Wir schreiben an das Stadtamt von Ch., zur Sicherheit mit Hilfe eines polnischen Freundes. Vielleicht versteht man dort tschechisch nicht so gut wie wir hier polnisch. Nach kurzem kommt die Antwort, daß die Adressatin in der Gemeinde nicht bekannt sei. So wenden wir uns schließlich an das polnische Repatriierungssamt.

Die Lösung des Rätsels kommt wieder ganz unerwartet: Das tschechoslowakische Rote Kreuz schreibt uns, daß eine gewisse Maria Porwolowa aus Bytom in Oberschlesien ihr Gesuch betreffs Nachforschung nach ihrer Tochter Jutta wiederholt. Wir senden die frohe Mitteilung vom Münchner Suchdienst sofort nach Bytom weiter, zusammen mit einer polnischen Übersetzung des Briefes von Juttas Pflegeeltern.

Endlich – am 10. April 1947 – schreibt uns die Mutter selbst, dankt ganz beglückt dafür, daß auch Jutta lebt und gesund ist, nachdem sie nicht mehr geglaubt hat, sie jemals wiederzusehen. Ihr Mann ist eine Woche nach ihrer Ankunft gestorben. Nun bittet sie Direktor Pitter, ihr zu helfen, daß sie auch ihr zweites Kind zurückbekomme. Das ist nun keine schwierige Aufgabe mehr. Zwei Jahre nach ihrer Trennung von beiden Kindern in Prag kann sie endlich auch Jutta wieder in ihre Arme schließen.

HITLERJUGEND IN DEN SCHLOSSHEIMEN

„Es geschah am 13. Dezember 1945 in Theresienstadt. In der Küche, wo ich im Arbeitseinsatz stand, erscholl eine Stimme: ‚Viktor! Viktor!‘ Ich erblickte meinen Freund Franz in aufgeregter Verfassung. Mit bebender Stimme teilte er mir rasch mit: ‚Bereite dich vor, die Wache wartet, wir fahren weg!‘ Schwäche überkam mich. Die Wache! Ein Wort, vor dem wir Angst hatten, wie vor kaum einem anderen. Es ging mir nicht aus dem Sinn ... Ich hatte ein reines Gewissen, aber dennoch überfiel mich Angst. In Eile befreite ich mich von all den Sachen, die ich heimlich bei mir trug: Messer, Rasierklingen, Nadeln, Hosenträger und andere Kleinigkeiten. Wir erhielten bessere Kleidungsstücke und wurden in die Kanzlei geführt. Mit zitternden Fingern unterschrieben wir irgendeine Urkunde, deren Inhalt wir nicht verstanden. Es dauerte nicht lange, und wir saßen in einem großen Wagen des Roten Kreuzes. Wir atmeten auf, als sich hinter uns die mächtigen Tore der Festung schlossen. Aber das Mißtrauen verließ uns nicht. Können wir überhaupt noch jemandem glauben? Vielleicht fahren wir jetzt in eine noch schlimmere Hölle! ...“

So schrieb ein halbes Jahr später der sechzehnjährige Viktor ins „Guckfensterchen nach Schloß Kamenice“.[24]

Viktors Kamerad Waldemar beschrieb die Begebenheit im Geburtstagsalbum:

„In der Kanzlei erschien ein Herr in Zivilkleidung – es war Direktor Pitter – und erläuterte, er führe uns in ein Schloß bei Prag, wo sich schon viele deutsche Kinder befänden. Wer konnte dem noch Glauben schenken! Es gab für uns keine guten Menschen mehr. Was haben wir für Schläge und Schimpfwörter einstecken müssen, wenn sie

[24] Vgl. Seite 95. Diese Zitate sind Rückübersetzungen aus dem Tschechischen, denn die deutschen Originale zum „Okénko do Kamenice“ sind verloren gegangen. Aber Pitter hatte diese Kinderbeiträge schon in den tschechischen Rundbriefen zitiert, die er vielen Freunden schickte, um Beiträge für seine große Hilfsaktion zu erbitten.

uns zur Arbeit trieben! Ich war gewiß nicht der einzige, der den freundlichen Worten jenes Herrn nicht glaubte und nur Haß empfand. Wir waren wahrhaftig schrecklich verkommen, frech und selbstbewußt."

In der genannten Festgabe für den Direktor schilderten beide Jungen auch die Ankunft in Štiřín, wie sie in den Gesichtern der sie empfangenden Burschen Juden erkannten, und wie Erinnerungen an ihre Peiniger der Umsturzzeit in ihnen wieder wach wurden. Es fiel ihnen nicht ein, daß diese Jungen die gleiche Hilfe brauchten und noch brauchen, wie sie selbst. Sie wichen ihnen auf dem Hof aus und sprachen kaum mit ihnen – nicht nur während der ersten Tage.

Die jüdischen Heiminsassen waren auf die Ankunft dieser neuen deutschen Kinder vorbereitet worden. Viel später haben uns jedoch einige gestanden, daß sie innerlich zusammenfuhren, als sie Hitleruniformen erkannten, die sie an ihre Folterer in den Konzentrationslagern erinnerten.

Während der Quarantäne schwanden langsam die Befürchtungen der deutschen Jungen. Für viele war die gemeinsame Weihnachtsfeier der Anfang eines neuen Lebens. In seinem Brief aus dem Westen schilderte der etwas jüngere Siegfried ein Jahr später dieses Ereignis: „Morgen wird es ein Jahr sein, da wir zusammen mit jüdischen Kindern in Štiřín Weihnachten gefeiert, deutsche und tschechische Weihnachtslieder gesungen haben. Es geschah etwas, das wir vorher für unmöglich gehalten hätten: mit jüdischen Jungen am gleichen Tisch zu sitzen und mit ihnen Weihnachten zu feiern! Aber dort war es etwas ganz Selbstverständliches!"

Einige der älteren Burschen nahmen jedoch alle Vorteile des neuen Milieus mit großer Zurückhaltung auf. Der halbjährige Aufenthalt in der Theresienstädter Festung, wo „der Gummiknüppel Dolmetscher war" – wie es einer später ausdrückte – hatte sie mit Haß gegen alles Tschechische erfüllt. Für sie waren die tschechischen Gendarmen und die Wachleute der SNB [Staatlicher Sicherheitsdienst] die einzigen Vertreter des tschechischen Volkes. Sie nahmen an, sie seien nach Štiřín gebracht worden, um als brauchbare Sklaven der Tschechen aufgefüttert zu werden – für Hitleranhänger keine abwegige Idee, waren doch während des Krieges ganze Jahrgänge junger Leute aus dem Protektorat und aus Polen zum Arbeitseinsatz in deutsche Munitionsfabriken abkommandiert worden.

Die verlängerte Quarantäne bot den Erziehern eine willkommene Gelegenheit, diese Schützlinge besser kennenzulernen, bevor sie auf die Heime verteilt wurden. Es gehörten zu dieser Gruppe auch einige halbwüchsige Mädchen, und es war offensichtlich, daß sie sich den Jungen gegenüber gar zu frei benahmen. Kein Wunder! Wer hätte sich in der Festung darum gekümmert? Wir jedoch befürchteten, daß dieser Umgangston auf die Kinder der anderen Heime übergreifen könnte, und bestimmten diese Mädchen für Lojovice und Ládví, wo wir ihre Hilfe bei den kleinen deutschen Kindern gut gebrauchen konnten, was sie gut verstanden.

In Štiřín verblieben fünfzehn Jungen, die den Hitlerdrill durchgemacht hatten. Es schien uns nicht ratsam, sie alle beisammen zu lassen; als Ganzes würden sie die Atmosphäre des Vertrauens, die sich im Kamenicer Heim vielversprechend zu bilden begann, gewiß gestört haben. Wir beschlossen daher, sechs dieser Großen, die kräftigsten und noch rätselhaften, einstweilen in Štiřín zu lassen mit dem Versprechen, sie auch nach Kamenice zu übersiedeln, sobald es dort Platz gäbe, einstweilen bräuchten wir aber ihre Hilfe in Štiřín.

Wir hatten nämlich soeben für die Jugendfürsorge in den Nebenbau dreißig Jungen aus zerstörten Ortschaften der östlichen Slowakei übernommen; sie sollten nach Ablauf der Quarantäne zur Erholung in tschechischen Familien untergebracht werden. So waren Hilfskräfte von Nöten, um täglich Milch, Brot und andere Lebensmittel aus Olešovice herbeizuschaffen und auch zum Abladen von Kohle und Koks. Bisher hatten die jüdischen Jungen diese Arbeiten bereitwillig ausgeführt, aber nun waren ihrer nur noch wenige da, und die mußten oft nach Prag fahren, um ihre Reiseformalitäten zu erledigen. Also waren uns sechs kräftige deutsche Burschen eine willkommene Hilfe. Sie erfüllten ihre Aufgaben auch wirklich gut. Man konnte sehen, daß sie an schwere Arbeit gewöhnt waren. Sie bekamen dabei reichliches Essen und konnten sich in Ruhe in sauberen Betten ausschlafen. Gegenüber ihrem bisherigen Leben hätten sie sich im Grunde sehr wohl fühlen können.

So vergingen für alle Kinder einige ruhige Winterwochen, für die Mitarbeiter jedoch eine sehr strenge Zeit, denn die fünf Erholungsheime wiesen eben den höchsten Stand von zusammen 328 Pflegekindern auf, zwei Drittel aus tschechischer Internierung – und Direktor Pitter war seit Neujahr im Ausland!

Er war schon lange darüber besorgt gewesen, daß er vielen anderen Kindern und Müttern, die noch in Lagern unter Hunger und Kälte litten, nicht helfen konnte. Als er erfahren hatte, daß die Aussiedlungstransporte über den Winter ganz eingestellt seien, hatte er sich entschlossen, nach London zu fliegen, um sich dort persönlich für die baldige Übersiedlung von etwa zehntausend dieser deutschen Lagerinsassen in die Britische Zone Deutschlands einzusetzen. Er war gewiß, daß seine bewährten Mitarbeiter die große Schlösserfamilie gut betreuen würden. Seine vorrangige Sorge war es, eine viel größere Zahl noch Leidender aus unmenschlichen Verhältnissen herauszubekommen.

Schon mehrere Wochen hatte er mit seinen einflußreichen englischen Freunden korrespondiert und sie um Unterstützung beim Britischen Roten Kreuz gebeten. Versehen mit einer Beglaubigung des Sozialministeriums und den notwendigen tschechoslowakischen und britischen Bewilligungen, konnte er endlich am 4. Januar abfliegen. Vorher hatte er noch in allen Kinderheimen mit Ansprachen und Liederleitung zum geistigen Inhalt der Feiertage für Kinder und Erwachsene beigetragen. Auch ein besonderes Weihnachtsfest mit Bescherung hatte er für die Dorfkinder veranstaltet, um bei ihren Eltern mehr Zuneigung für das ganze Hilfswerk zu gewinnen. Und – last but not least – gab es noch eine besondere Feier für die deutschen Neuankömmlinge aus Theresienstadt.

*

Aber in den Herzen der sechs Hitlerzöglinge in Štiřín war der Haß doch nicht erloschen. Sie wohnten jetzt im Erdgeschoß des Hauptgebäudes und konnten so die jüdischen Jungen besser beobachten. Sie bemerkten, daß diese manchmal besseres Essen bekamen und auch mehr Freiheit genossen – diese Juden, in ihren Augen „Angehörige einer verachtungswürdigen Rasse"!

Eines Tages, Mitte Februar, brach das schwelende Feuer offen in einem Aufstand aus. Die deutschen Jungen besetzten die warmen Baderäume der jüdischen Zöglinge absichtlich lange, und überschütteten diese mit gemeinen Schimpfreden. Der Heimverwalter, ein erfahrener Erzieher, war kaum imstande, eine Rauferei zu verhüten.

Als ich an jenem Samstagabend zum üblichen Besuch in Štiřín ankam, herrschte in dem sonst so freundlichen Heim eine gespannte und bedrückende Stimmung. Alle Erzieher waren unglücklich, daß ihre jüdischen Zöglinge in dieser Weise behandelt und beschimpft worden waren. Ratlos standen sie diesen Haßausbrüchen gegenüber, und keiner fühlte sich imstande, in seinem unsicheren Deutsch diesen jungen Nazis ins Gewissen zu reden. „Wenn doch der Herr Direktor hier wäre, ihm wäre es ein Leichtes." Aber er weilte immer noch in England, wo sich die Verhandlungen in die Länge zogen. So war es an mir, in die unangenehme Lage einzugreifen, natürlich nach Beratung mit den Erziehern, da sie die Jungen besser kannten als ich.

Noch am selben Abend ging ich ins Zimmer unserer jüdischen Jungen, um ihnen unser Bedauern über die ihnen zugefügten Beleidigungen auszudrücken und um von ihnen Näheres über den ganzen Vorfall zu hören. Sie waren sich einig darüber, daß der Schlimmste unter den Jungen Viktor sei. Es sei nicht das erste Mal gewesen, daß er sie mit groben polnischen Schimpfreden überschüttet hätte. Viktor hatte schon erkannt, daß einige aus Polen stammten, denn er hatte selbst einige Zeit im besetzten Polen gelebt und dort ziemlich viel Polnisch erlernt. Wie wir später erfuhren, hatte er dort sogar eine Funktion in der SS ausgeübt.

Im Ganzen mußte ich die Ruhe unserer Ankläger bewundern. Das waren wirklich schon „unsere" Jungen. Sie brachten es fertig, auch nach so schweren Beleidigungen die Situation ruhig zu schildern. Nur der Jüngste, der fünfzehnjährige Otto, warf hier und da ein bitteres Wort dazwischen, was ihm schließlich zu verzeihen war. Von diesen Jungen aus wäre eine Versöhnung ohne Schwierigkeiten zustande gekommen. Ich spürte, daß unsere Sympathie zu ihrer Beruhigung genügte.

Die schwierigere Aufgabe, die Verhandlung mit den Übeltätern, verschob ich auf den nächsten Tag. Noch jetzt habe ich das Bild vor Augen, wie sie an jenem Sonntagmorgen schweigend in ihrem Zimmer um den Tisch saßen. Der Verwalter des Schlosses kam zu der Verhandlung mit, als stummer Zeuge dessen, was war und was geschehen sollte.

Zuerst forderte ich die Burschen auf, mir eine Erklärung ihres gestrigen Verhaltens zu geben. Viktor, Erwin und Manfred schwiegen verachtungsvoll, als sei es unter ihrer Würde, etwas zu erläutern, wozu sie ja doch jahrelang angeleitet worden waren. Auf mein Drängen gaben Walter, Waldemar und Franz schließlich einige Bemerkungen von sich, die deutlich von ihrem Haß gegen die jüdischen Jungen zeugten. Einen sachlichen Grund ihres Verhaltens konnten sie jedoch nicht angeben. So machte ich denn selbst den Anfang: „Wir sind tief betroffen durch euer beleidigendes Benehmen gegenüber unseren ersten Schützlingen. Wir empfinden es so, als wenn eure Schimpfreden sich auch gegen uns richteten. Seid ihr wirklich so abgestumpft, daß ihr euch nicht in ihr trauriges Schicksal einfühlen könnt? Noch als Kinder sind sie von Hause weggeschleppt worden, ihre Eltern sind ermordet worden, sie selbst wurden in Arbeitslager gesteckt, wo sie hungern und schwer arbeiten mußten. Ihre schwächeren Geschwister sind an Unterernährung und Krankheiten eingegangen. Ihr dagegen konntet zur gleichen Zeit gute Schulen besuchen, eure Eltern und der Staat haben für euch gesorgt. Einige dieser Jungen haben mehrere Jahre in KZ's verbracht, unter Verhältnissen, die oft noch schlimmer waren, als ihr es selbst in Theresienstadt erlebt habt. Der Jüngste, der rotblonde, hat sieben Jahre Verbannung erlebt. Zuvor war er ein deutscher Junge, so wie ihr, seine Eltern haben als Bauersleute ein ehrenhaftes Leben im Rheinland geführt. Womit hat er solche Jahre der Demütigung und des Entbehrens verdient? Kann er etwas dafür, daß seine Eltern Juden waren?

Ich sage ‚waren', denn es ist ganz unwahrscheinlich, daß seine Eltern, und überhaupt die Eltern all dieser jüdischen Jungen, noch am Leben sind. Ihr habt wenigstens bis zum Kriegsende eure Mütter gehabt, und ich hoffe, daß ihr eure Nächsten finden werdet, wenn der Verkehr mit Deutschland wieder aufgenommen wird. Einige dieser jungen Juden haben es sogar selbst erlebt, wie ihre Eltern hinter den Toren der Gaskammern verschwunden sind. Ja, wir würden uns gar nicht wundern, wenn diese Jungen nach allem, was ihnen das Naziregime Böses angetan hat, euch gegenüber Haß und Verachtung zeigten. Aber nichts dergleichen ist geschehen. Über ein halbes Jahr weilen jetzt auch deutsche Kinder in unseren Heimen, aber wir haben bei den jüdischen Kindern nicht den geringsten bösen Willen gesehen; im Gegenteil, sie haben uns immer mit großer Bereitwilligkeit geholfen, wenn es nötig war, für die anderen etwas zu transportieren oder herzubringen. Auch euch haben sie durchaus freundlich empfangen. Oder habt ihr irgendwelche Beschwerden über sie? Bitte, sagt es mir ganz offen."

Grabesstille herrschte eine gute Weile. So fuhr ich selbst fort: „Ihr meint, es sei ungerecht, daß die jüdischen Kinder eine bessere Kost bekommen als ihr. Ihr wißt doch, daß sie als Rückkehrer aus dem KZ höhere Zuteilungen an Lebensmitteln erhalten. Jetzt haben sie sich vom dortigen Hungern schon gut erholt, so daß wir nicht einmal alles für sie verbrauchen. Wenn wir nicht ihre restlichen Zuteilungen hätten, könnten wir euch gar nicht sattmachen. So könnt ihr froh sein, daß diese jüdischen Jungen noch hier sind. In Theresienstadt müßtet ihr mit genauso wenig leben, wie den Juden von den deutschen Behörden zugeteilt wurde. Der Herr Direktor hat ernste Schwierigkeiten, weil ihr es bei uns so gut habt. Und ihr vergeltet es uns in dieser Weise?“

Die Jungen schwiegen immer noch. Es schien jedoch, daß sie wenigstens zuhörten. Ich erläuterte daher weiter: „Euch empört, daß die jüdischen Jungen frei nach Prag fahren, während ihr selbst nicht einmal hier in der Umgebung ohne Begleitung herumgehen dürft. Das ist jedoch nicht ihre Schuld und auch nicht unsere. Die Hitlerregierung hat Böhmen und Mähren mit Gewalt besetzt und die Tschechen fürchterlich unterdrückt und mißhandelt. Wundert euch daher nicht, daß sich nach Hitlers Sturz das Blatt gewendet hat! Das bekommen leider die Deutschen, die hier geblieben sind, am schlimmsten zu fühlen – und das seid auch ihr. Die Tschechen können nicht auf einmal alles erlittene Unrecht vergessen. Der bloße Klang der deutschen Sprache ruft in manchen böse Erinnerungen und Vergeltungsdrang hervor. Hier bei uns seid ihr in Sicherheit – unsere Heime unterstehen dem Sozialministerium – aber draußen könntet ihr sehr leicht Opfer des Hasses werden und wieder im Gefängnis landen. Wir meinen es gut mit euch, aber wir müssen uns an die Vorschriften für Internierte halten – und als solche geltet ihr für die Behörden immer noch. Es ist in eurem eigenen Interesse, nicht frei herumzugehen. Leute, die unsere Bemühungen nicht verstehen, bereiten uns zahlreiche Schwierigkeiten, schon allein nur deshalb, weil ihr hier untergebracht seid. Wir wollen euch damit nicht beunruhigen, aber ihr müßt es wissen, um unsere Lage zu verstehen.

Während unser Direktor noch in England weilt, läuft sein ältester Freund in der Stadt herum, um für die Heime höhere Heizstoffzuteilungen aufzutreiben oder um nach euren Angehörigen zu forschen. In Prag sind die Schulen oft wegen Kohlenmangels geschlossen. Ihr sitzt hier in der Wärme, obwohl wir nicht im ganzen Schloß heizen können und einige Baderäume außer Betrieb sind. Herr Pitter bemüht sich unterdessen, in England die baldige Ausreise der hiergebliebenen Deutschen zu erwirken, und sie aus dem Elend der Internierungslager zu befreien. Er hat leider einsehen müssen, daß es ihm nicht möglich ist, allen die Wohltat zu bieten, die ihr genießt. Stellt euch mal seine Enttäuschung vor, wenn er erfahren sollte, wie ihr euch benommen habt!“

Die Burschen waren sichtlich beeindruckt, aber sie schwiegen immer noch. So schien es mir am Platz, sie von einer Begebenheit in Kenntnis zu setzen, die ich sonst unseren Zöglingen nicht erzählen würde:

„Kurz vor Weihnachten sind bei Herrn Pitter in Prag zwei höhere Beamte erschienen, die ihn kurzerhand von der Stelle als Direktor der Erholungsheime suspendieren wollten. Direktor Pitter war sehr entrüstet, besonders der deutschen Kinder wegen. Sie würden gewiß dahin zurückgeschickt, woher sie gekommen waren. An euch dachte er besonders: „Was für eine Enttäuschung für diejenigen, die wir eben aus der Theresienstädter Festung herausgebracht haben!“ klagte er. Mit Gottes Hilfe ist der böse Plan nicht gelungen. Das gute Werk ist nicht gestört worden, und ihr seid noch immer in dieser friedlichen schönen Umgebung. Wie paßt jedoch euer gestriges Benehmen dazu?

Wir könnten euch daraufhin ohne weiteres in die Festung zurückschicken. Aber wir verstehen, daß ihr ohne Überlegung und Einsicht gehandelt habt, und daß ihr euch nicht leicht und rasch in eure neue Lage hineinfinden könnt. Deshalb wollen wir euch die Möglichkeit geben, euer Unrecht gutzumachen. Wir bieten euch daher eine Bewährungsfrist an, vielleicht werdet ihr zeigen, daß ihr uns jetzt besser versteht. Es wird euch wahrscheinlich leichter fallen, wenn ihr nicht alle sechs zusammen bleibt.

Franz, Walter und Waldemar haben keine führende Rolle bei dem gestrigen Auftritt innegehabt; sie werden gleich nach Kamenice übersiedeln; nur die anderen drei bleiben vorderhand in Štiřín. Ihr habt alle die Möglichkeit, euer Verhalten zu ändern. Wem das nicht gefällt, den müßten wir im Interesse der anderen Kinder nach Theresienstadt zurückbringen."

*

So kamen Franz, Walter und Waldemar Mitte Februar nach Kamenice. Sie wurden von ihren früheren Kameraden, die sich dort schon etwas eingelebt hatten, mit Freude begrüßt. Auch unsere beiden Lehrerinnen nahmen die Neuankömmlinge freundlich auf. Sie wußten wohl, was passiert war, aber sie ließen sich nichts davon anmerken, damit sich die Jungen leichter in das neue Kollektiv einfänden. Sie interessierten sich für die Familienverhältnisse der neuen Zöglinge.

Franz, ein großer, fast sechzehnjähriger preußischer Junge, war der älteste von sechs Kindern, schlank, blond, mit aufrechter Haltung und dem leeren, gefühllosen Gesichtsausdruck des geschulten Nazis. Sein Vater, höherer Beamter in Berlin, hatte im letzten Winter noch einrücken müssen. Die Familie war dann nach einem Luftangriff in ein mährisches Städtchen evakuiert worden. Beim Anrücken der russischen Front wurde dieser Ort geräumt und sie kamen nach Prag – vom Regen in die Traufe! Die aufständischen Tschechen überfielen sie. Sie wurden sogleich ins große Pankrácer Gefängnis gesteckt. Dort trennte man Franz von der übrigen Familie und schickte ihn mit anderen Burschen in die Festung Theresienstadt.

Nun war er in großer Sorge um seine Mutter, denn sie war in Erwartung eines weiteren Kindes gewesen, als er sie verlassen hatte. Ob sie wohl die Entbindung in der Internierung gut überstanden hatte? Die Großeltern waren in Berlin geblieben, aber Franz wußte nicht, ob sie die schreckliche Zeit der letzten Belagerung überlebt hatten.

Die meisten seiner vielen Kameraden hatten auch keine Nachricht von den Müttern, von denen sie in Böhmen getrennt worden waren. Der Postverkehr mit Deutschland war immer noch unterbrochen.

Gleich am ersten Tag des Wiedersehens erzählten die Kamenicer Burschen ihren drei Kameraden voller Begeisterung von „einem netten Amerikaner“, der sie kürzlich besucht hatte. Er war im Kreis mit ihnen gesessen und hatte sich sehr freundschaftlich mit ihnen unterhalten! In gebrochenem Deutsch – aber zwei Kameraden hatten versucht, ihm mit Resten ihres Schulenglisch zu helfen. Der Besucher war der Generalsekretär des „Internationalen Versöhnungsbundes“ aus New York, ein guter alter Freund des noch in England weilenden Direktors. Sie erfuhren von dem Besucher, er sei unter dem Schutz der Hilfsorganisation UNRRA über Frankfurt nach Prag geflogen, um der nach dem Krieg verarmten Tschechoslowakei ein großes Geschenk von amerikanischen Protestanten zu überbringen: viele Kühe, genauer gesagt Zuchtkälber. Die flogen natürlich nicht im Flugzeug mit ihm! Nun mußte er das Geschäft mit den Kühen erledigen und sich über die Verteilung der Tiere informieren, und dann wollte er wieder über Frankfurt nach Hause fliegen. Frankfurt! Schon allein der Name weckte bei einigen der Versammelten Hoffnungen. Vielleicht könnte er Briefe an ihre Verwandten in Deutschland mitnehmen? Einer wagte es, diese Bitte auszusprechen.

Freilich konnte der Besucher das! Es wurde ein ganzes Paket daraus, denn auch aus den anderen Heimen schrieben viele Kinder Briefe. Jede und jedes die schreiben konnten, versuchten sich an irgendeine bekannte Adresse zu erinnern, von der aus eine Verbindung zu den nächsten Verwandten eventuell möglich wäre. Der ältere Geistliche – es war Reverend John Nevin Sayre – scherzte: „Als Cowboy bin ich in die Tschechoslowakei gekommen und als Postmann werde ich nach Amerika zurückkehren!“ Mit den begleitenden Gesten verstanden das alle, auch ohne deutsche Übersetzung.

Wie viel Hoffnung begleitete ihn und diese ersten Botschaften! Mit dem Geschenk der Tiere hatte der gute

Freund wohl kaum mehr Freude hervorgerufen wie mit seinem zweiten Dienst.

*

Nach all' den schönen Erlebnissen der ersten Tage in Kamenice, gaben Franz, Waldemar und Walter keinen Anlaß zu Problemen mit Jungen, die als Rekonvaleszente aus Lazaretten und Prager Internierungslagern gekommen waren, und außerdem interessierte sie hier die Gesellschaft der jungen Mädchen. Die Disziplin und Zufriedenheit aller Kameraden übertrug sich langsam auf sie.

Sie hatten allerdings einige fragwürdige Gewohnheiten, die sie nur langsam ablegten. Schon die Kriegsverhältnisse hatten auf die Moral der Jungen einen ungünstigen Einfluß ausgeübt; getrübte Begriffe von Ehrlichkeit waren geblieben. Hatten doch einige Väter, um große Familien durchzubringen, Schmiergelder angenommen. Und in Theresienstadt hatte die Not sie selbst stehlen gelehrt. „Das ist doch nichts Schlechtes," meinten alle Kameraden, „wenn man uns dort hungern ließ."

So erachteten sie es auch im Kamenicer Heim zunächst für nichts Unrechtes, sich aus den Anstaltsvorräten etwas anzueignen. Einmal ärgerte sich einer der Neuen ernstlich über einen Kameraden, der ein empfindlicheres Gewissen hatte: „Du bist ein schlechter Kamerad, wenn du nicht mal ein Ei für mich klauen willst!"

Treue Kameradschaft galt unserer Hitlerjugend als die höchste Tugend. Manchmal drückte sich dieser Kameradschaftsgeist auch in geradezu rührender Weise aus. Als nach dem langen Winter der erste Aussiedlungstransport aus Modřany abfahren sollte, kamen endlich auch einige unserer Kinder an die Reihe, deren Mütter sich schon im Sammellager befanden. Die Jungen nahmen am Abreisetag nur Kaffee zum Frühstück und gaben ihre Brote dem Kameraden mit, der mit Geschwistern abreiste. Der Heimleiter hielt sie zum Essen an, sie sollten sich ruhig satt essen, die Reisenden bekämen ja noch genug Brotvorrat auf die lange Reise. Aber die in Kamenice bleibenden Burschen setzten heimlich ihr Vorhaben durch: „Er weiß nicht, was Hunger ist“, bemerkte einer leise zu seiner und des Heimleiters Entschuldigung.

*

Ein anderes Überbleibsel aus der Nazierziehung war ihr „Revolverfieber“, wie es die Lehrerinnen nannten. Die Buben waren eine Zeitlang versessen darauf, aus Holz oder Baumrinde „Brownings“ zu schnitzen. Die „große Lehrerin“ zog einmal ein solches Erzeugnis aus Franzens Hosentasche. Sie sah das Ding an – es war gut gearbeitet. Franz dachte mit Erzeugerstolz, daß sie seine Handfertigkeit bewundere, wobei er sich über die „kleine Lehrerin“ beschwerte, die ihm schon ein solches Stück abgenommen hatte: „So ein hübsches Spielzeug!“ protestierte er.

„Sehr hübsch“, stimmte die „große Lehrerin“ zu, „aber wenn es solches Spielzeug in der Welt nicht gäbe, dann könntest du jetzt bei deiner Mutter sein.“

Franz war betroffen und ging weg. Nach einer Weile kam er zurück und sagte leise: „Sie haben recht.“

Mit dem Hinweis auf die Mutter ließ sich bei manchen Burschen überhaupt viel erreichen. Es war erstaunlich, wie sehr sie allgemein an ihr hingen und kein Hehl daraus machten – und das in den stürmischen Entwicklungsjahren, wo sich Söhne in ihrem Selbstbehauptungsdrang oft zu den Müttern überheblich, rücksichtslos und frech benehmen. Die Väter hatten jahrelang an der Front gedient, die Mütter waren unterdessen die Hauptstützen der Familie. Was sie ihnen bedeutet hatte, das fühlten sie nun erst recht in der schweren Zeit des Getrenntseins und der Ungewißheit.

Einmal unterhielt sich einer der ältesten Burschen mit einem jüngeren in schlüpfrigen Ausdrücken über die Mädchen. Die Erzieherin rief ihn beiseite und fragte ihn, ob er vor seinen Schwestern auch so reden würde. Er war fast beleidigt.

„Und vor deiner Mutter könntest du dich auch so ausdrücken?“

„Das ganz gewiß nicht“, antwortete der Junge.

„Solche Redensarten erniedrigen deine Mutter und deine Schwestern. Wenn du sie wirklich liebhast, dann sprich niemals in häßlichen Ausdrücken von dem, was sich zwischen Mann und Frau abspielt und woraus neues Leben entsteht!“

Der Bursche wurde nachdenklich: „Jetzt sind Sie uns eine Mutter. Ich werde nicht mehr so reden.“

Der ältere der beiden Siegfrieds, ein schweigsamer Junge mit rundlichem Gesicht, ließ sich vom „Revolverfieber“ nicht anstecken. Das hatte seine Bewandtnis, wie die Lehrerinnen mit der Zeit von ihm erfuhren. Die Waffen erinnerten ihn zu sehr an ein für ihn schicksalhaftes Ereignis. Er nahm auch an den gemeinsamen Spielen nicht teil und fügte sich den Hausregeln nur, insofern kein Ausweichen möglich war. Er stammte aus Bautzen in der Oberlausitz. Auf der Flucht vor der Front kamen Mutter und Kinder bis Litoměřice. Bei Kriegsende wurde er sofort von ihnen getrennt und landete direkt in der Festung Theresienstadt.

Die deutsche Heimärztin spürte, daß ihn innerlich etwas bedrückte, daß er beim Erzählen etwas verheimlicht hatte. Sie erwies ihm kleine Aufmerksamkeiten, um sein Zutrauen zu gewinnen. Einmal sprang er plötzlich auf und teilte ihr schroff die ganze Wahrheit mit: „Ich verdiene Ihre Freundschaft nicht – mein Schicksal habe ich selbst verschuldet. Als Leiter einer Abteilung der Hitlerjugend besaß ich eine Pistole. Ich habe dem tschechischen Befehl, alle Waffen abzugeben, nicht Folge geleistet. Die Mutter flehte, ich sollte sie auf den Rücktransport nicht mitnehmen; aber ich glaubte, mit Hilfe der Pistole könnte ich die Familie besser verteidigen. Die Waffe wurde entdeckt – und die Mutter mußte mit den Schwestern ohne Schutz weiterwandern.“

Die Ärztin spürte, daß ihm bei dem Erzählten bange war. „So, und nun werden Sie mich nicht mehr gern haben.“ Das Eis war gebrochen. Als Siegfried erkannte, daß sogar die Lehrerinnen zu ihm gleich freundlich blieben, überwand auch er seinen Trotz gegenüber allem, was tschechisch war.

Einige Wochen später, als ihn das Ereignis mit der Pistole nicht mehr so belastete, traf ihn wie ein Blitz aus heiterem Himmel eine Vorladung zu unserem Bezirksgericht.

Seine alten Befürchtungen kamen von neuem auf. Aber die „kleine Lehrerin" übernahm aus eigenem Antrieb seine Verteidigung, und er wurde dank ihres guten Zeugnisses zu nur fünf Tagen Gefängnis auf Bewährung verurteilt.

*

Die drei Burschen, die probeweise im Štiříner Schloß geblieben waren, hielten sich dort auch gut, freilich eher aus Angst vor der Rückversetzung in die Festung. Sie sehnten sich nach ihren Kameraden, die schon in Kamenice waren. Von Zeit zu Zeit konnten sie mit ihnen zusammenkommen, nämlich bei gutem Wetter, wenn größere Jungen aus Kamenice nach Štiřín kamen, um bei Arbeiten im großen Park und im Gemüsegarten zu helfen. Sie gingen gern dahin; es war eine muntere, gute Arbeit mit dem jungen Lehrer Toník und dem deutschen Ingenieur S.[25], der als einzige männliche internierte Hilfskraft in den Heimen beschäftigt war. Endlich konnten sie wieder einmal mit einem Landsmann sprechen! Außerdem bedachte sie die tschechische Köchin in Štiřín öfters zur Belohnung für ihren

[25] Die Frau von Ingenieur S. war mit ihren drei kleinen Kindern schon als Hilfsköchin in Olešovice eingesetzt worden, als sie von tschechischen Freunden erfahren hatte, daß ihr Mann im Gefängnis von Ruzyně bei Prag am Verhungern wäre. Direktor Pitter beschaffte sich gute Zeugnisse von Tschechen über ihn; es gelang, ihn als Gartenarbeiter für Štiřín zu bekommen. Sein Aussehen erschreckte Pitter, als er ihn in Ruzyně abholte. Aber Ingenieur S. erholte sich während der Wintermonate, und im Frühjahr war ein kräftiger und fleißiger Gärtner aus ihm geworden.

Noch nach 40 Jahren – er ist 1987 verstorben – beschreibt er in seinen Briefen, wie gern er mit den Jungen arbeitete und wie unser Dr. Vogl – der Rückkehrer aus deutschen Konzentrationslagern – ihn bei der ungewohnten Arbeit einmal aufmunterte: „Was ich als Arzt mit den Medikamenten der UNRRA nicht erreicht habe, das ist ihnen als Gärtner gelungen. Erst ihr frisches Gemüse hat unsere Kinder vom Impetigo, der lästigen ansteckenden Hautkrankheit, befreit."

Fleiß mit einem guten Bissen. Sie hatte reichere Möglichkeiten und weniger Hungrige zu sättigen, als ihre Kollegin in Kamenice.

Bei diesen Gelegenheiten hörten die drei Štiříner Rebellen begeisterte Schilderungen ihrer Kameraden von dem guten Zusammenleben in Kamenice, von den lustigen Abenden und den freundlichen Lehrerinnen. Wie konnten sich die drei da nicht sehnen, auch dorthin übersiedeln zu dürfen!

Ihr Wunsch erfüllte sich nach einigen Wochen. Von den dreien blieb jedoch nur Viktor eine beachtliche Zeit. Erwin stammte aus dem Sudetenland, nicht aus dem Reich wie die anderen zwei. Seine Eltern waren noch nicht ausgesiedelt worden. Lehrer Toník begleitete ihn nach Hause. Der dritte, Manfred, hatte das Glück, daß Freund Krch in den amtlichen Aufzeichnungen genaue Angaben über den Aufenthalt seiner Mutter feststellen konnte, von der auch er seinerzeit im Pankrácer Gefängnis getrennt worden war. Manfred erhielt bald darauf Nachricht von ihr aus dem nahen Sammellager Prosečnice. Eine der Lehrerinnen begleitete ihn zu Fuß dorthin, und so konnte er in Begleitung seiner Mutter mit einem Transport in die rheinische Heimat zurückreisen.

Viktor, der letzte und einer der Aktivsten unter den Rebellen, war nun in Kamenice unter denen, die sich akklimatisiert hatten, die einzusehen begannen, daß es auch eine andere und bessere Welt gab, als die ihnen von Hitler präsentierte. Aber Viktor hatte durchaus nicht im Sinn, sich auch so anzupassen und innerlich umzulernen. Nach außen mußte er zwar schweigen, aber irgendwie mußte er seiner Gesinnung vor sich selbst Ausdruck geben. So verfertigte er sich einen Stock, den er mit eingeschnitzten Hakenkreuzen und dem SS-Wahlspruch „Meine Ehre heißt Treue“ verzierte. Die „große Lehrerin“ entdeckte den Stock. Sie vernichtete ihn jedoch nicht, um sich dem Burschen nicht noch mehr zu entfremden, denn sie ahnte, was diese Symbole für ihn bedeuteten. Sie wollte ihn dazu führen, selbst zu begreifen, daß er irregeleitet worden war. Sie sagte Viktor nur, sie wolle den Stock vorläufig für ihn aufheben.

Das erste Fünkchen Vertrauen zu uns wurde in Viktor geweckt, als wir ihm sagen konnten, daß wir seine Mutter in einem Lager auf dem Lande aufgefunden hatten. Bald danach bekam er den ersten Brief von ihr.

*

Die Erzieherinnen hatten schon öfters bemerkt, daß einige Jungen rauchten. Sie bemühten sich herauszufinden, woher sie die Zigaretten bekamen, um die Quelle zu verstopfen. Sie erklärten den Jungen, wie schädlich das Rauchen sei, und einige versprachen wirklich, nicht mehr zu rauchen. Sie hielten auch ihr Versprechen. Andere unterlagen ihrem Drang immer wieder. Sie hatten das Rauchen in Theresienstadt gelernt; die Russen hatten ihnen Zigaretten gegeben, wenn sie sie als Arbeitskräfte beschäftigten.

Eines schönen Tages, im Frühjahr 1946, hatten sieben der kräftigsten Jungen im Kamenicer Park Aufräumungsarbeiten zu besorgen, am südlichen Ende, wo der Park in Wald übergeht. Sie beeilten sich mit der Arbeit und so konnten sie vor Tisch noch eine Weile in der Sonne sitzen. Gleich kam auch einer auf die Idee, daß sie sich eine Zigarette anstecken könnten; heimlich beschaffter Tabak, Papierchen und Streichhölzer waren zur Hand, und Zigaretten drehen hatten sie längst gelernt. Ein Nichtraucher mußte Wache stehen, damit sie nicht ertappt würden. „Hier werden keine Spürnasen den verräterischen Rauch merken, so daß es wieder eine Strafpredigt gibt", bemerkte einer. Also genossen sie das verbotene Vergnügen, ohne darauf zu achten, wohin sie die Streichhölzer warfen. Daß das noch vom Winter dürre Gras Feuer fing, merkten sie erst, als die Flammen schon hochschlugen. Erschreckt versuchten sie, das Feuer auszutreten, aber schon hatte sich der Brand im Nu verbreitet. Es nützte nichts, daß sie mit Schaufeln und Zweigen das Feuer zu ersticken suchten, daß sie Kameraden aus dem Schloß heimlich zu Hilfe holten – alles vergeblich. Das Feuer breitete sich am Waldrand aus.

Es wurde von unten in der ehemals Ringhofferschen Kupferschmiede bemerkt. Die Arbeiter kamen herbeigeeilt, um beim Löschen zu helfen. Die Luft war glühend, der Rauch beizte zum Ersticken. Die jungen Brandstifter löschten verzweifelt, besonders Viktor. Er eilte aufgeregt überall hin, wo die Flammen am Boden unbemerkt weiter krochen, von neuem aufloderten und auf den jenseits des schmalen Weges sich hinziehenden Hochwald überzuspringen drohten. Beschämung, Angst, Wut und die Vorstellung einer Gefängnisstrafe erfüllten ihn. Plötzlich brach er zusammen. Zwei Kameraden trugen ihn beiseite. Als er wieder zu Bewußtsein kam, zitterte er am ganzen Leib. Erst als er erfuhr, daß das Feuer bewältigt sei, wurde ihm wieder wohler.

In der Umgebung des Schlosses hatte sich gleich die Nachricht verbreitet, daß „die Hitlerjungen den Wald in Brand gesteckt hätten“. Die Ortspolizei kam herbei, offensichtlich froh, endlich einen Grund zu haben, sich des verhaßten „Hitlergesindels“ entledigen zu können. Es gab ein Verhör im Schloß mit allen Zeugen der Raucherpartie.

„Ins Gefängnis mit euch, ihr Lumpenpack Hitlers!“ schrie einer der Gendarmen. Der Heimverwalter erklärte dazu: „Wenn sich die Täter nicht melden, werdet ihr alle zusammen nach Theresienstadt zurückgeschickt.“

Keiner verriet jemanden. Darauf meldeten sich Viktor und sein Freund Franz. Die Gendarmen hätten sie sehr wahrscheinlich gleich mitgenommen, wenn nicht die Lehrerinnen Einspruch erhoben hätten: „Alle Schloßheime unterliegen der obersten Verwaltung des Sozialministeriums. Es ist daher Sache des Direktors, in dieser Angelegenheit zu ermitteln und die Schuldigen zu bestrafen.“ So begnügten sich die Polizisten damit, ein Protokoll zu schreiben und zogen ab.

*

Direktor Pitter war eben aus England zurückgekehrt[26], aber es dauerte einige Tage, bis er Kamenice besuchen konnte. Unterdessen herrschte im Heim eine düstere Stimmung. In Gedanken nahmen Viktor und Franz schon Abschied vom gastlichen Schloß und seiner freundlichen Gesellschaft. Sie waren ihnen schon etwas ans Herz gewachsen. Mit hartnäckigem Schweigen erwarteten sie das Urteil, dessen Berechtigung sie anerkannten.

Der Direktor stellte ein neues Verhör an. Zuerst vernahm er die Lehrerinnen, die sich für eine „christliche Strafe" aussprachen, und auch den Heimverwalter. Dann wurden die beiden Schuldigen gerufen. Sie kamen mit einem deutlichen Ausdruck von Resignation herein. Diesmal konnte man keine Spur von Trotz bei ihnen erkennen, wie etwa damals nach dem Aufstand in Štiřín.

Nach langem Schweigen begann Pitter mit ruhiger Stimme: „Ihr wißt ja, auf welchen Widerstand unser Bemühen, der deutschen Jugend zu helfen, vielerorts stößt. Durch das, was ihr mit eurem Ungehorsam angestellt habt, habt ihr nicht nur uns, sondern alle deutschen Kinder in unseren Heimen in Gefahr gebracht. Es geht jetzt eigentlich um unseren Fortbestand. Ist euch das klar?"

„Ja", antwortete Viktor entschieden, auch für den Freund sprechend, „und wir bedauern es."

„Jetzt versetzt euch einen Augenblick in meine Lage! Stellt euch vor, ihr wäret Direktor von Heimen, in denen ihr, trotz vieler Schwierigkeiten und Hindernisse, Kinder der Feinde beschützt und für sie sorgt. ... Und nun passiert es, daß eure ältesten Schützlinge, von denen ihr mit Recht ein gewisses Verständnis für diese schwere Aufgabe erwarten könnt, daß gerade diese Schützlinge durch ihren Ungehorsam die Bevölkerung noch mehr aufstacheln. Was würdet ihr an meiner Stelle, als Direktor des Heimes, mit solchen Burschen tun? Wie würdet ihr die Schuldigen bestrafen?"

[26] Leider unverrichteter Dinge, weil deutsche Flüchtlinge aus Polen das große Lager in der britischen Zone, das für die Prager Lagerinsassen vorgesehen war, inzwischen besetzt hatten.

Viktor mußte sich nicht lange besinnen, es war ja selbstverständlich: „Wir würden sie in die Festung zurückschicken!“

„Ihr seid also einverstanden, daß ich euch nach Theresienstadt zurückschicke und haltet diese Strafe für gerecht?“

„Ja“, beteuerte wieder Viktor.

„Und du, Franz?“

„Ja“, antwortete auch er mit traurigem Blick.

„Es gilt also die Strafe, die ihr euch selbst auferlegt habt! Aber – weil ihr euch selbst als schuldig bekannt habt und die Tat bereut, wird die Strafe nur bedingt über euch verhängt. Das bedeutet: Ihr müßt den verursachten Schaden durch Arbeit gutmachen, und während der ganzen Zeit, die ihr hier bleibt, dürft ihr euch nichts zuschulden kommen lassen. – Abtreten!“ Sie konnten es kaum fassen. So etwas hatte keiner der Hitlerjungen erwartet! Es folgte unvorstellbare Erleichterung und Freude, auch im ganzen Heim. Der Lehrer Toník, der sich schon bei den jetzt abgereisten jüdischen Jungen bewährt hatte, verhandelte mit der Forstverwaltung, daß die zwei so lange in der Baumschule arbeiten würden, bis der Schaden ausgeglichen wäre. Mehrere Kameraden baten, bei der Arbeit helfen zu dürfen, da die zwei vielleicht allein vor dem nächsten Transport den Schaden nicht gutmachen könnten und hier bleiben müßten.

So zog Toník jeden Morgen mit einer Schar „Hitlerjungen“ in den Wald, arbeitete mit ihnen zusammen und kehrte am Abend mit ihnen zurück. Es dauerte nicht sehr lange, so konnte Toník melden, daß die Summe der erarbeiteten Stunden schon die Schadensvergütung überschritten hatte. Den Jungen hatte die Waldarbeit so gut gefallen, daß Toník den Direktor in ihrem Namen um Erlaubnis bat, damit fortfahren zu dürfen. Das wurde bewilligt – aber wer nicht einverstanden war, das war der Förster.

„Wissen Sie, ich würde die Burschen gern weiter beschäftigen, aber die anderen Waldarbeiter(innen) wollen nicht mit ihnen zusammen werken.“

„Ich habe nicht bemerkt“, wandte der erstaunte Lehrer ein „daß jemand Abneigung gegen die deutschen Jungen gezeigt hätte. Sie unterhielten sich mit ihnen so gut es ging, und machten auch mal einen Spaß mit ihnen, und was die Arbeit anbelangt ..."

„Eben, da liegt es gerade", unterbrach ihn der Förster. „Sie reißen sorgsam alles Unkraut aus und arbeiten ohne Unterlaß den ganzen Tag. Meine Leute sehen das nicht gern – da müßten sie auch so ordentlich arbeiten! Da würde ich für die nächste Saison keinen Menschen für diesen Job kriegen!" Die für den abgebrannten Jungwald angesetzte Schuld war nicht bedeutend, und ein neuer Holzzaun für den zerstörten war auch billig beschafft. So blieben den Jungen von dem verdienten Lohn noch ein paar hundert Kronen. Was sollte damit geschehen? Sie beschlossen, den Restbetrag den Arbeitern der Kupferschmiede für den sozialen Fonds des Betriebs zu stiften – als Dank für ihre Hilfe beim Löschen des Brandes.

Seit dieser Zeit war auch bei den unzugänglichsten der „Hitlerjungen" alles Mißtrauen verschwunden. Sie waren dankbar, vor der Ausweisung aus Kamenice bewahrt geblieben zu sein und sahen erst jetzt richtig ein, wie gut es ihnen im Schloß ging. Daß der Direktor ihnen verziehen hatte, war für sie ein erschütterndes Erlebnis gewesen. Die Hitlererziehung kannte nur rohe Disziplin. Verzeihung war ihr ein unbekannter Begriff.

Voller Erwartung sahen die Jungen jetzt immer den Besuchen ihres Herrn Direktor entgegen. Mit welcher Begierde waren sie nun bemüht, in den Sinn seiner allsonntäglichen Auslegungen der Lehre Jesu einzudringen. Und er zeigte wieder eine bewundernswerte Gabe, auf undogmatische Weise Gläubige und ganz Unwissende – einige hatten noch nie die biblische Botschaft vernommen – gemeinsam zu fesseln, ältere und jüngere Zöglinge innerlich anzusprechen. Ostern und Pfingsten wurden für die „Hitlerjungen" in der Tat zur geistigen Wiedergeburt. Die Aufführung von Tolstois Erzählung „Wo Liebe ist, da ist Gott" gab ein deutliches Zeugnis davon.[27]

[27] Vgl. Ende des Kap. VII „Zimmer Nr. 2".

Rückreise nach Deutschland

Die Zufriedenheit der Kamenice-Kinder erreichte ihren Höhepunkt, als etwa ein Jahr nach Kriegsende die erste Post aus Deutschland anlangte: Antworten auf ihre durch den amerikanischen „Postmann" gesandten Briefe. Zu den ersten glücklichen Empfängern gehörte Franz. Er strahlte, als er auf dem Umschlag die Schrift seiner Mutter erkannte und dann vernahm, daß sie schon längst samt den Kindern nach Berlin zurückgekehrt und gerade am Tag der Ankunft bei ihren Eltern ein weiteres Brüderchen geboren habe. Alle seien gesund – nur der Vater noch immer verschollen.

Gelegentlich dankte ich in der Kanzlei der UNRRA[28] für die Vermittlung der Kinderbriefe, die unter der Ägide dieser Hilfsorganisation nach Deutschland gelangt waren, und erwähnte, daß nun schon dreizehn weitere Kinder glücklich seien, von ihren Verwandten Nachrichten zu haben. Der Sekretär dachte eine Weile darüber nach und kam zum Schluß: „Diese Kinder sind eigentlich auch DP's [d.h. ‚displaced persons', durch die Nazis aus ihrer Heimat Vertriebene]; ihre Rückbeförderung fällt auch in unsere Kompetenz. Wir werden uns bemühen, sie möglichst bald heimzuführen."

Dieses ganz unerwartete Angebot erfreute uns um so mehr, als unter diesen dreizehn Kindern solche waren, die schwere Krankheiten überstanden hatten, so daß sie die Beschwerden eines normalen Aussiedlungstransports vielleicht nicht überstanden hätten.

Ganz besonders dachten wir an unseren siebzehnjährigen Jochen, der vor kurzem aus Berlin von seinem ihm unbekannten Vater einen Brief erhalten hatte. Wir hatten ihn vor einem Jahr aus dem Lager Hagibor übernehmen können, zusammen mit dem jüngeren, ebenso schweigsamen Herbert. Beide waren so schwach, daß man sie dort nicht als Arbeitskräfte brauchen konnte. Jochen war in einem besonders

[28] United Nations Relief and Rehabilitation Administration

elenden Zustand, nur noch Haut und Knochen. Er hatte die Höllen des Gefängnisses Ruzyň und des Lagers im Stadion erlebt und auch Typhus mit Mühe überstanden. Als Kind geschiedener Eltern hatte er nie die Wärme eines trauten Heimes gekannt und sich in den Nazianstalten stets in sich selbst zurückgezogen. Begierig nahm er in Kamenice alle für ihn ganz neuen Impulse auf. Aber sein körperlicher Zustand verbesserte sich nur sehr langsam, als wenn noch eine Krankheit an ihm nagen würde.

Die anderen Kinder waren außer sich vor Freude, als sie von der neuen Heimkehrmöglichkeit erfuhren. In ihrer großen Sehnsucht nach Familie und Heimat wurde ihnen der Begriff UNRRA zu einem Zauberwort, einem Symbol der Hoffnung.

Nun besuchte ich die Kanzlei dieser internationalen Hilfsorganisation fast jede Woche, um zu erfahren, wie es mit dem versprochenen Heimtransport stehe, und auch um in ihr Verzeichnis die Namen weiterer Kinder eintragen zu lassen, die inzwischen ebenfalls Nachrichten aus dem Westen bekommen hatten.

Bis zum Sommer 1946 warteten diese Kamenicer geduldig auf den versprochenen UNRRA-Transport und trösteten einander mit der Einsicht, daß später noch andere mitfahren könnten, die noch Nachricht von ihrer Familie erhalten würden. Es verging auch keine Woche, ohne daß ein Kind mit der erwarteten Antwort aus Deutschland beglückt wurde.

Einige Kinder erhielten Bewilligungen zur normalen Reise ins Ausland, so zwei Schwestern zur Tante nach London, zwei verwaiste Brüder zur Großmutter nach Polen. Allmählich wurden auch Frauen von Kollaborateuren aus der Internierung entlassen und konnten ihre Kinder übernehmen; sofern sie kein Heim mehr hatten, waren sie froh, als freie Hilfskräfte in unseren Heimen bleiben zu dürfen. Einige Kinder wurden in Heilanstalten oder bei Pflegeeltern untergebracht, andere einzeln in Sammellager zum Abtransport mit ihrer Mutter bestellt. Kurzum, es war ein sehr reger Herbst des Abreisens.

Einer der ersten, der mit der Mutter abreisen konnte, war Viktor, unser großer Oberschlesier. Sie fuhren schon im August in die russische Zone, kurz nach Brigittes Abreise in den Westen.

Vor dem Abschied von Kamenice zeigte ihm die Lehrerin seinen aufbewahrten Stock mit den eingeschnitzten Hakenkreuzen und dem Motto „Meine Ehre heißt Treue". Er war allerdings zerbrochen, denn die deutsche Ärztin hatte ihn beim Aufräumen entdeckt und wollte ihn in ihrer Entrüstung gleich verbrennen. Doch die „große Lehrerin" war dazwischen getreten und hatte ihr seine Geschichte mitgeteilt. Viktor begann nun damit, daß er ihr von seinem Vater erzählte, den er nicht mehr unter den Lebenden glaubte.

„Wissen Sie, Tante Dobra, er hat an Hitlers Sieg geglaubt, weil er seine Sache für gerecht und gut hielt. Das Hakenkreuz ist mir wert, weil mein Vater unter seinem Zeichen in den Tod gegangen ist. Ich kann es nicht verächtlich abtun, auch wenn er sich geirrt hat und einer falschen Idee gefolgt ist; er hat immerhin sein Leben dafür geopfert. Was mich anbelangt, ich weiß jetzt, welches der richtige Weg ist. Ich habe ihn hier kennengelernt und werde ihn gehen. Aber ich kann das Zeichen nicht schmähen, das meinen verstorbenen Vater geführt hat."

Bei diesen Worten brach er aus den Stücken des Stocks das Hakenkreuz mit dem eingeritzten Losungswort ab und gab es der Lehrerin zum Andenken, wobei er Abschiedstränen überwinden mußte und bemüht war, sich zu beherrschen.

Für die Erzieherin war die kleine Begebenheit ein lebendiges Beispiel dafür, welch' große Macht geliebte Tote über die Lebenden noch ausüben, und was für eine schwierige Aufgabe es ist, mit der deutschen Jugend von der Vergangenheit zu sprechen. Nur mit Liebe ist es möglich – ohne die Irregeführten zu erniedrigen und zu beschämen.

*

Während der Wartezeit wurden im Kamenicer Heim auch Diskussionsabende für die Jugendlichen durchgeführt. Die

Jungen hatten das Bedürfnis, über die ihnen früher eingeprägten Schlagworte – Kameradschaft, Treue, Wahrhaftigkeit und derlei mehr – Klarheit zu bekommen.

Anläßlich des Hus-Feiertags am 6. Juli, dem Tag, an welchem der tschechische Verfechter der Wahrheit auf dem Scheiterhaufen von Konstanz den Feuertod erlitten hatte, schilderte ihnen Direktor Pitter die geistige und menschliche Bedeutung dieses Glaubensmärtyrers mit Nachdruck. Beim nächsten Ausspracheabend überraschten ihn die Jungen mit der Frage: „Was denken Sie über die Schuld Deutschlands?"

Der Befragte lehnte es zuerst ab, sich über diese Frage zu äußern; es stehe ihm als Tschechen nicht zu, über die Schuld eines andern Volkes zu urteilen, man könnte es als antideutsche Propaganda auslegen.

Die Jungen jedoch bestanden auf ihrem Anliegen und riefen: „Wir nicht, wir glauben Ihnen!"

„Wir wollen Ihre Ansicht kennen!"

So begann denn Pitter mit der Schilderung dessen, was er damals in Theresienstadt gesehen hatte, als er zum erstenmal dorthin gefahren war, um jüdische Kinder abzuholen:

„Da lagen etwa ein Dutzend Jungen eures Alters, dicht nebeneinander auf dem bloßen Fußboden, schmutzig, voller Beulen, bis auf die Knochen abgemagert und mit vor Unterernährung aufgetriebenem Leib, für weiteren Transport ganz unfähig. Waren das die Feinde Deutschlands, die ausgerottet werden sollten? Wehe den Menschen, wehe der Nation, die sich an Kindern versündigt! Kein Volk ist dazu bestimmt, über andere zu herrschen und Schrecken um sich zu verbreiten. Das gilt ebenso für Einzelmenschen. Alle sollen einander helfen. Jede Lehre, die auf die Vergötterung eines Menschen, eines Volkes oder Staates zielt, ist eine teuflische Lehre und führt mit Notwendigkeit ins Verderben. Nicht nur das deutsche Volk hat sich solchem Götzendienst ergeben; aber im deutschen Nationalsozialismus hat dieses moderne Heidentum seinen dämonischen Höhepunkt erreicht.

Auch in meinem Volk hat sich dieses Gift verbreitet, obwohl sich die Tschechen gern auf das große Vermächtnis von Hus, Comenius und Masaryk berufen. Die Irrlehre hat auch hier die Seelen vergiftet und trägt schlimme Früchte. Ihr habt es leider selbst erfahren müssen. Ich bin nicht berufen, andere Völker zu tadeln und zu verurteilen. Solange nicht jedes Volk seine eigene Schuld einsieht und bereut, solange gibt es keine Hoffnung für eine bessere Zukunft. Vor Gott sind wir alle Sünder. Alle sind wir auf die göttliche Vergebung angewiesen. Aber Gott vergibt uns nicht, wenn wir uns gegenseitig nicht vergeben und uns nicht bemühen, einander zu helfen.

Darum tut es Not, unter alles, was geschehen ist, einen Strich zu ziehen und neu anzufangen – mit demütigem Sinn und liebevollem Herzen. Ich hier, ihr in Deutschland. So werden wir Brücken bauen über dem Abgrund, der unsere Völker trennt. Wir müssen einander über die Grenzen hinweg die Hände reichen und eine brüderliche Gemeinschaft bilden."

Die Antwort der Jungen war ein spontanes, echtes Versprechen für die Zukunft.

*

Die gesunden der größeren Jungen gingen nun fast täglich nach Olešovice zur Arbeit beim Umbau des Schlößchens in ein zweckmäßig eingerichtetes, modernes Kinderheim. Freilich vermißten sie jetzt die Begleitung von „Onkel Toník", des jungen Lehrers mit seinem munteren, die Arbeitsfreude weckenden Wesen. Sie arbeiteten zwar auch allein tüchtig, aber ihre Gedanken schweiften manchmal umher.

Einmal unterlagen sie dort einer Versuchung. In einem verschlossenen Glasschrank entdeckten sie Schokolade, die für die Olešovicer Kinder bestimmt war. Den Schrank zu öffnen war kein Problem, derlei hatten sie in Theresienstadt gelernt. Also teilten sie sich die Schokolade in der Überzeugung, daß man die Schuldigen nicht entdecken würde. Die empörte Stimme des Doktors, der sie überführen wollte, entlockte ihnen kein Geständnis. Als aber „zu

Hause“ in Kamenice die enttäuschten Erzieherinnen ihnen liebevoll ins Gewissen redeten, hielten sie es nicht mehr aus. Tapfer nahmen sie auch die gerechte Strafe auf sich, auf den eigenen kleinen Schokoladenanteil solange zu verzichten, bis das Entwendete ersetzt wäre.

Franz war der älteste der Diebe gewesen, und die „kleine Lehrerin“ versuchte, ihm in einem besonderen Gespräch beizubringen, was Ehrlichkeit bedeutet!

„Ich weiß wohl, Tante Mája, welches der richtige Weg ist, und ich will ihn auch gehen. Bloß manchmal mache ich einen kleinen Abstecher nach rechts oder links – wissen Sie: bloß so einen kleinen Seitensprung“, und dabei zeichnete er das anschaulich mit einem Stecken in den Sand.

Obwohl er sich allerhand Vergehen schuldig machte, hatte er doch ein empfindliches Gewissen. Einmal meinte er: „In die Sonntagsandachten gehe ich nicht gern, weil der Herr Direktor jedes Mal über mich redet!“ So schien es ihm, weil er sich bei allerlei Beispielen aus dem Leben betroffen fühlte. „Aber“, fügte er hinzu, „jetzt hab ich es schon raus, so ein Gesicht zu machen, als ob mich das gar nichts anginge!“ In Wirklichkeit berührte ihn alles tief, was er da zu hören bekam, wie es überhaupt bei den meisten Jungen und Mädchen der Fall war.

So kam eines Tages Waldemar nach der sonntäglichen Andacht zu einer Erzieherin und bat um ein persönliches Gespräch – er möchte uns etwas sagen. Er gestand, ganz aus freien Stücken, daß er in Theresienstadt sein Geburtsjahr falsch angegeben habe – aus triftigen Gründen! – um nicht unter die für schwere Arbeit bestimmten Jugendlichen eingereiht zu werden. Uns gegenüber wollte er dies nicht mehr aufrecht erhalten. Es sollte keine Lüge zwischen uns stehen, meinte er. Wahrscheinlich war er nicht der einzige, der in Theresienstadt so geschwindelt hatte.

*

Indessen wuchs die Zahl der Kinder an, die ungeduldig auf die Heimreise mit der UNRRA warteten. Es waren schon dreißig, die auf dieses Versprechen bauten. Der in Deutschland verzweigte Kindersuchdienst des Roten Kreuzes hatte auch den Eltern beim Forschen nach ihren verlorenen Kindern geholfen. Überall waren jetzt die Namensverzeichnisse, die wir schon Anfang des Jahres verschickt hatten. Auch so sind manche Kinder und Eltern in Verbindung gekommen.

Oft besuchte ich damals die Kanzlei der UNRRA und mußte nachher den fragenden Schützlingen immer wieder berichten, daß mit der Reise noch nicht alles geregelt sei. Ihre Unzufriedenheit mit den wiederholten Verschiebungen erhob sich manchmal wie ein Sturm, besonders wenn jemand einen Brief bekommen hatte, in dem die Eltern berichteten, daß es ihnen schon gut gehe und daß sie nur noch auf ein baldiges Wiedersehen warteten.

Weit häufiger allerdings sprachen die Nachrichten davon, wie anstrengend es sei, den allerdringendsten Lebensbedarf aufzutreiben, daß die nötigsten Dinge fehlten, wie Nadeln, Garn, Papier – von Wäsche, Kleidern, Schuhen ganz zu schweigen. Manche Mütter schrieben ausführlich von solchen Dingen, wahrscheinlich in der Hoffnung, daß es den Kindern glücken würde, irgendetwas mitzubringen. Solche Nachrichten mäßigten einigermaßen die Ungeduld der wartenden Jugend. Sie lernten daraus, es mehr zu schätzen, daß sie alles hatten, was sie zum Leben brauchten.

Franz gehörte zu denen, die sehr begierig jedem unserer Besuche in Kamenice entgegensahen, ob wir nicht endlich eine gute Nachricht über den UNRRA-Transport mitbrächten. Er hatte große Sorgen um die Familie – wie sollte die Mutter mit den sechs Kindern allem genügen? Er, jetzt der siebente, fühlte als ältester Sohn die Verpflichtung, den Vater zu ersetzen. Seine Briefe nach Hause zeugten von lebendigem Verantwortungsgefühl. Den Geschwistern schrieb er, wie froh sie sein müßten, daß sie die Schule besuchen dürften und wie er selbst es bedaure, so viel zu versäumen. Die Mutter wiederum tröstete er damit, wie gut es sei, daß er einstweilen noch in Kamenice bleiben dürfe, daß er sich hier alles Schlechte abgewöhne, auch das Rauchen.

Endlich konnte ich mit einer guten Nachricht nach Kamenice fahren – es war am 28. September 1946, dem Tag des Heiligen Wenzel (bei den Tschechen ein allgemeiner Feiertag): In drei Tagen sollte der erwartete Transport der UNRRA fahren, mit allen Kindern, die schriftliche Nachricht von ihren Verwandten in Deutschland hatten.

Gleichzeitig erhielten wir eine Verfügung unseres Fürsorgeministeriums, daß wir alle übrigen verlassenen deutschen Kinder ins Sammellager Polepy bei Litoměřice einliefern müßten, von wo sie einem Kindertransport in die russische Besatzungszone Deutschlands angeschlossen würden.

Im Kamenicer Schloß begann ein fieberhaftes Treiben: Für alle mußten noch Wäsche gewaschen und Säcke für das Gepäck genäht werden. In allen Zimmern wurde emsig gepackt und das Gepäck genau bezeichnet. Nur die Kinder aus national gemischten Ehen und die, deren Herkunft noch ungeklärt war, gingen wie gewöhnlich zur Schule. Bei Beginn des Schuljahres im Herbst 1946 waren noch über fünfzig solcher schulpflichtiger Kinder in Kamenice, die nun die nahegelegene Volksschule besuchen durften.

Nur am Sonntagnachmittag gab es in all dem geschäftigen Treiben eine Pause: Die Kinder wurden alle zu einer letzten Versammlung eingeladen, die diesmal ganz in deutscher Sprache gehalten wurde. Sie sangen noch einmal mit Schwung die ihnen liebgewordenen Lieder „Herz, laß dein Sorgen sein ...“ und „Herz und Herz vereint zusammen“, „Kein schöner Land in dieser Zeit“ [mit einer zugedichteten Strophe über Kamenice!] und andere mehr. Onkel Pitter und Tante Mája [Štěrbová], auch im Namen von Tante Dobruše [Štěpánková], hielten dazwischen kurze Abschiedsansprachen, zu Herzen gehende Worte.

Am Montag durfte Franz noch mit Tante Mája nach Prag fahren, um für sich und einige Kameraden Einkäufe zu besorgen. Sie hatten für Hilfsarbeiten in Olešovice ordentlichen Lohn erhalten. Franz wählte mit Bedacht aus, kaufte auch einen Koffer und – für ihn die Hauptsache – notwendige Kleidungsstücke für seine sechs Geschwister.

Aber abends bei der Rückkehr nach Kamenice erwartete sie eine große Enttäuschung! Die UNRRA mußte den versprochenen Transport absagen und gab den Rat, alle Kinder, deren Angehörige in der Ostzone seien, sofort noch dem großen Transport aus Polepy anzuschließen. Die Berliner und diejenigen für die Westzonen würden jedoch von der UNRRA bald heimgebracht. Über dieses erneute Versprechen waren wir sehr froh, hauptsächlich wegen des kranken Jochen. Wir rechneten damit, daß sich Franz auf der Reise nach Berlin seiner annehmen werde.

*

So herrschte doch weiterhin Zuversicht auf eine baldige Abreise dieser Kinder; der Sekretär der UNRRA wartete nur noch auf ein Telegramm aus Berlin.

Aber es sollte nicht dazu kommen. Das Telegramm traf nicht ein; der Sekretär, der unsere Transportangelegenheiten in den Händen hatte, wurde in ein anderes Land versetzt! Seine Nachfolgerin in Prag überprüfte die ganze Angelegenheit. Nach einer weiteren Woche teilte sie uns mit: Die UNRRA hat überhaupt keine Möglichkeit, den Transport unserer Kinder zu übernehmen! Immerhin das Versprechen, sie würden sich weiter um die Rückreise der Berliner bemühen.

Das waren für die Wartenden große Geduldsproben. Wie gut, daß sich einige der Größeren schon entschlossen hatten, mit einem normalen Transport in die Ostzone zu fahren.

Nachdem sich die schwer enttäuschten Gemüter langsam beruhigt hatten, fiel einigen ein, daß bei der Abschiedsversammlung am Sonntag etwas versäumt worden war. Marianne und Franz verfaßten eine aufrichtig empfundene Dankesansprache. Diesmal versammelten sich nur die Wartenden im Zimmer des kranken Jochen, dessen Gesundheitszustand sich inzwischen verschlimmert hatte. Wir saßen im Kreis um Jochens Bett, als uns die jetzt dreizehnjährige Ilse den Text gefühl- und würdevoll vorlas. Zum Gedenken hatten sie ihn für uns auch schön abgeschrieben und mit zwölf Unterschriften versehen. Der letzte Absatz lautet: „Daß wir jetzt nicht mehr die Sklaven unseres Hasses sind und frei in die Heimat fahren können, das verdanken wir nur Ihrer Liebe. Auch in der Heimat wollen wir stets mit großer Dankbarkeit an Sie denken und nach besten Kräften beim Bau der Brücke mithelfen, die eine Verbindung zwischen den Völkern schaffen soll. Ihre Kinder“

*

Jochens Zustand verschlimmerte sich weiter, obwohl ihn die „große Lehrerin“ wiederholt zu fachärztlichen Untersuchungen nach Prag begleitet hatte. Außer dem Beinknochenleiden wurden auch Lungendefekte festgestellt. Er war schon zu schwach, um mit Stützen zu stehen. An seine Teilnahme an einem Transport der UNRRA war nicht zu denken.

Da überraschte uns alle ein Brief aus Südafrika von seiner Mutter! Er kannte sie nicht mehr, denn als erstes Kind war er ihr buchstäblich aus dem Kinderwagen geraubt worden, und sie hatte sechzehn Jahre lang nichts über ihn ausfindig machen können. Als sie jetzt von Jochens Zustand erfuhr, entschloß sie sich, herzufliegen, um ihn in ein Schweizer Sanatorium zu bringen.

Auf Jochens Wunsch wurden in seinem Zimmer Bibellesungen gehalten – für ihn, der vor Kamenice nie von Jesus gehört hatte! Bald jedoch durften ihn keine Kinder mehr besuchen. Die treue „große Lehrerin“ teilte seine Isolation und pflegte ihn mit Liebe. Onkel Pitter besuchte ihn jetzt öfters, um ihn in seinem Glauben zu stärken. Der gute Jochen entschlief sanft am Sonntagmorgen, dem 12. Januar 1947, im Alter von beinahe achtzehn Jahren.

Wegen Paß- und Verkehrsschwierigkeiten konnte seine Mutter erst drei Tage später aus Holland in Kamenice ankommen. Groß und Klein empfingen sie mit liebender Teilnahme. Jochens leibliche Hülle wurde im Krematorium von Prag-Strašnice eingeäschert. Pfarrer Jan Kučera, der zweimal zur Kamenicer Jugend gesprochen hatte, gab ihm das Geleitwort. Marianne und Ilse vertraten die abwesenden Kameraden.

Da bin ich aber mit meinen Aufzeichnungen voraus geeilt. Zurück zu den immer noch wartenden Kindern!

Für die größeren unter ihnen hatten die mehrmaligen Verschiebungen der Abreise auch ihre gute Seite. Sie konnten dadurch noch ein für sie bedeutungsvolles Ereignis miterleben:

Im November rückte ein großes schweizerisches Lastauto mit vier freiwilligen Mitarbeitern des Internationalen Zivildienstes (SCI)[29] in Olešovice ein. Přemysl Pitter hatte schon vor dem Krieg mit dieser fortschrittlichen Bewegung gearbeitet; so waren sie bereitwillig auf seine Bitte eingegangen, nach ihrer Hauptarbeit auch noch mit Tischler- und anderen Handwerkerarbeiten in Olešovice zu helfen. Sie hatten vorher den ganzen Sommer freiwillig bei der Instandsetzung des vom Krieg mitgenommenen Dorfes Štítina bei Trutnov (dt. Trautenau) gearbeitet.

Das Kamenicer Heim hatten sie schon vorher einmal kurz besucht und die Herzen der ganzen Gemeinschaft durch ihr brüderlich-kameradschaftliches Verhalten gewonnen. Alle Kinder hatten überdies gute Erinnerungen an neue Kisten aus Zürich, aus denen schöne Sachen herauskamen, die gerade am meisten gebraucht wurden: ungeflickte duftende Bettwäsche, schöne Kleidungsstücke und solide Schuhe. So groß war im Frühjahr die Freude gewesen, wieder einmal Neues zu tragen, daß sie sich in kindlichen Gedichten äußerte. Ralph Hegenauer, der damalige Sekretär vom Schweizer Zweig des SCI, war nämlich schon vor Weihnachten der erste Ausländer gewesen, der unsere Kinderheime besucht – und ihre Not erkannt hatte.

Kein Wunder also, daß die größeren Jungen gleich baten, jetzt mit den Schweizern und ihrem englischen Kameraden Hugh arbeiten zu dürfen. Leider waren Franz und Bruno noch die einzigen, deren Kräfte genügten. Wie wurden sie von den jüngeren oder kränklichen dafür beneidet! Die Schweizer waren mit den beiden sehr zufrieden. In

[29] Der von Pierre Cérésole gegründete „Service Civil International", nicht zu verwechseln mit dem heutigen Zivilschutz!

Anerkennung für ihre tüchtige Arbeit erhielten sie vom Leiter des Teams das Friedensdienst-Abzeichen, das nur für diejenigen bestimmt ist, die als Freiwillige gute Arbeit geleistet haben. Es zeigt einen Spaten mit der Inschrift „Pax" und im Hintergrund ein zerbrochenes Gewehr als Symbol dessen, daß der Träger des Abzeichens nicht beim Kriegshandwerk hilft, sondern beim Aufbau. Franz und Bruno schätzten diese Auszeichnung hoch und bedauerten lebhaft, daß die neuen Freunde nicht länger bleiben konnten. Sie hatten von ihnen auch so viel Interessantes über diesen Friedensdienst gehört: Wie ihre Kameraden in Frankreich, Deutschland und anderswo die Hand anlegten, um die Trümmer der Kriegsverwüstungen zu beseitigen und den Abgrund, den der Krieg zwischen den Völkern aufgerissen hatte, zu überwinden.

*

Wir verfolgten aufmerksam, wann irgendein Transport vorbereitet würde, dem wir die letzte Gruppe unserer reichsdeutschen Kinder angliedern konnten. Anfang Dezember 1946 teilte uns das Innenministerium mit, daß während des Winters die Transporte überhaupt eingestellt würden. Ein harter Schlag!

Am gleichen Tag erhielten wir auch noch von unserem Ministerium der sozialen Fürsorge die Anweisung, daß alle unsere Kinderheime liquidiert würden und daß die verbliebenen deutschen Kinder nicht im neu eingerichteten Heim in Olešovice untergebracht werden dürften. Das hieß, daß wir sie in die üblen Verhältnisse zurückschicken mußten, aus denen wir sie befreit hatten, was ihre Einstellung zum tschechischen Volk erneut trüben würde! Es war uns sehr traurig zumute, denn an das Versprechen der UNRRA glaubten wir nicht mehr.

Zwei Stunden nach diesen Hiobsbotschaften telefonierte Pitter in einer anderen Angelegenheit mit dem Prager Sekretär des Internationalen Roten Kreuzes. Im Lauf des Gesprächs erwähnte der Beamte einen großen Kindertransport, der in zwei Tagen aus dem mährischen Mikulov (dt.

Nikolsburg) in die britische Zone Deutschlands abreisen sollte. Eine gute Gelegenheit für unsere Gruppe! Aber würde es möglich sein, alle notwendigen Formalitäten und Vorbereitungen in so kurzer Zeit zu treffen?

Der Organisator und Leiter dieses Transportes war Captain Preece vom Britischen Roten Kreuz, der sich schon im Sommer in gleicher Weise verdient gemacht hatte, indem er einen Transport verlassener Kinder aus dem böhmischen Polepy zu ihren Eltern nach Westfalen gebracht hatte. Preece war auch Adjutant der Heilsarmee. Pitter rief diese ihm bekannte religiöse Institution sogleich an. Welch' gute Fügung! Der Mann hatte eben seine Reise nach Mikulov im Prager Zentrum seiner Organisation unterbrochen, und wir konnten ihn am gleichen Abend dort sprechen!

Captain Preece hatte von einem Kollegen in Berlin auch schon von unserer Kindergruppe gehört und war sofort bereit, sie in seinem neuen Transport nach Westfalen mitzunehmen und auch die Berliner nach Hause zu befördern. Er hatte uns übrigens rechtzeitig benachrichtigt, aber irgendwie war uns die mündliche Einladung nicht mitgeteilt worden. Er besorgte nun selbst noch die Zustimmung des Innenministeriums und veranlaßte, daß unsere Gruppe in Prag zu seinem Transport stoßen konnte. Pitter mußte nur noch eine besondere Zollabfertigung beim Verkehrsministerium einholen.

Schwester Klara eilte als frohe Vorbotin nach Kamenice. Als ich dann dort wegen einer Autobuspanne gegen 22 Uhr am Vorabend der Abreise ankam, waren alle Kinder noch auf, vom Reisefieber gepackt! Nur die Kleinsten lagen in ihren Bettchen; sie waren schon vorher aus den Heimen von Lojovice und Ládví nach Kamenice gebracht worden.

So konnte ich den Abreisenden noch eine kleine Bescherung verteilen – Sachen, die sie zu Weihnachten hätten bekommen sollen: Farbstifte, Kalender, Notizbüchlein, Püppchen, Nähzeug und derlei Kleinigkeiten, so daß sie auch etwas für ihre Geschwister mitbringen konnten.

Den Älteren gab ich noch nähere Anweisungen und Winke für die Reise. Ich mußte ihnen auch meine große Freude über die Begegnung mit Captain Preece ausdrücken und schloß:

„Das ist nicht irgend ein bezahlter Beamter, das ist ein mitfühlender Mensch. Der wird uns gewiß nicht enttäuschen. Nun dürft aber auch ihr seine Erwartungen nicht enttäuschen! Er weiß, daß ihr lange bei uns gewesen seid und erwartet von euch ein entsprechendes Verhalten, daß er mit euch nicht soviel Mühe haben wird wie mit den anderen Kindern, die in allen möglichen Lagern viele Monate ohne Führung verbracht haben. Jetzt werdet ihr zum ersten Mal Gelegenheit haben, eurem Direktor Ehre zu machen.

Franz, du hast dich als tüchtiger Arbeiter verdient gemacht, du sollst nun der Leiter der Gruppe sein. Dir übergebe ich hier ein Verzeichnis aller dreizehn Kinder mit ihren Daten und den genauen Zieladressen – nur für den Fall, daß die amtlichen Schriftstücke irgendwie abhanden kämen. Fertige selbst noch ein genaues Verzeichnis aller Gepäckstücke an, und bemühe dich, für das Wohl deiner Schützlinge so gut zu sorgen, wie wir für euch gesorgt haben."

Der jüngste Mitreisende war der noch nicht zweijährige Achim[30]; er brauchte mütterliche Betreuung.

„Du, Lotte, hast deine jüngere Schwester die ganze Zeit treulich bemuttert und dich überhaupt als umsichtiges und praktisches Mädel erwiesen, nimm Achim in deine besondere Obhut! Deine beiden Schwestern werden sich gewiß gern auch um dein Gepäck kümmern, damit du dich dieser Aufgabe besser widmen kannst."

„Bruno und Herbert, euch haben wir auch als gewissenhafte Jungen kennengelernt. Ihr sollt den gemeinsamen

[30] Achim war eines der letzten zehn Babys, die Schwester Libuše, eine unserer ersten tüchtigen Hausmütter, vor einem Jahr aus dem aufgelösten Säuglingsheim für „Hitlerkinder" von Rumburk nach Olešovice geholt hatte.

Essensvorrat verwalten. Ihr bekommt für drei Tage ausreichend Verpflegung. Verteilt alles gerecht und mit Bedacht!"

Mit Freude versprachen die Beauftragten, ihre Aufgabe gut auszuführen. Am Morgen des 13. Dezembers 1946, genau ein Jahr, nachdem Pitter die Nazikinder aus der Festung Theresienstadt befreit hatte (Franz, Bruno, Hans, Sigrid und die drei Schwestern waren unter ihnen gewesen), nahmen die dreizehn Reisenden Abschied von Kamenice.

Was ging wohl alles durch ihren Sinn, als sie noch einen letzten Blick auf den mit dem ersten Schnee bedeckten Rasen warfen, auf das lieb gewonnene Schloß mit seinen Zinnen, auf die Zurückbleibenden, mit denen sie so lange Freud und Leid geteilt hatten? Aber es ging ja endlich heim! Da blieb nicht viel Zeit zum Nachsinnen. Die „UNRRA" stand schon ratternd vor dem Schloßtor. „Also doch mit der UNRRA?" scherzte einer. Aber nein, das war nur der Spitzname für den alten Kraftwagen, der dem Olešovicer Kinderheim zugeteilt worden war und der auch für die Kamenicer noch allerlei herbeischaffte. Nun brachte er unsere letzten einstigen „Hitlerjungen" zum Wilson-Bahnhof nach Prag.

Die Zollkontrolle verlief glatt. Die Beamten benahmen sich angesichts der verlassenen Kinder hilfreich. Und dann kam der Zug aus Mikulov angefahren. Er hielt nur kurz an. Captain Preece hatte in zwei Waggons 96 Kinder in Begleitung einer militärischen Wache. Unsere Kinder erhielten einen halben Personenwagen zugeteilt, auch mit einer freundlichen Wache. Mit unbeschreiblicher Erleichterung vertrauten wir unsere kleine Kinderschar dem tüchtigen und beherzten Engländer an.

Wir durften sogar noch bis Prag-Smíchov mitfahren und konnten auch die Insassen der beiden anderen Waggons besuchen, unter ihnen viele Behinderte und Kranke. Sie waren schon am Vorabend um 18 Uhr von Mikulov abgefahren und hatten die ganze Nacht in ungeheizten Waggons gefroren. Captain Preece hatte die Heizung ausgeschaltet! Ein Glück, daß unsere bereitwilligen Näherinnen in Kamenice für jedes abreisende Kind noch schnell aus jetzt nicht mehr benötigten Decken einen ordentlichen Schlafsack genäht hatten!

Eines unserer Pflegekinder, den kleinen Klaus, konnten wir im Zug mit seiner älteren Schwester, die aus dem Mikulover Lager kam, zusammenbringen. Er hatte keine Erinnerung an sie, und auch sie erkannte ihn nicht mehr! Sie hatten einander ja zwei Jahre nicht gesehen. Schon während des Krieges waren sie in zwei verschiedenen deutschen Anstalten in Böhmen untergebracht gewesen. Erst vor einigen Wochen hatte die Mutter die erste Nachricht über beide erhalten. Jetzt konnte die Glückliche beide zu Weihnachten zurückbekommen!

*

Für unsere Berliner Kinder sollte die Heimreise nicht so glatt und rasch verlaufen. Sie wurden in Westfalen vorläufig in Heimen des Roten Kreuzes untergebracht, wo sie auf einen Weitertransport in ihre Vaterstadt warten mußten. Franz und Herbert brachten jedoch nicht mehr die Geduld auf, auf die behördliche Genehmigung zu warten, die sie im Rahmen des Personenaustausches zwischen den Zonen nach Hause führen sollte. Sie gingen auf eigene Faust los – über die Zonengrenze. Franz hatte keine Ahnung, daß Captain Preece sofort Pitter benachrichtigt hatte, als Franz ihm gleich nach seiner Heimkehr schrieb: „... Bitte ärgern Sie sich nicht darüber, daß ich schwarz über die Grenze gegangen bin. Ich konnte es nicht mehr aushalten, als ich schon verhältnismäßig nahe zu Hause war. Aber bis nach Bielefeld habe ich Ihre Anweisungen gehorsam befolgt."

Und seine glückliche Mutter schrieb dazu: „Ich bin von Herzen dankbar, daß mein Junge so zurückgekommen ist, wie er ist. Ich weiß aus seinen Erzählungen und aus meinen eignen Erfahrungen während der Internierung, daß er ohne Ihre Hilfe nicht als anständiger und guter Junge zurückgekehrt wäre. Er erzählt, wie Sie in Ihren Ansprachen oft davon gesprochen haben, wie nötig es sei, Brücken zwischen den Völkern zu bauen. Franz verspricht, Ihnen dabei zu helfen."[31]

Nach einigen Wochen schickte Pitter einen ersten Rundbrief an alle Kamenicer mit der Nachricht von Jochens Heimgang. Sozusagen als Vermächtnis des Jungen schloß er mit dem Gedicht, das ihr verstorbener Kamerad verfaßt hatte; es sollte ein Vorwort für ein Buch über die Versöhnung sein, das Jochen für die deutsche Jugend schreiben wollte. Er hatte die erste Hälfte dieser Verse noch im Krieg, die zweite in Kamenice verfaßt!

Gedanken aus dem Krieg

So ziehn die rauhen Kriegeshorden
plündernd durch manch schönes Land.
Sengen, Brennen, Rauben, Morden
sind die Werke ihrer Hand.

Die Rache, alles zu zerstören,
wo steckt denn da der Sinn?
Länder, die uns nicht gehören,
bringen nie für uns Gewinn.

Dieses Leben kann mir nicht gefallen
verflucht sei aller Krieg!
Er bringt nur Unglück allen.
Was nützt ein grauser Sieg?

Auch andere Völker wollen leben,
frei und unabhängig sein
und nach ihren Zielen streben,
denn keiner hat dies Recht allein!

J. F.

[31] Auch diese beiden Briefe sind Rückübersetzungen aus dem tschechischen Text, weil die Originale bei den Hausdurchsuchungen im Milíč-Haus verloren gegangen sind. Dasselbe gilt für alle wiedergegebenen Brieftexte aus der Zeit vor 1951.

Was ist von all den guten Vorsätzen dieser ehemaligen „Hitlerjugend" geblieben, fragen sich wohl manche deutsche Leser, so wie es auch die tschechischen getan haben.

In der ersten Zeit nach der Heimkehr in das besiegte, ruinierte und zerteilte Deutschland haben sich noch manche gemeldet. Große Sorgen um ihr materielles Leben und das ihrer Familien nahmen sie jedoch bald so sehr in Anspruch, daß sie kaum noch zum Schreiben kamen. Außerdem zogen sie oft um, so daß unsere Antworten verloren gingen. Auch wir konnten uns dieser Korrespondenz nur selten widmen, als Pitter auf abenteuerliche Weise flüchten mußte und wir nachher zehn Jahre lang für die tschechoslowakischen Flüchtlinge im verrufenen Lager „Valka" bei Nürnberg wirkten. So versiegte der Briefwechsel mit den meisten leider: Doch aus früheren Erinnerungen ist anzunehmen, daß der gute Same nicht verloren ging.

Waldemar, der ehemalige „Werwolf", meldete sich Ende 1950 auf unseren Weihnachtsrundbrief. Er lebte bei den Eltern im Saarland, hatte eine Lehre als Baufachmann absolviert und trug schwer an seiner Arbeitslosigkeit. Es sei zum Verzweifeln, das Elend der Jugend zu sehen. Später, als auch Pitter schon in der Schweiz war, gab er uns seine Heirat bekannt und bat Pitter sogar, Pate seines ersten Kindes zu werden!

Viktor, unser hartnäckigster, verstocktester „Hitlerjunge", suchte eines Tages Direktor Pitter in Nürnberg auf. Es mochte Mitte der Fünfziger-Jahre gewesen sein, als wir im großen Sammellager „Valka" für ausländische Flüchtlinge wirkten. Wir trafen einander zum Mittagessen in der Stadt. Viktor war vor kurzem schwarz über die Zonengrenze gekommen und wünschte unparteiische Auskunft von Pitter über die Verhältnisse im Westen, ehe er sich endgültig entschloß, hier zu bleiben. Dann hörten wir wieder lange nichts von ihm, bis im November 1960 ein langer Brief aus dem Rheinland Pitter erreichte – also 14 Jahre nach dem Abschied von Kamenice. Der Kölner Rundfunk für Schulen hatte gerade in seiner Sendung „Helfer in der Not" ein Hörspiel über

Přemysl Pitter ausgestrahlt – auf wessen Anregung, haben wir nie erfahren. Wir hatten die ehemaligen Zöglinge, sofern wir noch ihre Anschriften kannten, rechtzeitig darüber informiert. Viktor erwartete und verfolgte die Sendung mit großer Spannung und schrieb dann: „... Sie war zweifellos sehr gut, doch muß ich zu meinem größten Bedauern sagen, daß man für das Kernproblem dieses Themas zu wenig Zeit zur Verfügung hatte. Über Ihre Tätigkeit nach 1945 wurde nur eine Randnotiz gemacht. Gerade darin sehe ich jedoch das größte Risiko, das Sie auf sich genommen hatten. In der damaligen Zeit zweierlei ehemalige Häftlinge an einen Tisch zu setzen, Gefangene grundverschiedener Rassen und Zeitepochen, das ist als eine Tat zu werten, die über jede Menschlichkeit hinauswächst. Wir kannten ja alle die damalige Zeit mit ihrem Haß und ihrer Vergeltungssucht.

Heute, am ersten Adventssonntag, an dem für uns alle wieder eine besinnliche Zeit beginnt, denke auch ich an manche Geschehnisse im Leben, die mich als stete Wegbegleiter führen werden. So zum Beispiel kommt im Dezember der Tag, an dem sich auch für mich in Theresienstadt die Tore öffneten. Für viele von uns war es ein Wunder, an das keiner mehr glauben wollte. Ich denke an den Heiligen Abend in Štiřín, an das tschechische Verwalterehepaar, das versuchte, uns die Feier so nett wie möglich zu gestalten, und an die jüdischen Menschen, die uns ohne Argwohn begegneten. Wenn die Zeit in Štiřín und Kamenice in mir wach wird, so ist der Gedanke an Jochen nicht auszulöschen. Leider ist es ihm nicht mehr vergönnt gewesen, in seine Heimat zurückzukehren. Nur ein kleines Gedicht ist uns von ihm geblieben, ein Gedicht, das für alle, die den Geist von Kamenice erlebt und in sich tragen, Richtschnur sein sollte ...

Wie Sie aus dem beigefügten Bildchen entnehmen können, ist bei uns ein kräftiges Söhnchen angekommen. Jetzt sind wir eine richtige Familie und überglücklich. Das Leben hat einen Inhalt ganz besonderer Art erhalten, in dem eine große, aber auch schöne Aufgabe liegt. Vor allem weiß man, für wen und wofür man schafft und aufbaut ...“

Der ältere Siegfried, ehemals Leiter einer Hitlerjugendgruppe, dessen versteckten Revolver ein tschechischer Wachmann beschlagnahmt hatte, kam auch glücklich in die sächsische Heimat, zu Mutter und Schwesterchen; der Vater war noch verschollen. Es stellte sich jedoch heraus, daß die Familie aus der Lausitz stammte, und so verwandelte sich der Germane Siegfried in den Slawen Dobromír.

Auch einige Jungen, deren Gesinnung in Kamenice kaum zum Ausdruck gekommen war, dachten später über die Wohltat nach, die ihnen dort zuteil geworden war und bekannten sich tapfer dazu.

Frick zum Beispiel, ein hellblonder fünfzehnjähriger Bauernsohn aus dem Baltikum, der Liebling der kleinen Kinder. Er las ihnen Märchen vor, verfertigte ihnen kleines Spielzeug oder flickte ihre Schuhe. Er meldete sich bald nach seiner Heimkehr: „... Ich bin wieder glücklich daheim. Erst jetzt wird mir langsam bewußt, was mir Kamenice war. Sie können sich nicht vorstellen, wie meine Eltern staunen, wenn ich erzählte, wie gut wir es bei Ihnen gehabt haben. Hier sagt man von den Tschechen nur das Allerschlimmste und da fällt es mir schwer, meine Meinung durchzusetzen. Gleich nach meiner Rückkehr habe ich meinen früheren Lehrer besucht. Als ich ihm erzählte, daß ich in Böhmen war und wie gut wir deutschen Kinder es dort hatten, wies er mich kurz ab: ‚Du bist verrückt geworden!' Ich hatte nachher eine lange Unterredung mit ihm und habe Gott sei Dank die Oberhand gewonnen. Sehr oft muß ich mich an unsere Andachten in Kamenice erinnern. Bei uns hier ist das alles ganz anders. Ich gehe gern und oft in die Kirche, aber leider wollen die meisten Leute von Religion nichts hören. Wenn ich etwas sage, kommt die Antwort: ‚Hör auf damit!'."

Im Juni 1951 erhielt ich einen letzten Brief von Frick. Er war Leiter einer Verkaufsstelle im Konsum geworden und schrieb: „Ich habe die letzten Monate die härteste Lehre durchgemacht, aber ich werde das alles überwinden und von vorn anfangen. Mein Beruf ist mir zur Zeit unmöglich gemacht worden."

Kurz danach erhielt Brigitte einen Notbrief (SOS-Brief) von ihm. Er habe es in der Heimat nicht mehr ausgehalten – er, der stille und friedfertige Frick. Er wollte schwarz in den Westen und wurde gefaßt. Brigitte selbst war noch arbeitslos und bat uns, ihm zu helfen. Pitter telegraphierte sofort einer Gesinnungsfreundin in Berlin, die ihm dort nach seiner Flucht geholfen hat. Wir hörten jedoch nie wieder von Frick.

Auch Erich antwortete auf einen unserer Weihnachtsrundbriefe; er war glücklich zur Mutter zurückgekehrt, nach Sachsen. Als sie gestorben war, hielt ihn nichts mehr zurück, und es gelang ihm, in den Westen zu flüchten. Als ausgebildeter Weber fand er an der holländischen Grenze eine gute Stelle. Nur eines gefiel ihm nicht: Wie sich die Leute schinden, nur um materielle Güter anzuhäufen.

„Wozu das alles?" schrieb er uns, „wenn einer dem andern nicht mehr gönnt, als er selbst hat? Wenn den Menschen, dem Staat und der ganzen Welt der innere Frieden fehlt? Wenn ungeschickte Diplomaten schon wieder versuchen, die Kriegsfackel anzuzünden! Diesen Leuten ohne Gewissen müßte man mit Nachdruck immer wiederholen: ‚Alles habt ihr verpaßt! Ihr hättet eine Schule der Liebe und des gegenseitigen Verstehens trotz nationaler Unterschiede durchmachen sollen. So wie es bei mir in Kamenice gewesen war.' All diesen Menschen sollten die gleichen Grundsätze beigebracht werden: den Krieg zu hassen, die Nächsten zu achten und zu lieben wie sich selbst."

Der jüngere Siegfried aus Nordmähren, der in Kamenice unter dem Tod seiner Mutter in Theresienstadt gelitten hatte, war ein notorischer Nichtschreiber. Ich erfuhr auf Umwegen, er sei in Frankfurt tüchtiger Inhaber eines Speditionsgeschäfts geworden, und seine rührige Frau brächte es fertig, sich neben der großen Familie auch noch um andere zu kümmern. Er hat die beiden Kamenicer Tanten in der ČSSR besucht und zum Treffen der ehemaligen Zöglinge im Juni 1985 sind sie beide erschienen und haben noch zwei Kamenicer Kameradinnen, Marianne und Brigitte, mitgebracht.

„Ich will nicht nach Hause!“

Es war an einem schönen Junitag 1946, als ich unser Arzthaus nicht der Kranken, sondern der Gesunden wegen besuchte. „Nehmen sie doch schon diese Bubenbande mit!“ erklärte mit vorgetäuschter Strenge unser Doktor, „es fehlt ihnen nichts, sie sind kerngesund wie die Flöhe. Unsere Schwestern kommen nicht nach, diese Taugenichtse zu bewachen!“

Durch die notwendige Verlängerung einer Quarantäne war die Zahl neuer Kinder im Arzthaus übermäßig angewachsen. Kein Wunder, daß ihnen das stille Haus und der kleine Garten nicht genügten, um sich auszutoben! Wären sie aus einem Internierungslager gekommen, so hätten die gute Kost, das eigene saubere Bett und die liebevolle Behandlung für einige Zeit völlig genügt, um sie glücklich zu machen. Aber sie waren nicht – wie die große Mehrzahl unserer Pflegekinder – interniert gewesen. Die Jugendämter hatten sie aus verschiedenen Orten der Grenzgebiete zu uns geschickt. Die Frage der Nationalität war bei den meisten ungeklärt, und so waren wir von der Prager Zentrale ersucht worden, uns der Jungen anzunehmen, bis die Frage ihrer Staatszugehörigkeit entschieden sei.

Ich nahm die Jungen hinaus in die Frühlingssonne, auf einen Rasenplatz, entfernt von der Landstraße, damit die Vorübergehenden unser deutsch geführtes Gespräch nicht hören konnten. Denn auch ein Jahr nach Kriegsende wirkte jedes deutsche Wort noch ungemein aufreizend auf die durch die Leiden der Hitlerherrschaft aufgebrachte Bevölkerung.

Erst unterhielten wir uns alle gemeinsam. Dann nahm ich mir jeden der Jungen einzeln vor und machte mir während des Gesprächs unauffällig Notizen zur Ergänzung der erhaltenen amtlichen Angaben. Die Buben waren ganz zugänglich, sie hatten nicht die scheue Schweigsamkeit der Kinder aus den Lagern. Es handelte sich vor allem darum, festzustellen, ob wir sie in das Olešovicer Heim zu den

Kindern nehmen durften, die als tschechoslowakische Staatsangehörige betrachtet wurden, oder ins Heim Ládví, wo die übrigen kleineren Kinder weilten.

Die Entscheidung war oft sehr schwierig, so auch bei diesen sechs- bis zehnjährigen Jungen. Sie konnten über die Herkunft ihrer Eltern wenig aussagen, auch wenn sie selbst über ihre eigene Nationalität eine bestimmte Meinung hatten.

Am meisten verblüfften mich die Aussagen Haralds und Wolfgangs. Beide stammten aus dem Deutschen Reich, das war klar. Aus ihren Erzählungen ging hervor, daß sie zur großen Zahl derer gehörten, die aus den bombardierten deutschen Städten in das geschütztere Böhmen geschickt worden waren. [Die Tschechen bezeichneten sie damals ironisch als „Nationale Gäste“]. Aber weder Harald noch Wolfgang wollten davon hören, wieder nach Deutschland zurückzukehren.

Der siebenjährige blonde Harald sagte, daß er sich an seine Eltern nicht erinnere, er wußte nur, daß sie in Herne wohnten. Dieser Stadtname rief in ihm schreckliche Erinnerungen wach. Das Grauen vor dem, was er damals dort erlebt hatte, brach aus ihm heraus: „Ich will nicht nach Hause, ich will bei den Tschechen bleiben“, sagte er entschieden in seiner deutschen Muttersprache. „Der Schuster, bei dem ich gewohnt habe, ist ein Tscheche und ein sehr guter Mann, ich will zu ihm zurück. Er hat mir versprochen, mich wieder aufzunehmen; er hat mich nur hierher geschickt, damit ich Tschechisch lerne.“ Offensichtlich hatte ihm der Mann mit dieser Lüge den Abschied erleichtern wollen.

Das einzige Dokument, das uns die Fürsorgerin bei der Übergabe des Jungen überlassen hatte, war eine ausführliche polizeiliche Anmeldung, aus der ich entnehmen konnte, daß der Junge zuerst bei einer deutschen Familie in Pflege gewesen war, daß man vermutete, er sei eines von den verschleppten Kindern aus der ausgerotteten tschechischen Gemeinde Lidice, daß die Schusterfamilie sich seiner annahm, als die deutschen Pflegeeltern abtransportiert worden waren. Aber auch diese Familie besaß die tschechoslowakische Staatsangehörigkeit nicht und war daher nicht befugt, Kinder von bisher ungeklärter Herkunft in Pflege zu nehmen.

Wir bestimmten Harald für das Kamenicer Heim. Schon im Arzthaus hatte er sich als recht ungezogener Wildfang erwiesen; auf die jüngeren Kinder in den anderen Heimen hätte er einen ungünstigen Einfluß haben können.

Kaum war er in Kamenice untergebracht, kam ein Brief von der Fürsorgerin, die den Jungen zu uns begleitet hatte. Sie schrieb in unkultiviertem Tschechisch: „Hier sende ich Ihnen einen Brief, der in Sachen des Aufständischen Harald an unser Amt weitergeleitet worden ist. Ich verstehe daraus, daß jemand den Harald mit aller Gewalt über die Grenze puschen will. Ich hänge Ihnen also die Sache an den Hals, Geehrte, handeln Sie, wie Sie es für richtig befinden!“

Zur Entschuldigung dieser Schreiberin sei angeführt, daß der beigelegte deutsche Brief tatsächlich ein Rätsel war, das sehr wohl zu Mißverständnissen und Verdacht Anlaß geben konnte. Geschrieben hatte ihn irgend eine Johanna an ihre Schwägerin Resi. Doch wir hatten zur Zeit der Hitlerherrschaft gelernt, allerlei geheimnisvolle Briefe zu entziffern. Nach näherem Durchlesen wurde uns klar, daß die erste Pflegemutter Haralds ihre Verwandte, die noch nicht ausgesiedelt worden war, bat, Harald bald über die Grenze zu schicken oder ihn mitzunehmen, falls sie selber mit einem Transport fort käme. Die Mutter des Jungen sei voller Sorge um ihn und verstehe nicht, warum man ihn hier nicht weglassen wolle. Die Hauptsache an dem Brief jedoch war, daß er am Schluß die genaue Adresse von Haralds Eltern angab.

Wir beruhigten die Mutter gleich schriftlich, wobei wir ihr nicht verheimlichen konnten, daß ihr kleiner Sohn um keinen Preis heim nach Deutschland wollte. Wir machten ihr den Vorschlag, mit seiner Rückkehr etwas abzuwarten, bis er seine Ängste überwunden hätte: „Wenn Sie jedoch darauf beharren, daß Harald sobald wie möglich heimfahre, senden Sie uns einen Brief mit Belegen, die seine

Identität beglaubigen, und seine genaue Beschreibung, am besten auch eine Fotografie, weil die tschechischen Behörden auf der Suche nach Kindern sind, die während der Naziherrschaft verschleppt und ihrem Volke entfremdet worden sind. Aus diesem Grund darf zur Zeit kein Kind unser Land verlassen, wenn seine Identität nicht zweifellos festgestellt ist."

Es vergingen keine zwei Monate, da kam plötzlich die telefonische Anforderung der Zentralstelle für Jugendfürsorge, drei unserer Pflegekinder zur Aussiedlung in die britische Zone sofort in das neue Kinderlager in Polepy zu bringen. Harald gehörte dazu. Seine Mutter hatte sich offensichtlich an das Rote Kreuz in Westfalen gewendet. Wir waren damals noch nicht in Verbindung mit dieser Amtsstelle und kannten auch Captain Preece noch nicht. Dieser war nach Böhmen gekommen mit einem langen Verzeichnis vermißter Kinder, die sich bei Kriegsende hier befanden. Einhundertsechzig dieser verlassenen Kinder hatte er auffinden können, und jetzt sollte er sie zu ihren Eltern nach Deutschland zurückführen.

Wir hatten Befürchtungen, daß Harald wieder erklären würde, er wolle nicht wegfahren. Aber im Kamenicer Heim waren so viele Kinder, die sich darauf freuten, bald wieder zu ihren Eltern nach Deutschland zurückzukehren, daß Haralds frühere Furcht verschwunden war, und er sich durch ihr Beispiel anstecken ließ.

*

Sein blasser, rothaariger Kamerad Wolfgang hatte sich nicht so entschieden gegen die Rückkehr nach Deutschland geäußert wie Harald – es lag nicht in seinem Charakter – aber er wollte um jeden Preis hier bleiben.

Sein Schicksal enthüllte sich uns aus den Aufzeichnungen des tschechischen Kinderheims, aus dem er zu uns gebracht worden war: Im Jahr 1944 war seine Mutter mit ihm aus dem bombardierten Berlin nach Nordböhmen geflohen. Nach dem Krieg kam er in ein Krankenhaus, während seine Mutter in einen Abtransport eingereiht wurde. Da sollte der Kleine mit dem nächsten Transport der Mutter nachgeschickt werden. Im Zug wurde er irgendeiner Frau anvertraut, die ihn angeblich auf einer Haltestelle aus dem Bahnwagen hinausbeförderte. Später aber hat uns Wolfi selbst erzählt, daß er von selber aus dem Zug ausgerissen sei. Dann hatte sich eine deutsche Familie seiner angenommen und nach deren Abtransport eine tschechische.

Wir hatten Wolfi nach der Quarantäne im Arzthaus zuerst nach Ládví gebracht, wo meist kleine Kinder waren. Ein musterhafter Zögling war er nicht; er hatte einige Unarten, die für die kleineren Kinder ein schlechtes Beispiel waren. Dazu war das Heim überfüllt, weil das Schloß Štiřín und das Schlößchen Olešovice jetzt nicht mehr als Kinderheime dienen konnten. So entschlossen wir uns, Wolfgang mit ein paar anderen Kindern nach Kamenice zu verlegen.

Dort nahm sich „Tante Dobruše“ gleich der Neuankömmlinge an. Sie verstand es, auf solche Kinder günstig einzuwirken, die sich anderswo schon unbeliebt gemacht hatten. Die Gemeinschaft mit vielen größeren Kindern wirkte überhaupt günstig auf den kleinen Wolfi. Es ist eine häufige Erfahrung, daß Kinder, die unter jüngeren als störendes Element wirken, sich in Gesellschaft älterer gesittet benehmen. Andererseits gibt es Naturen, in denen gerade dadurch, daß sie unter jüngeren eine führende Stelle einnehmen können, ein gesunder Ehrgeiz geweckt wird.

Wolfi wurde ein ganz liebenswerter kleiner Kerl. Ich hätte ihn kaum noch erkannt, als er jetzt gemächlich die breiten Schloßstiegen herunterschritt oder manierlich mit den anderen am langen Eßtisch ruhig sitzen blieb. Man nannte ihn in Kamenice nun allgemein Michl. An einen wilden Wolf erinnerte er gar nicht mehr.

Als er im Juni 1946 zu uns kam, waren die Verzeichnisse unserer Pflegekinder schon an die deutschen Suchstellen abgegangen. Sein Name konnte erst später in die Ergänzungslisten aufgenommen werden. So konnte man auch nicht mit einer baldigen Nachricht von seinen Verwandten rechnen.

Sie kam dennoch ziemlich bald. Seine Mutter hatte nach ihrer Rückkehr nach Berlin an verschiedene Stellen in Nordböhmen geschrieben; eine ihrer älteren Nachfragen fand über die zentrale Landesfürsorgestelle den Weg zu uns. Es war nicht ganz klar, ob es sich um unseren Wolfgang handelte, weswegen wir dem Jungen noch gar nichts sagten. Wir setzten uns erst mit der Mutter in Verbindung. Ihre Antwort ließ keinen Zweifel übrig, und ich konnte wieder einmal mit dem schönen Gefühl nach Kamenice fahren, daß ich für ein Kind eine freudige Überraschung brachte.

Doch als ich dem Jungen sagte, daß ich einen Brief von seiner Mutter für ihn hätte, verhielt er sich so gleichgültig, als ob ich ihm etwa erzählte, daß Frankreich einen neuen Ministerpräsidenten habe. Diese wechselten – nicht erst heute – sehr oft! Ich las ihm den liebevollen Brief vor, den die Mutter ihrem „lieben Wölfchen" geschrieben hatte – aber es war, als wenn alles an seinen Ohren vorbeiginge und ihn gar nicht beträfe. Als ich ihn fragte, was er der Mutter sagen ließe, hatte er keine Antwort. Ich schickte ihr wenigstens eine seiner kleinen Zeichnungen und erklärte ihr entschuldigend, daß er noch nicht schreiben könne.

Es war uns völlig rätselhaft, warum der Kleine sich bei der ersten Nachricht von der Mutter so gleichgültig verhielt. Selbst unsere großen Lümmel konnten in solchen Fällen kaum ihre Bewegung verbergen. Und bei den Kleinen, die kaum mehr Erinnerungen an die eigene Mutter haben konnten, genügte schon das bloße Wort Mama oder Mutti, um ein glückliches Lächeln hervorzurufen. Auch die verwaisten Kinder, die wir in die Pflege fremder Familien gaben, freuten sich auf die neuen Mütter. Wie enttäuscht war die achtjährige Eva, als statt der erwarteten neuen Mutter der Pflegevater sie abholen kam! Es war gar nicht leicht, das Mädchen zu überzeugen, daß die neue Mutti nicht kommen konnte, daß jedoch der Vater es zu ihr führen werde!

Was war nun aber mit unserem Wolfi los, daß er überhaupt keine Freude zeigte? Allem Anschein nach war er ein geliebtes Einzelkind, nicht so lang von der Mutter getrennt wie Harald, der seine Mutter vergessen haben konnte. Wir hielten es kaum für möglich, daß Wolfgang nicht freundliche Erinnerungen an seine Mutter bewahrt hatte.

*

Das Rätsel löste sich unerwartet. Ich lasse hier „Tante Dobruše“ erzählen:

Es ist Abend. Im Kinderheim ist es still geworden, in den Schlafräumen leuchtet kein Licht mehr. Die Kinder sind am Tage herumgetollt und ruhen nun aus. Nur in einem Zimmer bei den Kranken wirft ein Nachtlämpchen einen schwachen Schein in die kleine Stube mit den paar Betten. Die Patienten haben seltenen Besuch: Ein paar junge Schweizer sitzen auf Schemeln am Bett eines größeren Jungen und singen.

In der anderen Ecke am Fenster liegt der achtjährige Michl. Sein rostrotes Köpfchen richtet sich hier und da von dem blaugestreiften Kopfkissen auf. Die blasse Stirn runzelt sich. Der Kleine betrachtet die unbekannten Gäste keineswegs wohlwollend. Was tut sich wohl in seinem eigensinnigen Köpfchen?

Schließlich ist sein Verhalten jemandem aufgefallen: „Was gefällt dir nicht, lieber Michl? Warum bist du so unruhig?“

„Wo ist der Engländer?“ fragt der Kleine statt einer Antwort.

Es sind wirklich nur die Schweizer zum Besuch ins Krankenzimmer gekommen, ihr englischer Freund fehlt. Er heißt Hugh – wer soll sich diesen fremden Namen merken? So nannten ihn alle nur den „Engländer“.

„Wahrscheinlich ist er schon im Bett“, erklärt Tante Dobruše, „und übrigens kennt er diese Volkslieder nicht, er versteht kein Deutsch.“

„Jawohl, er ist müde gewesen und ist schlafen gegangen“, betonen die Schweizer.

„Schläft er wirklich?“ fragt Michl unruhig.

„Aber ja. Frieder war in seinem Zimmer, und der Engländer schlief so fest, daß er gar nicht aufgewacht ist.“

Die seltsame Spannung in Michls Gesicht löst sich. Offensichtlich ist er zufrieden, daß der Engländer schläft. Der Rotkopf sinkt auf das Kissen zurück. Er liegt jetzt ruhig, aber den Liedern der fremden Gäste hört er nicht zu; er ist in seine eigenen Gedanken vertieft.

Die eine Erzieherin setzt sich zu ihm und fragt:

„Du hast wohl den Engländer nicht gern?"

„Nein, gar nicht, der ist böse", antwortet der Kleine in schroffer Aufrichtigkeit.

„Und warum hast du ihn nicht gern, lieber Michl? Was hat er dir angetan?"

„Er hat Bomben auf Berlin geworfen".

„Aber was fällt dir denn ein, Michl? Der doch nicht", erläutert ein Schweizer.

„Hugh hat im Krieg nicht gekämpft, er wollte niemandem etwas zuleide tun."

Ein Arbeitskollege erläuterte diese Aussage: „Schon als Junge wollte er nicht schießen lernen. Als der Krieg ausbrach, mußte er statt dessen in einer Mühle arbeiten oder Kohle fördern. Nachher hat er ohne Bezahlung geholfen, Trümmer von ausgebombten Häusern wegzuräumen – auch hier in der Tschechoslowakei. In Flüchtlingslagern weit weg waren damals auch viele hungrige Kinder, ihnen hat er beim Verteilen von Eßwaren geholfen. Und jetzt arbeitet er, wie wir, am Umbau des Kinderheims in Olešovice. Glaub uns: Mit Bomben hat Hugh nie etwas zu tun gehabt."

Aber der kleine Michl läßt sich keineswegs überzeugen. Er beharrt eigensinnig darauf: „Das weiß doch jeder in Berlin, daß der Engländer die Bomben auf die Stadt geworfen hat!"

Wenn damals die Sirenen heulten, hieß es einfach: „Der Engländer kommt!" oder auch „Der Russe ist wieder da!" So ist unser Freund aus England für das Berliner Kind das Schreckgespenst, das die höllische Vernichtung über lebendige Menschen brachte. Uns ist klar geworden, warum der Junge nicht nach Hause zur Mutter zurück will. „Lieber Michl, jetzt wirft niemand mehr Bomben auf

Berlin“, erklärt ihm die Erzieherin. „Jetzt ist Frieden. Und deine Mutter wartet ungeduldig auf dich. Denke nur, wie schön das sein wird, wenn du wieder bei ihr bist.“

„Ja, ich weiß, aber ich will nicht nach Berlin, wo die Bomben sind. Ich will hier bleiben!“

„Hier bei uns sind damals auch Bomben gefallen. Aber jetzt ist nicht mehr Krieg. Jetzt wirft niemand mehr Bomben, hier nicht und in Berlin auch nicht.“ So erklären ihm die Erwachsenen, die erkannt haben, daß Michl das Wort „Frieden“ nicht versteht. Vielleicht wird er eher verstehen, wenn es heißt „nicht mehr Krieg“.

Aber Michl ist schon wieder bei seinem Engländer.

„Wo hat er die Bomben jetzt? Oben in dem Zimmer, wo er schläft?“

„Er hat keine, Michl, du weißt doch, daß er nur das große Auto hat und darauf lauter Sachen, die jedermann braucht. Er hilft ja den Leuten. Morgen werden wir mit ihm sprechen. Du wirst sehen, er verspricht dir ganz gewiß, daß er keine Bomben auf Berlin abwerfen wird. Also, schlaf jetzt!“

Michl schließt gehorsam die Augen. Es würde nichts nützen, ihm zu erklären, wer die Bomben abgeworfen hat und warum. Er würde sich noch mehr fürchten, wenn er die Wahrheit wüßte; er würde sie überhaupt nicht begreifen. Jetzt hat er seinen Engländer hier erreichbar, einen wirklichen Menschen, und vielleicht wird er sich vor ihm nicht mehr fürchten.

Welche Schrecken hat das arme Kind wohl durchlebt? Was hat es alles gesehen? Wie oft hat es das Dröhnen der Flugzeuge gehört, wie oft die Erschütterung der Erde verspürt, wenn alles zusammenstürzte!

Wie viel blutiges Elend hat sich vor diesen Kinderaugen abgespielt! Welch grauenhafte Vorstellungen und Erinnerungen steigen ihm bei diesem einzigen Wort auf: „der Engländer!“

Am anderen Tag macht Michl nicht mehr ein so finsteres Gesicht als ihn die „Tante“ bei der Hand nimmt, um ihm den Engländer zu zeigen. Michl sieht ihn sich aus vorsichtiger

Entfernung an und überlegt so für sich: „Wenn der Engländer hier in Kamenice ist, dann kann er keine Bomben auf Berlin werfen. Da kann ich auch nach Hause fahren."

Hugh hat schon von Michls Sorgen gehört. Und jetzt diese Aussage, die ihm jemand übersetzt! Der gute Mann lächelt nur, streicht ihm über das Haar und wendet sich mit feuchten Augen ab. Schweigend nimmt er die Schuld auf sich, die das Kind ihm zuschreibt. Wie fürchterlich, wenn ein Kind nicht weiß, was Frieden ist, weil es allzu gut weiß, was Krieg bedeutet!

*

Seit dieser Zeit kam allmählich etwas Leben in Wolfis Beziehungen zur entfernten Mutter. Wenn die anderen Kinder in der tschechischen Schule waren, saß er gern in der Kanzlei mit „Tante Mája" und schrieb deutsche Wörter in sein Heft oder rechnete. Die Buchstaben wackelten, er hatte ja noch niemals eine Schule besuchen können. Aber vor Weihnachten konnte er der Mutter doch schon selbst ein Briefchen schreiben.

Da kam urplötzlich die Nachricht, daß die Berliner Kinder am folgenden Tag abreisen könnten. Es waren ihrer noch dreizehn, und Michl gehörte dazu. Voller Freude packten die großen Kinder ihre Sachen zusammen, verabschiedeten sich von allen, die sie hier liebgewonnen hatten, immer wieder dankend für die liebe Aufnahme in Kamenice und versprechend, nie zu vergessen und den Idealen treu zu bleiben, die sie hier kennengelernt hatten. Nur eins der Kinder irrte wie verloren in den Gängen herum und verkroch sich weinend in die Winkel zwischen den Schränken. Als sich spät am Abend die größeren Zöglinge zu letzten Abschiedsworten in der Kanzlei versammelten, hörte man aus dem Nebenzimmer lautes Schluchzen. Es war Michl, der weinte und weinte! Keinem der Erwachsenen wollte es gelingen, ihn zu trösten. Er nahm die beruhigenden Worte überhaupt nicht auf. Er wiederholte nur immer: „Ich will nicht nach Berlin."

„Du hast ja ganz geschwollene Augen, liebes Wölfchen, tut dir der Kopf nicht weh?“

„Ja, sehr“, antwortete der Kleine der mitleidigen Tante.

„Und wie lange weinst du nun schon?“

„Schon den ganzen Tag“, gestand er.

„Und nun stell dir vor, liebes Wölfchen, daß deine Mutti schon ein ganzes Jahr um dich weint! Wie muß ihr erst der Kopf weh tun.“

„Sie weint?“ fragte Michl überrascht.

„Freilich, weil ihr so bange ist nach dir.“

„Und wird sie nicht mehr weinen, wenn ich zurückkomme?“

„Zuerst wird sie wohl noch weinen, aber dann gibst du ihr einen Kuß, und da wird sie so voller Freude sein, daß sie aufhört zu weinen. Nicht wahr, da wirst du doch zu ihr fahren, damit sie nicht mehr weinen muß?“

„Und wird er dort keine Bomben mehr werfen?“

„Ganz gewiß nicht, sonst möchte dich doch die Mutter gar nicht dort haben.“

„Nun, da will ich also zu ihr fahren,“ entschließt sich der Kleine, „ich werde zu Mutti fahren, damit sie nicht mehr weinen muß.“

Aber in der Nacht erwachte er doch noch einmal vor lauter Tränen.

Am anderen Morgen fuhr ein großes Lastauto Richtung Prag. Christel und Wolfi saßen neben der Lehrerin und unterhielten sich.

„Du hast noch Angst vor den Bomben?“ wandte sich das neunjährige Mädchen an Wolfi und fügte hinzu: „Ich fürchte mich überhaupt nicht.“

„Aber Christel“, mischte sich die Lehrerin in das Gespräch ein, „es ist ja nicht mehr Krieg! Warum sollte sich Wolfi da noch fürchten?“ „Seht dort,“ – sie fuhren soeben durch die Prager Vorstadt Pankrác – „da war auch ein bombardiertes Haus, und es ist schon fast ganz weggeräumt. Jetzt wird man neue Häuser bauen, der Krieg ist vorbei!“

„Ja, der Krieg ist schon vorbei“, wiederholte Christel überzeugend und fügte aus eigenen Überlegungen hinzu: „Alle Bomben sind schon verbraucht. Und jetzt müssen sie warten, bis neue gemacht werden. Aber jetzt ist Frieden.“

Wolfi war inzwischen gefesselt von der vorüberfahrenden Straßenbahn. Aber die Erzieherin staunte über die Worte des Kindes, die sie eben gehört hatte: „Jetzt müssen sie warten, bis sie neue Bomben gemacht haben.“

Oh, ihr Menschen, ist denn der Friede nur Vorbereitung zu neuem Krieg? Die schreckliche Logik der Kinderworte reißt einen Ausblick in eine fürchterliche Zukunft auf. Wer wagt es, angesichts dieser vorzeitig gereiften Kinder von neuem einen Weltbrand zu entfachen?

*

Fünf Jahre nach Wolfgangs Abreise bot sich mir unerwartet die Gelegenheit, ihn zu Hause in Berlin zu besuchen. Ein Haus war es allerdings nicht mehr, nur die zwei untersten Stockwerke hatten eine Decke. Da wohnten sie. Der Junge erkannte mich auf den ersten Blick und stürzte ins Innere mit dem Ruf: „Mutti, Tante Olga ist da!“ Beide empfingen mich wie eine alte Freundin. Offensichtlich hatte Wolfi viel Schönes über Kamenice und seine Insassen erzählt. Sie hätte mir das Blaue vom Himmel heruntergeholt und erwies mir in der mir unbekannten Großstadt unschätzbare Dienste. Ich erfuhr auch von ihren langen, abenteuerlichen Versuchen, auf die Spur ihres Söhnchens zu kommen, wobei sie fast alle ihre Kräfte eingebüßt hatte. Erst nach Wolfis Heimkehr hatte sie sich etwas erholt.

Die Korrespondenz schlief später ein. Ich erfuhr von anderen, daß Wolfi nach der Heimkehr des Vaters aus russischer Gefangenschaft nach Westdeutschland ausgerissen sei. In ihrem letzten Brief teilte mir die Mutter noch Wolfgangs neue Adresse mit. Sehr wahrscheinlich ist sie bald nachher vor Kummer gestorben.

Später suchte ich ihn gelegentlich in Stuttgart auf; er war nun als Chauffeur bei einer Firma. Doch welche Enttäuschung: Sein strahlender Blick war erloschen, sein fahles Gesicht ausdruckslos. Er erinnerte sich kaum noch an mich und an Kamenice. Wer weiß, was für schlimme Erlebnisse mit dem verrohten Vater und dem lieblosen Empfang im Westen all seine freudigen Erinnerungen zugedeckt haben?

VIER VERSCHLOSSENE JUNGEN

Im zweiten Friedensherbst 1946 weilten in unseren Schloßheimen immer weniger Pflegekinder. Dafür erhielten wir im Milíč-Haus in Prag mehr Gesuche um Hilfe bei der Nachforschung nach anderen vermißten Kindern. Die deutschen Suchstellen wandten sich nun in schwierigen Fällen sehr häufig an uns. Unsere ehemaligen Zöglinge hatten in der Heimat davon erzählt, wie wir ihnen geholfen hatten, ihre Familien wieder aufzufinden. Daher geschah es, daß wir bald mit einer Menge Briefe von Eltern überschüttet wurden, die ihre in der Umsturzzeit in Böhmen oder Mähren verlorenen Kinder suchten. So erhielt Pitter unter anderem Ende September aus der Mainzer Gegend einen Brief, der – leicht gekürzt – folgenden Inhalt hatte:[32]

„Geehrter Herr! Erst vor kurzem habe ich die Nachricht bekommen, daß meine beiden Töchter im April d. J. im Internierungslager Dubí bei Kladno an Typhus gestorben sind. Jede hatte zwei Kinder bei sich, die wir gern zu uns geholt hätten. Aber auch unsere höchsten Amtsstellen konnten mir die Bewilligung dazu nicht beschaffen. Auf Rat einer Bekannten wende ich mich nun an Sie, und bitte Sie inständig: Helfen Sie mir, diese vier Kinder im Alter von zwei bis acht Jahren hierher zu bekommen! Vielleicht sind sie inzwischen in einem Waisenhaus untergebracht worden. Ich bitte Sie, erforschen Sie ihren jetzigen Aufenthalt und sorgen Sie dafür, daß die Kinder nicht Hunger leiden. Ich wäre auch sehr dankbar, wenn Sie eine Vertrauensperson in das genannte Lager senden könnten, damit sie dafür sorgt, daß die Kleinen baldmöglichst zu uns geschickt werden. Bitte teilen Sie mir dann auch mit, an welcher Grenzstation ich meine Enkel übernehmen kann.

---

[32] Auch dieser Brief ist eine Rückübersetzung aus dem tschechischen Text, weil die Originale bei den Hausdurchsuchungen im Milíč-Haus verloren gegangen sind. Dasselbe gilt für alle wiedergegebenen Brieftexte aus der Zeit vor 1951.

Zugleich bitte ich auch, im Lager Dubí erkunden zu lassen, was mit dem Nachlaß meiner Töchter geschehen ist, namentlich mit den Wertsachen, und den Sparbüchern, die für die Kinder bestimmt waren. Meine Frau und ich sind ohne alle Mittel aus Schlesien vertrieben worden, daher werden wir diese Sachen sehr brauchen. Ich habe schon an das Lager in Dubí geschrieben, aber keine Antwort erhalten. Die persönlichen Daten meiner Töchter und ihrer Kinder füge ich bei. Ich danke Ihnen [...].

Josef Opitz“

Bei der Unmenge unaufschiebbarer Arbeit, die sich täglich ergab, war es nicht immer möglich, solche Bittgesuche gleich zu beantworten. Aber den schwer geprüften Vater und Großvater wollten wir nicht lange warten lassen. Ich konnte wenigstens die Namenverzeichnisse elternloser Kinder, die wir von verschiedenen Amtsstellen nach und nach bekommen hatten, durchsehen. Und siehe da: Ich fand die Namen der vier Kinder in einer Aufstellung der Landeszentrale der Jugendfürsorge. Es war eine Zusammenstellung der Namen von über sechshundert verlassenen deutschen Kindern, die im August 1946 aus verschiedenen Bezirken zum gemeinsamen Abtransport in das Kinder-Sammellager Polepy bei Litoměřice gebracht worden waren. Es stimmten zwar nicht alle Angaben dieser Liste mit denen des Großvaters überein, aber es gab doch keinen Zweifel, daß es sich da wirklich um seine vier Enkel handelte. Auch die Jugendfürsorge in Kladno gab uns auf telefonische Anfrage den Bescheid, daß die vier Kinder schon vor längerer Zeit in das Lager Polepy überführt worden waren. Freilich blieb die Frage, ob sie noch dort waren.

Ein günstiger Zufall wollte es, daß auch wir wenige Tage später eine Anzahl unserer Kinder, deren Eltern nicht in der Westzone wohnten, nach Polepy bringen sollten. So konnte ihre Begleiterin sich gleich überzeugen, ob die gesuchten vier Enkel dort waren. In diesem Falle kämen sie mit dem größten Kindertransport, der gerade vorbereitet wurde, in die russische Besatzungszone. Das wäre freilich sehr ungünstig, denn dann würde es sehr lange dauern, bis der Großvater die Bewilligung zur Weiterreise seiner Enkel über die Zonengrenze in den Westen bekäme. Wenn man uns hingegen diese vier Kinder übergebe, könnten wir sie einer kleinen Gruppe angliedern, die in den nächsten Tagen mit einem Sondertransport nach dem Westen abgehen sollte, dem UNRRA-Transport, von dem wir immer noch glaubten, daß er endlich zustande kommen würde. Wir versuchten daher, die vier Kinder aus Polepy in unsere Heime zu bekommen.

Am Morgen des 1. Oktober brachte ein Lastauto aus Kamenice zwanzig zum Abtransport bestimmte Kinder ins Milíč-Haus nach Prag, um die lange Reise nach Polepy hier zu unterbrechen. Unter den Kleinsten waren die fünf Brüder Karl – unser „fünfblättriges Kleeblatt".[33] Der Älteste der Gruppe war der fünfzehnjährige Kurt aus Schlesien, der überhaupt noch keine Nachricht von seinen Eltern hatte. Und nun, gerade vor der Weiterfahrt, brachte ihm der Prager Briefträger einen kurzen Bericht des Hamburger Suchdienstes, daß seine Mutter in Mecklenburg sei. Wie froh waren wir alle mit ihm, daß er nicht ins Ungewisse, unter lauter fremde Leute ziehen mußte, sondern zur Mutter, die er in der russischen Zone finden würde.

Nachdem die Kinder einen Imbiß bekommen und sich von uns herzlich verabschiedet hatten, stiegen alle wieder in den Lastwagen begleitet von unserer Fürsorgerin, Frau Rottová, und nun ging's weiter nach Polepy.

*

Wir waren sehr gespannt, was wir von Frau Rottová über Polepy erfahren würden – nicht nur der gesuchten Enkelkinder wegen. Mit Polepy hing auch eine andere, bewegende Episode aus Pitters Hilfsaktion zusammen:

Im Frühling des Jahres 1946 hatte zu unser aller Erstaunen das Innenministerium, dem alle Internierungslager

[33] Vgl. S. 98ff.

unterstanden, Pitter angeboten, die Leitung dieses großen Lagers zu übernehmen und es als Sammellager für verlassene deutsche Kinder einzurichten. Vorher waren einige Herren dieses Amtes mit ihm zur Besichtigung eines anderen Lagers bei Prosečnice an der Sázava gefahren, das damals unter dem Namen Lešany bekannt war. Es erwies sich als ausgedehnte Kolonie schmutziger Militärbaracken, zwischen denen sich eine große Schar abgemagerter Kinder herumtrieb. Die Beamten zeigten Pitter einen verlassenen, verkommenen Bauernhof, in den er die Kinder aus dem Lager übersiedeln könnte. Pitter lehnte das Angebot ab, weil das Objekt für diesen Zweck ganz ungeeignet war. Dann fuhren sie mit ihm nach Polepy. Was für ein Gegensatz! Da standen neue, reinliche Baracken, noch kurz vor Kriegsende von den Deutschen erstellt. Da sollten alle verlassenen Kinder vor dem Abtransport gesammelt werden und Pitter sollte die Leitung übernehmen. Es war ihm, als wenn er das Wort des Versuchers hören würde: „So du nun mich willst anbeten, soll es alles dein sein." (Luk. 4, 7)

Der Kinderfreund Pitter zögerte, erwog. Ohne Zweifel boten sich hier bedeutende Möglichkeiten, einer viel größeren Zahl darbender Kinder zu helfen. Unsere Heime waren zu jener Zeit noch so überfüllt, daß neue Kinder nur an Stelle von abreisenden aufgenommen werden konnten. Außerdem drohte schon der Verlust von zwei Gebäuden. Um das Schloß Štiřín bewarben sich einige Ministerien – wir mußten es dann wirklich bald als erstes hergeben – und um das Schlößchen Lojovice kämpfte der Erbe des letzten österreichischen Besitzers, ein Wiener Professor.

Andererseits kannte Pitter die Methoden des Innenministeriums nur allzu gut und konnte sich vorstellen, daß es sehr bald zu ernsten Zusammenstößen über die Führung des Lagers und die Behandlung der Kinder kommen würde. Unter dem Innenministerium würde er keineswegs die großzügige Selbständigkeit genießen, die ihm das Fürsorgeministerium bei der Führung der Erholungsheime gewährte.

In diesem heiklen Dilemma beriet sich Pitter mit den Juristen des Ministeriums und seinen Hauptmitarbeitern. Alle waren der Meinung, daß die Betreuung von verlassenen Kindern in die Kompetenz des Fürsorgeministeriums gehöre. So wurde ein Entwurf zu einem Abkommen zwischen den beiden Ministerien ausgearbeitet, wonach die innere Verwaltung des neuen Lagers von Polepy dem Fürsorgeministerium unterstellt werden sollte. Aber das Innenministerium stimmte diesem Vorschlag nicht zu und übertrug die Leitung des Kinder-Sammellagers Polepy einem Polizeiwachtmeister.

Pitter wurde hinterher beschuldigt, aufrührerische Tätigkeit zu entwickeln, und der Zutritt zu allen Internierungslagern wurde ihm untersagt. Wir erfuhren nie, inwiefern diese Maßregelung durch seine Unfügsamkeit und seine Ablehnung des ihm angetragenen Amtes bedingt war. Trotzdem kam es vor, daß Herren aus dem Innenministerium Besucher aus dem Ausland unangemeldet in unsere Erholungsheime führten, um sie davon zu überzeugen, wie gut es deutschen Kindern in der Tschechoslowakei ging. Einmal ließen sie gar in Ládví einen Propagandafilm vom Leben dieser Kinder drehen.

*

Aus Polepy kehrte unsere Mitarbeiterin am Abend jenes 1. Oktober ins Milíč-Haus nach Prag zurück. Sie brachte zwei Enkel der Großeltern Opitz mit sich, den siebenjährigen Wolfgang und den zweieinhalbjährigen Karl. Über das große Lager konnte sie uns nicht viel erzählen; sie hatte sich eigentlich mehr in der Kanzlei aufgehalten, wo man ihr auf Grund der mitgebrachten Belege entgegenkam. Vielsagend über das Leben der kleinen Lagerinsassen sollte jedoch das Benehmen der beiden Buben sein.

Wir führten sie zuerst ins Milíč-Haus, in das freundliche Spielzimmer der Kleinsten – unsere betreuten Prager Kinder waren um sechs Uhr schon alle heimgegangen. Der Anblick der vielen bunten Spielsachen wirkte eher befremdend auf die beiden Brüderchen. Als ich ihnen helfen wollte, die Mäntelchen auszuziehen, wehrten sie sich aus Angst, sie würden ihnen weggenommen. Um sie zu beruhigen, hängte ich ihre Sachen an ihre Stuhllehnen. Dann erzählte ich von Opa und Oma, wie sie sich freuten, daß Wolfgang und Karli bald zu ihnen kommen würden. Doch beide schienen das nicht zu verstehen. Erst als sie volle Teller mit dampfendem Brei serviert bekamen, erwachten sie aus ihrer Apathie.

Jetzt trat auch Pitter ins Zimmer und setzte sich zu ihnen, streichelte sie und zeigte ihnen, wie unsere Kinder gern mit den Spielsachen spielen. Diese erweckten nun allmählich doch ihr Interesse, und Wolfgang schmiegte sich zärtlich an sein Brüderchen. Nach geraumer Zeit wurde er für eine Unterhaltung etwas zugänglicher.

„Wer hat sich im Lager um euch gekümmert?"

„Niemand. – Mutti haben sie in eine Grube geworfen. Ich habe selber gesehen, wie sie noch Steine und Erde auf sie geschmissen haben."

Der Schrecken dieses kindlichen Erlebnisses erschütterte uns. Wir bemühten uns, Wolfgangs Gedanken auf etwas anderes zu lenken.

„Aber im Lager gab es gewiß eine Schwester oder eine Tante, die euch Essen gab, euch gewaschen hat und beim Anziehen geholfen hat?"

„Ja, aber die hatte in der Baracke sehr viele Kinder. Auf die Kleider mußten wir immer selbst aufpassen, daß sie uns niemand wegnahm."

„Und wo sind Ulrich und Norbert, eure Vettern?"

„Sie sind weggegangen."

Mehr war von Wolfgang nicht zu erfahren. Aber unsere Mitarbeiterin hatte in der Lagerkanzlei feststellen können, daß sie eine Pflegerin ins Lager nach Modřany mitgenommen hatte, von wo sie in die britische Besatzungszone kommen sollten. Auch das dort angegebene Reiseziel dieser Pflegerin hatte Frau Rottová notieren können.

Nun berichteten wir dem Großvater, daß zwei Enkel sich in unserer Pflege befänden und konnten ihm die Adresse der zwei anderen angeben. Der Nachlaß seiner Töchter war leider im Chaos der Zeit verloren gegangen.

Wie alle neu ankommenden Kinder mußten Wolfgang und Karli zunächst in eine Quarantäne. Aber unser Arzthaus war zu jener Zeit schon ausgeräumt, um zusammen mit dem Schlößchen Olešovice für andere Zwecke eingerichtet zu werden. Seine letzten Patienten waren soeben nach Ládví übersiedelt. Dorthin kamen auch Wolfgang und Karli, in ein abgesondertes kleines Zimmer.

Gleich am ersten Abend zeigte sich bei Wolfi Fieber, das in den nächsten Tagen anstieg. Wir befürchteten den Ausbruch einer ansteckenden Krankheit, was die Abreise der beiden mit dem geplanten UNRRA-Transport unmöglich gemacht hätte.

Es war jedoch jener Transport, der nicht zustande kam, und Wolfgang wurde bald ganz gesund. Gewiß verhalf ihm dazu, neben dem erfahrenen Doktor, auch der Anblick des jetzt zufriedenen Brüderchens.

Bald konnten sich beide aus der Isolierung unter die anderen Kinder mischen. Es war rührend zu beobachten, wie sie aneinander hingen. Wolfgang umarmte den Kleinen oft und ließ ihn nie aus den Augen. Den anderen Kindern gegenüber war er zurückhaltend, fast abweisend. Er hatte stets den Verdacht, sie würden Karli etwas zuleide tun; seine Fäuste waren gleich bereit, um ihn zu verteidigen.

„Wolfgang ist ein grober Bengel", meinte eine der Pflegerinnen. Sie ahnte nicht, welche Sorgen und Ängste der kleine Kerl im Lager erlebt hatte. Schon ein halbes Jahr hatte er dort für Karl die Mutter ersetzen müssen. Die vielen bösen Erfahrungen hatten ihm das Vertrauen und Spielfreude genommen. So sah es also noch anderthalb Jahre nach Kriegsschluß in einem Kinderlager des Innenministeriums aus!

Dagegen war das Heim von Ládví ein Paradies, obwohl dort jetzt eine mütterliche Seele fehlte, die traurige Kinder zu neuem Leben erwecken konnte – so wie es dort zu Beginn Schwester Emma [Svatáková] verstanden hatte und auch Libuše und Miluška, die Hausmütter von Olešovice und Štiřín oder auch die Pflegerin Eva, an die sich die verweinte Gila bei ihrer Mutter im fernen Dortmund noch immer erinnerte oder einige internierte Frauen, wie Frau Zimmermann. Die verbliebenen oder neuen Kräfte waren eher Behüterinnen als Pflegerinnen; ihre Herzen und Gedanken waren nicht immer bei den verwaisten Kindern. Zum Glück näherte sich im Herbst auch in Ládví unsere Hilfstätigkeit ihrem Ende. Von den fünfzig Pflegekindern waren nur noch etwa zwanzig geblieben.

Aber an den Wochenenden, wenn Direktor Pitter das Heim besuchte, strahlte bei Wolfgang ein Lächeln auf. In des „Onkels" Gegenwart fühlte er, daß der kleine Bruder seines Schutzes nicht bedurfte, da fiel alle Ängstlichkeit von ihm ab. Der „Onkel" streichelte ihn und sprach freundlich mit ihm, und der scheue Junge war glücklich.

*

Ganz ähnlich war es bei seinem etwas älteren Kameraden Berni. Auch er war ein trauriger und schweigsamer Junge. Nicht einmal die vierzehn Monate, die er vorher im lieblichen Heim von Lojovice verbracht hatte, vermochten den ernsten, unkindlichen Ausdruck seiner Augen zu verändern.

Kein Wunder! Im Mai 1945 flüchteten die Eltern mit ihm auf einem Wagen vor der sich nähernden Front und wurden überfallen. Der Junge wurde durch einen Kopfschlag mit einem Gewehrkolben betäubt und kam erst in einem Prager Krankenhaus wieder zu sich. Die Eltern hat er nie wieder gesehen.

Bernis gelähmte Wangenmuskeln haben ihm einen verzerrten Ausdruck gegeben, der zunächst abstoßend wirkte. Pitter hat sich immer solcher mit körperlichen Gebrechen behafteter Kinder angenommen und trachtete danach, ihnen die Liebe zu ersetzen, die sie von anderer Seite nicht bekamen. So wuchs ihm auch Berni besonders ans Herz. Bei jedem Besuch in Ládví suchte er ihn auf und beglückte ihn mit seiner freundlichen Aufmerksamkeit. Der stille Berni erwiderte sie mit Zeichnungen, die er für den „Onkel" mit besonderer Sorgfalt und Liebe ausgeführt hatte.

„Wenn Berni keine Verwandten mehr haben sollte, behalte ich den Buben," erklärte Pitter einmal, „gute Pflegeeltern würden wir für ihn ohnehin kaum finden. Die meisten achten vor allem auf ein hübsches Gesicht."

Nach Bernis Äußerungen mußten wir annehmen, daß die Eltern bei dem Überfall umgekommen waren. Es war aber verwunderlich, daß sich keiner der Verwandten, von denen er sprach, meldete. Berni stammte aus Berlin, das war klar. Die dortigen Suchdienste hatten schon längst die Namen all unserer Pflegekinder erhalten. Aber freilich – man suche dort eine „Tante Dora" oder „die Großmutter" – zumal die Stadt in Trümmern lag und die ehemaligen Bewohner sich Gott weiß wo aufhielten.

Berni war bei weitem intelligenter, als man nach seinem Aussehen schließen konnte. Er erinnerte sich an vieles aus der Vergangenheit, an mehr als andere Kinder seines Alters, und es war auffallend, wie sich seine Aussagen genau mit dem deckten, was er uns schon vor einem Jahr in Lojovice erzählt hatte. Unter anderem sprach er wiederholt von seinem Aufenthalt bei der Großmutter auf dem Lande in Borgsdorf. Dort müßte sich doch gewiß etwas feststellen lassen! So wandten wir uns von neuem an den Caritas-Verband in Berlin, damit in dieser Richtung besondere Nachforschungen angestellt würden.

*

Als letztes Kind aus tschechischen Internierungslagern konnten wir im November nach Wolfgang und Karli noch den kleinen Dirk aufnehmen. Schon im Sommer war Pitter aus München ersucht worden, seinen Aufenthalt zu erforschen und ihn seiner Mutter zurückzusenden. Dirk war zur Zeit des Umsturzes nicht einmal ein Jahr alt. Wir staunten: Wie konnte ein so kleines deutsches Kind jene Zeit überleben? Es war wohl sein Glück gewesen, daß er einen slawischen Familiennamen trug, denn, wie die Mutter vom Roten Kreuz erfahren hatte, war er vom deutschen Kinderheim in Brünn einem tschechischen übergeben worden. Nach umfangreicher Korrespondenz konnten wir den Aufenthalt des Kindes erfahren. Die Brünner Jugendfürsorge teilte mit, daß Dirk vor kurzem zur Aussiedlung in das Sammellager von Mladkov gebracht worden sei.

Darauf wandte sich Pitter an die Zentralleitung der mährischen Internierungslager mit dem Ersuchen, uns das Kind zu übergeben, da wir die Aussicht hatten, eine Kindergruppe in die amerikanische Zone senden zu können. Es vergingen nur ein paar Tage, und schon brachte uns eine junge Mitarbeiterin der Jugendfürsorge den kleinen Dirk – nicht aus dem Sammellager Mladkov, das inzwischen aufgelöst worden war, sondern aus dem Sammellager Mikulov, wo jetzt alle verbliebenen deutschen Kinder gesammelt wurden, auch die von Polepy!

Dirk hatte den Kopf vollständig mit ansteckenden Geschwüren bedeckt. Die Schwester wußte damit schon Rat: Dirk wurde kahl geschoren und ging vergnügt mit verbundenem Kopf umher. Bald war er völlig ausgeheilt und wurde ein munterer Kamerad für Karli.

Wir rechneten damit, daß diese drei Kleinen in verläßlicher Begleitung mit einer Gruppe unserer Kinder abreisen würden, deren Eltern sich auch aus der amerikanischen Besatzungszone gemeldet hatten. Die Genehmigung des Innenministeriums war schon besorgt. Aber dieser lang versprochene und ersehnte Kindertransport der UNRRA wurde abgeblasen, und außerdem hieß es, die amerikanischen Besatzungsbehörden erteilten für die Winterzeit überhaupt keine Transportbewilligungen mehr.

Was nun mit diesen deutschen Kindern, die in Bayern, Württemberg und anderen Gegenden im Westen mit ihren Familien vereinigt werden sollten? Wie lange würden wir sie noch betreuen müssen?

Sehr bald zeigte sich unverhoffte Hilfe! Die schweizerische Gruppe des Internationalen Zivildienstes (SCI), die zuletzt in Olešovice geholfen hatte, hätte schon heimgereist sein sollen, aber sie mußte warten bis ihr Lastauto in Prag repariert war. Die Freiwilligen zeigten sich bereit, unsere drei Kinder auf dem Heimweg nach Zürich bis München mitzunehmen. Ihre Mitarbeiterin Lisbeth hatte uns in Lojovice sehr tüchtig ausgeholfen, als dort wieder einmal eine Pflegerin erkrankte. Ihr könnten wir den kleinen Dirk für die Heimreise anvertrauen!

Welch herrliche Gelegenheit für ihn, Wolfgang und Karli! Der rasche, direkte Weg mit dem Auto, ohne alle die Beschwernisse der hiesigen und dortigen Auffang- und Quarantänelager! Lisbeth war sofort bereit, die Verantwortung für die drei kleinen Buben für die Heimreise zu übernehmen. Die Amerikaner würden sie auf Vorweisung von Gesundheitszeugnissen und Briefen der Verwandten gewiß durchlassen. Auch die kleine Gila war ja auf privatem Wege glücklich zu ihrer Mutter in den Westen gelangt.

Zur Sicherheit rüsteten wir die drei noch mit amtlichen Bestätigungen unseres Ministeriums aus; sie waren in tschechischer und englischer Sprache abgefaßt, mit Fotografien und Stempeln versehen. Das Rote Kreuz in München verständigten wir rechtzeitig und ersuchten es, die Kinder zu übernehmen, weil unsere Schweizer Freunde sich in München nicht aufhalten konnten. Auch Großvater Opitz und Dirks Mutter gaben wir im voraus Nachricht von der Ankunft der Kinder.

Im Heim von Ládví wurden unterdessen aus geschenkten Kleidungsstücken für die Reise auf dem Lastwagen die wärmsten Sachen ausgesucht. Berni schaute all den Vorbereitungen sehr traurig zu. Wie oft hatte er schon sehnsüchtig dagestanden, wenn andere Kinder so für die Heimreise ausgerüstet wurden! Würde denn nicht auch für ihn einmal dieser glückliche Augenblick kommen?

Bernis Kameraden waren noch nicht abgereist, da erhielt Pitter einen Brief aus Berlin. Auf der Beilage las er: „Mein liebster Berni!“ Die Großmutter hatte endlich von der Berliner Caritas von seinem Aufenthalt erfahren. Wie lange schon hatte sie nach der Familie forschen lassen! Es war ihr nicht eingefallen, einen besonderen Suchantrag nach dem Kind zu stellen. „Die Großmutter in Borgsdorf ist ganz außer sich vor Freude“, schrieb die Tante in dem Begleitbrief,

„daß wenigstens der Enkel gefunden ist. Es rührt sie ganz besonders, daß sich der Kleine an sie erinnert. Es wird sehr gut für ihn gesorgt sein. Ich bewohne jetzt die instandgesetzte Wohnung seiner Eltern und werde hier für ihn sorgen. Die Großmutter hat schon versprochen, uns vom Lande mit Eßvorräten zu versehen. Wir hoffen indes immer noch auf die Rückkehr seiner Eltern."

Als Berni von „Onkel" Přemysl die freudige Nachricht erfuhr, war er tief gerührt; er jubelte oder weinte jedoch nicht, wie andere Kinder bei solchen Nachrichten. Aber eine unsägliche Glückseligkeit strahlte aus seinen Augen.

Jetzt mußte er nicht zusehen, wie seine drei kleinen Kameraden vor ihm abfuhren – er selbst kam früher an die Reihe!

Das schweizerische Lastauto des Internationalen Zivildienstes, das die drei Jungen mitnehmen sollte, brauchte nach den Strapazen auf kriegsbeschädigten Landstraßen eine gründliche Reparatur und ehe es wieder fahrbereit war, kam unverhofft die Nachricht vom Sondertransport des guten Captain Stanley Preece, der bereit war, Berni nicht nur nach Bayern, sondern über die britische Besatzungszone bis nach Berlin zu befördern.

So wurde auch Berni in Eile mit allem Notwendigen ausgestattet, und unversehens war er abgereist! Manche der an diesem Transport beteiligten Pflegekinder hatten, nachdem sie Nachricht von ihren Angehörigen erhalten hatten, über ein halbes Jahr auf die Heimkehr warten müssen. Berni hatte erst vor einer Woche die beglückende Nachricht bekommen, und schon konnte er die Reise zu seinen Lieben antreten!

*

Vier Tage später war auch der Lastwagen des Internationalen Zivildienstes wieder fahrbereit. Es war der 17. Dezember 1946, ein eisiger Wintermorgen, als die kleinen Reisenden für die lange Fahrt in warme Decken eingepackt wurden. Wolfgang und Karli saßen mit den Mitgliedern der Arbeitsgruppe unter der Plane zwischen allerhand

Gepäckstücken. Den Jüngsten, Dirk, hatte Lisbeth auf dem Schoß in der Führerkabine. Es war vorgesehen, in Železná Ruda (dt. Markt Eisenstein) im Böhmerwald zu übernachten.

Wir waren zwar zuversichtlich, daß alles wie geplant geschehen würde. Doch wir hatten genug Erfahrungen mit guten Plänen, die plötzlich von Unvorhergesehenem durchkreuzt wurden. So wurde verabredet, daß sich die Schweizer gleich bei der Grenzwache erkundigen sollten, ob man die Kinder durchlasse. Im schlimmsten Fall sollten die Freunde uns nach Prag telefonieren, und wir würden die Kleinen sofort zurückholen.

Abends warteten wir im Milíč-Haus etwas ängstlich auf einen möglichen Anruf aus Železná Ruda. Wir fuhren zusammen, als das Telefon klingelte. „Alles in Ordnung!" hieß es jedoch zu unserer Beruhigung.

Ein paar Tage später kam ein froher Brief von unserer Freundin Lisbeth aus der Schweiz: „[...] Wir sind nachmittags in München angekommen, als die Amtsstunden im Suchdienst vorbei waren. Jemand führte uns in die menschenleere Kantine, wo wir in unseren Schlafsäcken übernachten konnten. [...] In diesem Sonderamt des Roten Kreuzes arbeiten etwa fünfhundert Personen, größtenteils selbst deutsche Flüchtlinge. Diejenigen, mit denen ich in der Kinderabteilung gesprochen habe, beeindruckten mich sehr. Man sieht, daß es ihnen bei dieser Arbeit wirklich um den Menschen geht. Die erste Äußerung auf unseren Bericht war: ‚Wie wird sich Dirks Mutter freuen!' Sofort wurden an sie und an Großpapa Opitz Telegramme geschickt. Dann haben wir die drei Kinder noch ins Kinderheim gebracht, wo sie die Ankunft ihrer Angehörigen erwarteten."[34]

[34] Bei weitem nicht alle verlorenen Kinder fanden, wie diese vier Jungen, eine glückliche Zusammenführung mit ihren Angehörigen. Noch siebzehn Jahre nach dem Zusammenbruch gab es, laut einer Statistik des Bundesvertriebenenministeriums, 6.700 Kinder, deren Eltern gesucht wurden. Die Suchstellen des Deutschen Roten Kreuzes hatten bereits vorher die Angehörigen von 81.500 Kindern ermittelt. [...] Auslassung durch die Autorin.

Weihnachten konnten sie schon in ihren Familien feiern. Und nicht nur sie, auch die anderen zwei Enkel des Großvaters Opitz. Dieser hatte inzwischen von der Pflegerin, die sie aus der Tschechoslowakei hätte mitnehmen sollen, die Nachricht erhalten, daß ihr die beiden im letzten Augenblick von tschechischen Gendarmen weggenommen worden waren. Es stellte sich später heraus, daß sie selber die Buben auf dem tschechischen Grenzbahnhof gelassen hatte. Eine Rotkreuz-Schwester hatte sie dann von dort nach Bayern mitgenommen. Es war zufällig die uns bekannte Schwester Hermine, deren ergebene Fürsorge für die Kranken des Lagers Hagibor wir bewundert hatten. Als die Großeltern Opitz nach München kamen, um Wolfgang und Karli abzuholen, konnten sie auch noch die bayerische Adresse ihrer anderen zwei Enkel erfahren und die Übergabe erfolgte dann schnell.

Auch Berni gelangte heil zu seinen Lieben; aber nach Berlin ging es nicht so schnell. Alle Berliner Kinder des Transportes von Captain Preece mußten in der britischen Besatzungszone warten, bis ihnen die Einreise in ihre Heimatstadt amtlich genehmigt wurde.

Jetzt sind Wolfgang und Berni fleißige Schüler. Wolfis Vater ist aus der Gefangenschaft zurückgekehrt. Berni ist bei seiner guten Tante. Beide haben „Onkel“ Přemysl nicht vergessen. Von Wolfi hat er ein liebes Briefchen erhalten und von Berni eine schöne Zeichnung.

*

P. S. Zur Weihnachtszeit 1950 befand ich mich schon in der Schweiz und konnte allen ehemaligen Pflegekindern, deren Adressen ich hatte, einen Rundbrief schicken. Berni beantwortete ihn aus dem Westen mit einer in schöner Schulschrift sorgsam geschriebenen Postkarte: „[...] Hier kann ich jeden Tag mit meinen Vettern im Garten spielen. Ich besuche jetzt das Gymnasium. Leider kann ich mich nicht mehr an alle in Prag und Ládví erinnern.“

Offenbar hatte ihm jemand bei der Abfassung des Textes geholfen.

Später nahm ihn die Tante nach Berlin zurück und gab uns hier und da Nachrichten über seine erfolgreichen Studien. Sie besuchte uns sogar einmal in der Schweiz. Heute ist Berni Ingenieur in Süddeutschland. Anscheinend ist er der scheue Zurückgezogene geblieben, den wir gekannt haben. Zum Erinnerungstreffen im Jahr 1985 erhielt er eine besondere Einladung. Er ist leider nicht erschienen, obwohl er von allen Ehemaligen den kürzesten Reiseweg hatte. Sein „Frauchen", von dem die Tante uns wiederholt lieb geschrieben hatte, entschuldigte seine Abwesenheit mit seiner beruflichen Arbeitsüberlastung.

Von den Enkeln der Großeltern Opitz hörten wir nie wieder etwas. Kein Wunder, bei den großen Sorgen, die sie auf einmal mit vier Buben belasteten. Außerdem waren diese ja nur kurze Zeit in unserer Pflege gewesen.

Der Mann, der einmal „unser kleiner Dirk" gewesen war, weiß in reifem Alter gewiß nichts mehr von seiner unter guten Tschechen verbrachten Zeit. Nicht einmal seine Mutter konnte ja etwas davon ahnen und ihm erzählen.

Die kleine Marta „adoptiert sich" Eltern

Das blasse, ausgehungerte Mädchen war etwa vierjährig, als es Přemysl Pitter Ende Juli 1945 mit den ersten deutschen Kindern aus der Hölle der Rais-Schule in Prag-Vinohrady rettete und ins Schlößchen Lojovice brachte. Helenchen, Berni, Dietrich, Julie und über zwanzig andere gehörten zu seinen Leidensgenossen. Einige erlagen früher oder später den Folgen der langen Unterernährung. Die anderen erholten sich sehr langsam, trotz mancher Erkältungen, die auch Martchen befielen. Es blieb schließlich von allen achthundert heimatlosen Kindern, die in Pitters improvisierten Heimen Schutz und Erholung fanden, am längsten in seiner Obhut.

Martchen wartete mit großer Sehnsucht, daß sie von ihrer Mutter abgeholt würde.

„Sie ist hinter der weißen Tür verschwunden", war die einzige Ortsangabe, die das Kind geben konnte. Viel später erfuhren wir, daß es die Tür des Krankenzimmers einer deutschen Klinik war, wo sich die Mutter kurz vor dem Umsturz einer Ohrenoperation hatte unterziehen müssen.

Das einzige, woran sich Marta genau erinnerte, war ihr Name: Marta Konrad. Er stand bald auf allen Verzeichnissen unserer Kinder, die jedoch erst nach etwa sechs Monaten die deutschen Suchdienste erreichen konnten – nachträglich auch mit einer Fotografie. Im Frühjahr 1946 erhielten einige Kinder beglückende Nachrichten aus Deutschland; aber nach Marta erkundigte sich nie jemand.

„Habt ihr Mutti noch nicht gefunden?" war ihre fast vorwurfsvoll klingende Begrüßung bei jedem unserer Besuche in Lojovice.

Marta genoß die Wohltaten des Heimes fast anderthalb Jahre. Mittlerweile war sie ein heiteres Mädchen geworden, das durch rote Wangen im runden slawischen Gesichtchen auffiel. In der frohen Kinderschar war allmählich ihre Sehnsucht nach der Mutter verblaßt.

Als das Kinderheim Lojovice Ende 1946 geschlossen werden mußte, kam Marta mit den verbliebenen Kindern nach Ládví, und als auch dieses Heim aufgegeben werden mußte, kamen seine Insassen ins große Schloß Kamenice, das noch als letztes der Nachkriegsheime Pitters übrig blieb.

Im Januar 1947 herrschte grimmige Kälte, die in den hohen Räumen dieses Schlosses allen Insassen zu schaffen machte. Es war ja eigentlich nur als Jagdsitz gebaut worden. Seine Öfen, samt dem kunstvollen großen Kachelofen im Jagdzimmer, reichten nicht aus, um alle Zimmer zu erwärmen. Mehrere Kinder litten an schweren Erkältungen und mußten das Bett hüten. Dank guter Pflege wurden jedoch fast alle bald wieder gesund.

Nur bei der inzwischen etwa sechsjährigen Marta wollte das Fieber nicht nachlassen, im Gegenteil, es stieg immer weiter an. Unser Arzthaus war bereits geschlossen, um zusammen mit dem Schlößchen Olešovice umgebaut zu werden, und Dr. Vogl war definitiv nach Prag umgezogen. Fachärztliche Untersuchung war für Marta dringend notwendig. Man stellte fest, daß beide Lungen des Kindes angegriffen waren.

Marta mußte sofort ins Bezirkskrankenhaus eingeliefert werden. Zum Glück hatte sie in unseren Heimen sehr gut gelernt, sich tschechisch zu verständigen, so daß sie dort aufgenommen wurde. Als Kind unbekannter Herkunft war sie dazu auch berechtigt.

Wir fuhren bald hin, sie zu besuchen und fanden Martička in Agonie liegend. Wir konnten das Kind kaum erkennen, und es schien unsere Gegenwart nicht zur Kenntnis zu nehmen. Die Ärzte hatten keine Hoffnung für seine Genesung. Die eine Lunge war zur Hälfte nicht mehr funktionstüchtig, die andere auch bereits angegriffen.

Anfang Mai 1947 mußte unser letztes Nachkriegsheim aufgelöst und dem neuen Besitzer – diesmal war es die Gemeinde – übergeben werden. Wohin nur mit den etwa zwanzig verbliebenen Pflegekindern, damit sie für ihre weitere Wartezeit nicht in Lager geschickt würden? Die

Schwestern eines Frauenklosters der Umgebung nahmen die deutschen Kinder bereitwillig auf.[35]

Bei vier der noch ungelösten Kinderschicksale war es besonders wichtig, geeignete Pflegeeltern zu finden, für den Fall, daß sich keine Angehörigen melden sollten. Pitter hatte sich noch als Heimdirektor zu ihrem Vormund einsetzen lassen. Marta war eines dieser vier Sorgenkinder. Für ihre Unterbringung war jedoch auch nach der Entlassung aus dem Spital sehr gut gesorgt, denn sie mußte zur weiteren Behandlung und Isolierung in eine Sonderabteilung der Masaryk-Heime in Prag-Krč, eine große soziale Einrichtung der Stadt Prag aus der Masaryk-Republik. Dort konnten wir sie öfters besuchen. Sie erhielt da ihren ersten Schulunterricht und ging im tschechischen Milieu ganz auf.

*

Die eine Kamenicer „Tante" unterrichtete nun wieder in einem entfernten Dorf. Bei ihren gelegentlichen Visiten in Prag besuchte sie auch die kleine Marta. Einmal überraschte das Kind sie mit der freudigen Nachricht: „Letzten Sonntag haben mich Vati und Mutti besucht!" „Tante" Dobruše wollte ihren Ohren nicht trauen: „So sind denn deine Eltern endlich doch noch gefunden?"

„Aber nein", erwiderte Martička ganz selbstverständlich. „Ich meine doch ‚Onkel Vati' und ‚Tante Mutti'. Ich habe sie mir adoptiert." (Wörtliche Übersetzung aus dem Tschechischen.)

Von nun an nannte uns Marta immer „Vati" und „Mutti". Sie wollte auch Eltern haben wie alle ihre Zimmergenossinnen. Wir ließen es gelten, denn was weiß ein siebenjähriges Kind von einem Geburtsschein und seiner Bedeutung? Eltern sind doch die lieben Menschen, die sich unter allen Umständen um ein Kind kümmern!

[35] Leider sollte die Schwestern drei Jahre darauf auch das Schicksal der Vertriebenen ereilen, als alle Klöster in einer Nacht beschlagnahmt – und alle Ordensschwestern in entfernte Sammellager verbracht wurden.

Martas Kameradinnen hatten auch stolz Fotografien gezeigt, auf denen sie mit den Eltern abgebildet waren. So etwas wünschte sie sich auch.

„Vati, bring mir das Bild, wo ich mit euch zusammen drauf bin."

„Aber Martička, so was habe ich doch nicht."

„Das macht nichts. Aber bring das Bild!"

Pitter war nicht lange verlegen. Zum nächsten Besuch nahm er einen geliehenen Fotoapparat mit und ersuchte die diensthabende Schwester, uns mit Marta abzuknipsen. Zu ihrer großen Freude erhielt die Kleine bald das Gewünschte.

Bei einem unserer späteren Besuche durfte Marta zum ersten Mal mit uns im großen Anstaltsgarten spazieren gehen. Es gab wie immer viel zu erzählen, und wir spielten auch munter Fangen. Marta bewegte sich nach dem langen Liegen ziemlich unbeholfen. Niedrige Ziersträucher luden zum Versteckenspielen ein. Einmal ließ sich „Mutti" lange nicht finden. Eine panische Angst bemächtigte sich der Kleinen. „Wo ist Mutti? Wo ist Mutti?" schrie sie.

Obwohl ich sofort herbeilief, konnten wir Marta längere Zeit nicht beruhigen. Sie weinte krampfhaft und blieb verstört bis zum Schluß der Besuchszeit. Wir verstanden, daß die Vorstellung vom Verlust der Mutter im Unterbewußtsein eine längst verdrängte tragische Erfahrung berührt hatte. Ein neuer Beweis dafür, wie hartnäckig schwere Wehmut auf dem Grunde einer anscheinend glücklichen Seele zurück bleibt.

Wie viele unserer Kinder müssen eine ähnliche Tragödie erlebt haben! Das liebevolle Milieu unserer Heime hat neue Freuden geschenkt und ihre Sehnsucht verblassen lassen – ähnlich, wie ärztliche Pflege geholfen hat, Martas Lungen auszuheilen – aber in beiden Fällen sind empfindliche Narben geblieben.

*

Endlich konnte Marta entlassen werden – vorerst vorsichtshalber zur weiteren Beobachtung in die Pflege einer kinderlosen Familie, und nach weiterer Kontrolle auch unter gesunde Kinder. In Prag hätte sie nicht die gute Luft und besondere Verpflegung erhalten können, die sie noch brauchte. So gaben wir sie in unser kleines Erholungsheim in Mýto, wo ein Dutzend Prager Kinder aus dem Milíč-Haus zur Erholung weilten. Marta schloß unsere Freundin, die Hausmutter Milada – an welche Marion und der „Herr Professor“ im Konzentrationslager oft noch wehmütig gedacht hatten – bald in ihr Herz. Sie konnte nun mit ihren neuen Kameraden die öffentliche Schule besuchen. Für Rechnen hatte sie wenig Begabung. Zeichnen, Singen, Handarbeiten waren ihre Lieblingsbeschäftigungen. Manchmal sammelte sie alle Puppen, die sie im Haus finden konnte, und spielte die Ärztin oder Krankenschwester, wie sie es selbst erlebt hatte: Sie hörte den Puls ab, verabreichte Medikamente, machte Umschläge, verband Wunden usw. Sie war in Mýto ganz zufrieden und verlangte nicht unsere ständige Gegenwart; so wie den anderen Kindern genügten ihr die regelmäßigen Besuche der „Eltern“.

Als Marta etwa neunjährig war, fragte ich sie einmal nebenbei, ob ich noch weiter nach ihren Eltern forschen solle.

„Aber nein“, sagte sie ganz gelassen, „ich bleibe schon die eurige.“

*

Es vergingen wiederum viele ruhige, frohe Monate im „Häuschen am Walde“. Da fuhr ein Blitz aus heiterem Himmel. Das Ministerium für soziale Fürsorge, das die Unterhaltskosten für Marta immer noch deckte, teilte Pitter in Prag mit, Marta werde von ihren Eltern, den Flüchtlingen Conrad aus Schlesien, gesucht! Mangels schriftlicher Unterlagen hatten wir „Konrad“ immer phonetisch geschrieben. Bei der ständigen Arbeitsüberlastung war weder uns, noch den Suchdiensten eine andere Möglichkeit eingefallen.

Wir suchten zusammen mit der Hausmutter in Mýto ein angemessenes Vorgehen. Aus Sachsen, wo Familie Conrad jetzt wohnte, kamen allgemein schlechte Berichte. Es herrschte dort großer Mangel an allem, besonders unter den vielen Flüchtlingen. Vater Conrad war ein arbeitsloser, kränklicher Bergmann. Wir mußten befürchten, Marta würde dort die Gesundheit einbüßen, die sie dank langer ausgezeichneter Behandlung und Pflege wiedererlangt hatte. Der tschechischen Postzensur wegen war es nicht einmal ratsam, den Eltern Martas die kritische Situation und auch die Vorteile, die Marta jetzt in Mýto genoß, zu schildern. Man hätte sie uns, als erwiesenes Kind deutscher Eltern sofort wegnehmen können.

Und vor allem: Wie verheerend würde die Nachricht auf die zehnjährige glückliche Marta wirken, wenn sie plötzlich in eine ganz fremde Umgebung versetzt würde! Sie fühlte sich in Böhmen unter lauter Tschechen schon lange als Einheimische; die deutsche Sprache hatte sie vollständig vergessen. Wie würde sie sich bei den ärmlichen Eltern benehmen, nachdem ihr in Mýto nichts gefehlt hatte! Eine gute Lösung wäre vielleicht, wenn sie vorerst nur für die Ferienzeit zu den Eltern auf Besuch fahren könnte – doch diese Möglichkeit gab es damals noch gar nicht.

Nach reiflichen Überlegungen beschlossen wir, Marta vorerst nicht zu beunruhigen und sie erst nach Klärung aller Umstände und Wege schonend über die gefundenen Eltern in Kenntnis zu setzen. Den Conrads rieten wir, sich im Interesse ihres Kindes zu gedulden, bis sich in Sachsen die Verhältnisse etwas gebessert hätten.

Wie sollte sich Frau Conrad, die trotz vieler Nachforschungen fünf Jahre lang von ihrer Jüngsten nichts gewußt hatte, damit zufrieden geben! Sie traute unseren Ausführungen nur halb. Wahrscheinlich hatte sie von tschechischen Pflegeeltern gehört, die sich dagegen sträubten, den deutschen Eltern ein liebgewonnenes Kind zurückzugeben.

Wie lange würde wohl Frau Conrad noch Geduld aufbringen können? Das war jetzt unsere große Sorge.

Mitten aus dieser ungelösten Problematik, mußte ich plötzlich aus familiären Gründen in die Schweiz fliegen. Erst von da aus konnte ich der mißtrauischen Mutter im Osten die ganze Wahrheit über Martas schwere Erkrankung und ihre langwierige Genesung schildern und ihr auch Fotografien beilegen. Sie drängte dann nicht mehr so sehr auf die baldige Rückkehr ihres Kindes.

Hier und da erhielt ich von Marta nette Briefchen, die mir Tante Milada aus Mýto übermittelte und mir versicherte, sie habe dabei in Martas eigenem Entwurf nur einige kleine Fehler verbessert. Die kleine Schülerin erzählte zufrieden über ihre Beschäftigungen, die guten Schulzeugnisse, das Beeren- und Pilzesuchen u. ä. Ihre Briefchen trugen immer noch die Anrede „Liebe Mutti“ und es fehlte nie ein Gruß für den „Großvater“. Durch die Hausmutter Milada wußte ich auch, daß Marta für ihr Alter beschränkte geographische Vorstellungen hatte. Sie hatte nur begriffen, daß ich weit weg war, um meinen kranken Vater zu betreuen. Sie war nicht beunruhigt, als sich meine Abwesenheit in die Länge zog. Da war ja noch „Vati“, der sie oft in Mýto besuchte.

Für Pitter jedoch war eine hektische Zeit angebrochen. Verstaatlichung aller Kinderhorte, wilde Hausdurchsuchungen im Milíč-Haus, lange Verhöre, die mit Pitters Absetzung als Direktor endeten, und plötzliche zwangsweise Übersiedlung in eine bewachte Untermiete. Wegen seiner sich verschlimmernden Herzkrankheit kamen dazwischen ärztliche Behandlungen und verschriebene Wochen absoluter Ruhe auf dem Land. Trotz allem vergaß Pitter Martas Schicksal nicht, und er erforschte alle Reisemöglichkeiten für sie. Um ihr die Strapazen des tschechischen Sammellagers und der deutschen Quarantäne zu ersparen, reichte er als ihr Vormund, durch Vermittlung des Roten Kreuzes bei der Diplomatischen Mission der DDR, das Gesuch für einen Reisepaß ein – damals noch eine unvorstellbare Sache.

Pitter deutete mir seine Schritte in Briefen an, und ich konnte das Notwendige an Frau Conrad weiterleiten. Sie war vorsichtshalber nur durch die Schweiz mit Mýto in Verbindung. Sie schrieb mir übrigens nur noch selten, denn ihre größte Sorge war jetzt der kranke Mann, dessen Staublunge sich wieder sehr verschlimmert hatte.

Endlich, im Sommer 1951 – Marta hatte gerade das dritte Schuljahr mit Erfolg abgeschlossen –, glaubte Pitter, daß es mit ihrer Sache gut stünde und entschloß sich, ihr das Geheimnis von den gefundenen Eltern zu eröffnen. Er schrieb mir darüber: „Wir zeigten ihr ein Bild von den Eltern und den drei Schwestern, aber das sagte ihr gar nichts, sie erkannte niemanden. Dann erklärte ich ihr alles. Sie war zu Tränen gerührt. Jetzt freut sie sich auf die Reise. Ich lehre sie einfache deutsche Sätze – sie hat aber weder Begabung noch Lust dazu."

*

Eine Woche später erhielt Pitter eine Vorladung zum Staatsanwalt. Er war gewarnt worden, daß dies Verhaftung und Verschickung zur Zwangsarbeit in die mörderischen Uranbergwerke von Jáchymov (dt. Joachimsthal) bedeuten würde. So entschloß er sich eiligst zu einer abenteuerlichen Flucht über das Grenzgebirge nach Dresden, Leipzig und West-Berlin zu deutschen Freunden.

Mir hatte man trotz mancher Interventionen die Rückreise nach Prag verweigert. So blieb Marta jetzt in Böhmen wiederum elternlos! Das machte es ihr wohl leichter, sich auf ihre wahren Eltern umzustellen. Doch die innere Wandlung soll nicht ganz so glatt vor sich gegangen sein, denn „Tante" Milada hatte jetzt manchmal Schwierigkeiten mit ihrem gesteigerten Eigensinn.

Sie, die Prager „Tanten" und „Onkel Fedor" leiteten die weiteren Schritte für Martas Abreise ein. Die Erledigung aller amtlichen Bewilligungen brachte noch unerwartete Verzögerungen, denn es amteten jetzt fast überall neue, unerfahrene Parteileute.

Mittlerweile war Marta sehr gewachsen. Ein neues Gesundheitszeugnis war notwendig. Marta war vollkommen gesund, aber die Ärzte betonten, eine häufige Kontrolle der

Lunge sei wichtig, besonders während der Entwicklungsjahre und später nach Geburten.

Ein Jahr nach Pitters Flucht war endlich alles geregelt. Das zwölfjährige Mädel nahm am 2. September 1952 von Mýto Abschied. Mit gemischten Gefühlen: weinend über den Verlust der liebgewonnenen Gemeinschaft im Heim und doch voll froher Erwartung auf ihre eigene Familie, besonders auf die Schwestern.

Im Prager Bahnhof-Mitte übergab sie „Tante“ Marie [Pašková] mit reichlichem Gepäck und vielen Ausweispapieren den Schwestern des Tschechoslowakischen Roten Kreuzes, die den Kindertransport bis zur nördlichen Grenze betreuten. Herzerweichende Szenen spielten sich in den zwei Waggons ab: „Tante“ Marie war Zeuge, wie einige Kinder sich mit Geschrei dagegen sträubten, sich von ihren Pflegeeltern zu trennen. Marta war vernünftig; sie war ja eines der ältesten.

An der Grenze wurden die Kinder Schwestern des Deutschen Roten Kreuzes übergeben und die Eltern sofort über ihre Ankunft benachrichtigt. Es gab keine Quarantäne. Gleich am folgenden Tag konnte Frau Conrad Marta abholen. Nach siebeneinhalb Jahren Trennung konnte sie Marta wieder in die Arme schließen! Aus dem blassen, weinenden Kindchen, das sie im Mai 1945 der Prager Klinik hatte übergeben müssen, war ein hübsches, vor Gesundheit strotzendes Mädel geworden. Vergessen waren jetzt die vielen Ängste um Martas Überleben in „Feindesland“!

*

Die langersehnte „Kleine“ wurde von der ganzen Familie verwöhnt, so daß sie sich in der engen, dürftigen Wohnung bald heimisch fühlte. Sie schickte mir schon nach ein paar Wochen einen freudigen tschechischen Brief in die Schweiz. Natürlich waren wir nun wieder „Onkel“ und „Tante“ geworden. Es gehe auch in der Schule gut, die Schwestern und auch der Lehrer, der tschechisch konnte – ein Vertriebener aus der Tschechoslowakei – seien ihr sehr behilflich. Nach einem Jahr schrieb sie mir nur noch auf Deutsch, mit der Unterschrift „Martel".

Als ihre Schulpflicht beendet war, ließ sie die Mutter ein Jahr den Haushalt besorgen. Dann wollte Marta mitverdienen und begleitete sie in die große Schuhfabrik. Als Siebzehnjährige machte sie im Spital eine schwere Typhuserkrankung durch, die sie sehr schwächte, aber die Lunge wurde dabei nicht in Mitleidenschaft gezogen. Nachher arbeitete sie bei einem Bauern, durfte jedoch laut Vorschrift der Ärztin immer noch keine schweren Arbeiten verrichten.

Marta war dreiundzwanzig, als sie einen „Schweizer" heiratete – d.h. einen Fachmann für Rinderviehzucht – einen Gleichaltrigen aus der weiteren Umgebung, der in einer LPG (Landwirtschaftlichen Produktionsgenossenschaft) angestellt war. Sie selbst erhielt dann dort auch eine Stelle beim Kleinvieh. Als Tierliebhaber, die sie beide waren, gefiel ihnen die Arbeit wohl, aber sie war sehr schlecht bezahlt. Aus anfänglicher großer Not, die mir Marta erst später schilderte, um mir keine Sorgen zu machen, konnten sie sich nur schrittweise ein richtiges Heim einrichten. Es war ein harter Kampf ums Leben, besonders als dann kurz nacheinander zwei Kinder geboren wurden. Oft mußten sie von früh bis spät schuften, um durchzukommen. Ihre einzige Freude waren die Kleinen; Marta erzählte mir gern über deren Fortschritte.

Zwei Schwestern hatten in die BRD geheiratet. „Mutti und ich wollten sie einmal besuchen", schrieb sie mir, „aber sie lassen niemanden fahren. Da siehst Du, wie eingeengt wir sind [...]. Man muß immer alles mitmachen und darf nichts sagen, sonst fliegt man raus – ein Arbeitspferd, weiter nichts! Obwohl ich meine Eltern habe, seid Ihr mir genau so lieb. Ich weiß gar nicht, wie ich Euch einmal danken soll. Ich denke manchmal über mein Schicksal nach, und was ich alles schon durchgemacht habe. Aber der liebe Gott gibt uns immer wieder Kraft. Mir stehen manchmal Tränen in den Augen, wenn ich an Euch denke."

Vierzehn Jahre nach dem Abschied von Mýto ging Martas sehnlicher Wunsch auf ein Wiedersehen in Erfüllung. Ihr Betrieb organisierte 1966 eine dreitägige verbilligte Omnibusreise nach Prag. Sie kratzten alle ihre Ersparnisse zusammen, um daran teilnehmen zu können, denn dort wohnte, seit der Auflösung des Heims in Mýto, „Tante“ Milada. Auch ihre letzte Köchin und tüchtige rechte Hand, „Tante“ Maria, eilte herbei. Marta erfuhr jetzt zum ersten Mal, warum „Mutti“ und „Vati“ damals verschwunden waren. Sie beschrieb mir das schöne Treffen und den ganzen Besuch ausführlich und begeistert. Der freie Nachmittag war nur zu schnell vorbei. Marta konnte sich noch leidlich tschechisch verständigen und mußte ihrem Mann Johannes alles dolmetschen. Dieser war ganz überrascht vom freundlichen Empfang auch für ihn und von der Freigebigkeit der beiden Tschechinnen. Sie nahmen sich vor, einander im nächsten Jahr wieder zu besuchen.

Aber es meldeten sich weitere Kinder, die alle, auch von Johannes und den Geschwistern, mit Liebe betreut wurden. Um das Einkommen zu steigern, schafften sie einige Haustiere und ein Stück Garten an. Auch Gemüse und Obst – auf dem Land kaum erhältlich! – waren für die Kinder notwendig. Der etwas erhöhte Arbeitslohn reichte kaum für alles. Marta mußte neben der Schichtarbeit noch tüchtig mithelfen. Manchmal ging es ihr im Kopf herum „wie ein Karussell“. Und doch hielt sie sich, wenn immer möglich, an ihren Vorsatz, die Kleinen nicht der Krippe und dem Kindergarten zu überlassen, sondern sie selbst zu pflegen und zu erziehen.

Als schon fünf liebe Sprößlinge da waren, bot sich „Tante“ Marie die Gelegenheit, die Familie unerwartet mit dem Auto einer Bekannten zu besuchen. Sie schrieb uns ganz begeistert über den ordentlichen Haushalt, die netten Kinder, den schönen Familienzusammenhang. Es erinnerte sie an die Gemeinschaft in Mýto, in welcher Marta als Kind drei Jahre verbracht hatte. „Sie hat unwillkürlich ihren guten Geist auf ihre Familie übertragen“, meinte die Besucherin.

Die tüchtigen und fleißigen Eltern gewannen langsam etwas Anerkennung. Es gab bessere Löhne, so daß sie in ein eigenes Haus übersiedeln konnten. Als Marta in Leipzig für ihre außerordentlichen Leistungen ausgezeichnet wurde, konnte mit dem erhaltenen Geld das eigene Heim nach Bedarf möbliert werden. Johannes war zuletzt für die Versorgung von zweihundert Kühen – keine Kleinigkeit – verantwortlich. Doch es gab nicht weniger Arbeit. Neben ihren eigenen Schichten mußten sie oft noch zu andern Zeiten einspringen, weil es zu wenig Leute gab. Nur sehr selten konnten Johannes und Marta die kurze Ferienzeit zusammen verbringen.

Der Heimgang von „Tante" Milada im Jahr 1966 und die Ausreise von „Onkel" Pitter in die Schweiz gingen ihr sehr nahe: „Ich wollte doch so gern alle meine Lieben noch einmal treffen", schrieb sie. „Ich weiß nicht, was es ist, aber es zieht mich nach Prag, als wäre es meine Heimat. Ich fühlte mich dort irgendwie anders und freier."

Es kamen jetzt immer weniger und kürzere Briefe. Kein Wunder bei ihrer großen Schar von sieben gesunden, lebhaften Kindern. Doch die Weihnachtswünsche fehlten nie. „Tante" Marie konnte Marta noch ein paar Mal treffen, war jedoch froh, eine Dolmetscherin dabei zu haben, denn Marta hatte die tschechische Sprache fast ganz vergessen.

*

Heute ist Marta fast fünfzigjährig und nicht mehr so leistungsfähig. „Die Knochen machen nicht mehr mit", aber sie geht immer noch tapfer auf Schichtarbeit. Auch Johannes ist nicht mehr der jüngste.

Die Großeltern Conrad haben ihr leiderfülltes Leben beendet. Marta ist jetzt Oma. Ihre zwei Ältesten sind verheiratet, die Enkel machen ihnen viel Spaß, wenn sie auf Besuch kommen. Nur die zwei jüngsten Kinder besuchen noch die Schule; die anderen drei sind auswärts in der Lehre. Einige arbeiten auch in der Viehzucht, zwei Mädchen wurden als Köchinnen ausgebildet.

So ist es im Haus von Marta doch etwas ruhiger geworden, und sie kann jetzt eher zum Nachsinnen kommen. Im Sommer 1988 habe ich wieder einmal einen aufschlußreichen Brief von ihr erhalten. Ich entnehme ihm die folgenden Sätze: „Jetzt habe ich nur noch Dich als Mutti [...]. Als Kind hat man alles vielleicht nicht so tragisch genommen, aber als erwachsener Mensch kann man alles übersehen und beurteilen [...]. Ich erzähle jetzt meinen Kindern sehr viel von früher, soweit ich mich erinnern kann.[36] – Ich denke oft zurück an meine Kindheit. – Es war eine traurige Zeit. Aber schlecht ging es mir nicht. Ihr habt es mich nicht spüren lassen und wart immer da!"

Die letzten Sätze sind bedeutungsvoller als viele schöne Worte des Dankes.

[36] In ihren Jugendjahren gab es eine Zeit, da sie selbst in meinen Briefen nicht gern an das Vergangene erinnert werden wollte!

Das gelebte Märchen

Auch Mariechen kam ins rettende Schlößchen Lojovice, das Pitters Freunde eiligst in ein Infektionskrankenhaus für deutsche Kinder verwandelt hatten. Im August 1945 wurden dort einige Betten frei, und so begaben wir uns in das Strahover Sokol-Stadion, damals das größte und schlimmste uns bekannte Sammellager für internierte Deutsche, um dort weitere verlassene Kinder abzuholen. Man übergab uns fünf entkräftete und eingeschüchterte Blaßfinklein.

Das schweigsamste von allen war ein etwa fünfjähriges Mädchen: Marie Gröbel. Mehr als den Namen wußte man in der Lagerleitung nicht, und von der Kleinen war kaum etwas zu erfahren. Auf deutsche Fragen antwortete Mariechen überhaupt nicht, auf tschechische hier und da mit einer leichten Kopfbewegung.

Erst nach einiger Zeit raffte sich Mariechen zu der tschechischen Bemerkung auf: „Zu Hause nannten sie mich Maruška." Wir schlossen daraus, daß Mariechen aus einer deutsch-tschechischen Ehe stammte.

In den ersten Monaten nach dem Zusammenbruch blieb uns überhaupt nicht Zeit, nach der Herkunft der kleinen Patientin zu forschen. Vordringlich war gute Pflege. Eine deutsche internierte Ärztin und einige deutsche Mütter, die uns die Lagerleitung geliehen hatte, nebst den jungen tschechischen Pflegerinnen, sorgten dafür. An uns in Prag lag es, in dem ausgeraubten Land genug Lebensmittel, Bettwäsche, Kleidungsstücke und Medikamente aufzutreiben.

Nach und nach erfuhren wir von Maruška, daß sie zwei Schwesterchen hatte, Anežka und Jiřina, und daß alle drei mit der Mutter in Kamýk gewohnt hatten. Die Mutter sei dann weggegangen ins Krankenhaus und habe die Mädchen allein bei der Tante zurückgelassen. Bald sei Maruška erkrankt und ins Krankenhaus gebracht worden, aber die Mutter sei nicht dort gewesen. Manchmal sprach Maruška von ihr, als wenn sie gestorben wäre.

Nach mehreren tschechischen Unterhaltungen taute Maruška auf, faßte plötzlich Mut und fragte mich, so wie sie es von anderen Kindern gehört hatte: „Hast du meine Mutti schon gefunden?“ Im Unterschied zu Martas Fragen klang es jedoch sehr kleinlaut. „Noch nicht, Maruška, aber ich hoffe, daß wir sie finden werden. Wir haben nach Kamýk geschrieben und warten auf Antwort.“ Wir hofften wirklich, die Mutter bald zu finden, denn Kamýk liegt, wie die Schlösser, südlich von Prag.

Maruška stellte mir nun dieselbe Frage bei jedem meiner Besuche in Lojovice. Sowie ich zu den Kindern ins Zimmer trat, heftete sie die Augen auf mich und näherte sich mir schüchtern, mit einem Blick voller Hoffnung.

Aus Kamýk kam jedoch keine Antwort. Auf unsere wiederholte Anfrage teilte der neue Ortsausschuß mit, daß eine Familie Gröblová in Kamýk nicht bekannt sei.

*

Vielleicht trog Maruškas Gedächtnis? Wir verließen uns mehr auf die Suchabteilungen der Polizeidirektion und unseres Fürsorgeministeriums und auch auf das Tschechoslowakische und Internationale Rote Kreuz, wohin wir die ersten Verzeichnisse unserer heimatlosen Kinder gesandt hatten. Vielleicht würde sich irgendein Verwandter von Maruška dort melden und so erfahren, daß sie in unserer Pflege war.

Maruška hatte nun schon volles Vertrauen zu uns und war viel lebhafter geworden. Offensichtlich war die anfängliche Schüchternheit nicht ihre natürliche Eigenschaft, sondern nur Einwirkung dessen, was sie im Internierungslager erlebt hatte. Was für Ängste hatte das verlassene Kind im Strahover Sokol-Stadion wohl durchgestanden, in der Unmenge fremder Menschen, deren Sprache es nicht verstand? Es konnte nicht begreifen, weshalb es auf einmal auf dem harten und kalten Betonboden schlafen mußte, warum es als einzige Nahrung für den ganzen Tag immer nur widerwärtigen schwarzen Kaffee mit einer Scheibe Brot erhielt. Und warum kam die Mutter wochenlang überhaupt nicht? So entstand in Maruška allmählich die Vorstellung, die Mutter sei gestorben. Denn sonst hätte sie ihr Kind doch aus diesen Qualen befreien müssen.

Der kleine Viky, Maruškas Kamerad im Lojovicer Heim, dachte ebenso von seiner Mutter. Wie würde sie ihn sonst so lange ohne Hilfe unter so bösen Leuten gelassen haben. Sie war jedoch durch eine glückliche Fügung unter den ersten, die vom jetzigen Aufenthalt ihres Söhnchens erfuhr. Eines Nachmittags im Herbst 1945 war sie im Lojovicer Schlößchen erschienen und auf ihr einziges Kind zugestürmt. Aber im kleinen Viky war Trotz erwacht. Er wollte die Mutter nicht erkennen. Auf alles Zureden antwortete er nur gekränkt: „Du hast mich verlassen.“ Es kostete die Mutter viel Mühe, bis es ihr gelang, das enttäuschte Kinderherz von neuem zu gewinnen, bis sich Viky in ihrer Umarmung so beschützt fühlte, wie im freundlichen Lojovice. Wie hätte auch der kindliche Verstand einsehen können, daß Muttis Liebe den Weg zu ihm, dem es so schlecht ging, nicht finden konnte? Wie hätte ein Kind wissen und begreifen können, daß es solche Lager gab wie jenes, wo es verlassen und unglücklich unter Fremden herumirrte, – daß es allein in Prag vierundzwanzig solcher Lager gab und daß es nicht möglich war, darin jemanden zu suchen, weil die Wächter und Leiter gewöhnlichen Sterblichen überhaupt keine Auskunft gaben, geschweige denn rechtlosen Deutschen?

Die deutschen Kinder, Maruškas Schicksalsgefährten, mit denen sie sich im Lojovicer Heim erholte, gehörten in den Lagern wenigstens zu einer Leidensgemeinschaft. Da fand sich immer eine mitleidige Seele, die sich eines vereinsamten deutschen Kindes zeitweise annahm und ihm die Verlassenheit etwas erleichterte; aber um das nur tschechisch verstehende Mädchen hatte sich niemand gekümmert. Kein Wunder, denn jeder Internierte hatte seine eigene schwere Last zu tragen! Die Mütter konnten weder den Hunger der eigenen Kinder stillen, noch sie in warmes Zeug zum Schlaf hinlegen. Alle litten hoffnungslos unter der Unsicherheit ihres Schicksals. Die eine beklagte den Tod ihres Töchterchens, eine andere irrte im Stadion umher und suchte Hilfe für ihr krankes Kind – aber wo Hilfe finden, wenn es im Lager weder Milch noch Medikamente gab! Und wieder eine andere eilte verzweifelt von einer Gruppe zur andern, nachfragend, ob nicht jemand beim Verschieben von einem Lager in ein anderes ihren Jungen erblickt habe, von dem sie seit dem Umsturz nichts wußte. So war es wahrhaftig nicht erstaunlich, daß niemand sich des tschechischen Mädchens annahm.

Auch bei der Lagerleitung interessierte man sich nicht für das verlassene tschechische Kind. Für die Angestellten war Marie Gröbel nur ein Name unter tausend anderen deutschen Namen. Sie sahen in allen, die unter ihre Fuchtel geraten waren, verbohrte Deutsche – Mitschuldige an allem, was das tschechische Volk von den Nazis hatte erdulden müssen.

So blieb Maruška vereinsamt in dieser Hölle der Vergeltung. Niemand könnte beschreiben, was ihre verängstigte Seele im Laufe dieser drei Monate durchlitt, bis eine Fürsorgerin sie zusammen mit anderen Kindern aus der Masse der Leidenden im Sokol-Stadion heraussuchte und in unsere Pflege übergab. Vielleicht weiß Maruška nichts mehr davon, aber ihr Verhalten hat es uns noch lange Zeit verraten: Wie ein oft geprügeltes Hündchen pflegte sie der freundlichen Hand auszuweichen, die sie streicheln wollte.

*

Der Winter ging über das Lojovicer Heim hin, nicht ohne große Schwierigkeiten, denn das Schlößchen war nur als Sommersitz erbaut worden. Der Frühling brachte neue Hoffnung. Inzwischen hatten sich schon viele Kinder von uns verabschiedet. Manche waren von den aus der Internierung entlassenen Müttern abgeholt worden, andere wieder wurden in Lager zurückbeordert, um dort mit ihnen gemeinsam ausgesiedelt zu werden. Ihre Plätze wurden immer sofort wieder besetzt, durch andere Kinder, die noch in Lagern weilten. Sie boten nicht mehr ein Bild des

Jammers wie die ersten aufgenommenen deutschen Kinder. Inzwischen hatte sich doch die Anschauung durchgesetzt, daß Kinder nicht in Internierungslager gehören. Einige Lagerleiter wandten sich jetzt sogar selbst an Pitter und ersuchten ihn, alle Kinder aus ihrem Lager zu übernehmen. Leider war es nicht möglich, sie alle in unseren Heimen unterzubringen, weil jetzt auch das geräumige Schloß Kamenice und das verlassene Hotel in Ládví ständig mit deutschen Kindern besetzt waren.

Maruška weilte immer noch in Lojovice und war ganz zufrieden unter den deutschen Kindern. Nur jedes Mal, wenn sich eine Kameradin verabschiedete, um zu ihrer Mutter zurückzukehren, da wurde Maruška ganz still. „Wann werde ich endlich zu meiner Mutter kommen?“ dachte sie wohl.

Viele Kinder aus deutsch-tschechischen Ehen hatten sich inzwischen daran gewöhnt, wieder die Sprache ihrer tschechischen Mütter zu sprechen. Mit ihnen hatte sich Maruška am ehesten befreundet, aber auch die anderen Kinder um sie herum gehörten jetzt zur großen Heimfamilie. Es machte ihr nichts mehr aus, daß sie anders sprachen. Auch sie warteten auf das Wiedersehen mit ihrer Mutter! Gemeinsam freuten sich alle an den aufblühenden Krokussen und Narzissen im Rasen des Schloßparks. Gemeinsam freuten sie sich auf jeden Besuch des heiteren „Onkel“ Přemysl, sangen mit ihm tschechische und deutsche Kinderlieder und lauschten seinen frohen Geschichten. Sie spielten und tanzten zusammen und hörten gern Märchen, ja, sie spielten diese sogar.

Am besten gefiel ihnen Schneewittchen, natürlich ohne den grausamen Schluß der Brüder Grimm. Auch in Kamenice und Ládví haben die Kinder dieses Märchen gespielt, doch keine Aufführung war so rührend wie diejenige im Lojovicer Park.

Erinnerst du dich noch an Schneewittchen, liebe Maruška? An die brünette Ilse im weißen Gewand? Weißt du noch, wie ihr alle mit den Zwerglein bittere Tränen geweint habt, als sie, mit dem Apfel vergiftet, unter der Fichte im

Gras lag? Wie dann plötzlich das Waldhorn ertönte und aus der Tiefe des Parks Jäger hervorbrachen, mit dem Prinzen an der Spitze? Bei den trauernden Zwergen hielten sie an. Eure Augen flehten den Prinzen an, er möge das geliebte Schneewittchen wieder zum Leben erwecken. Und weißt du noch, wie ihr euch mit dem Prinzen und den Zwergen gefreut habt, als Schneewittchen die Augen aufschlug und wieder lebendig wurde?

Wer hätte auch dieses Märchen lebendiger nachfühlen können als die Lojovicer Kinder, die alle solche neu zum Leben erweckte Schneewittchen im Märchenschloß waren? Ein Märchen war ihr ganzes Leben in diesem stillen, von den Wirren des Umsturzes kaum berührten Erdenwinkel.

Aber die Welt glaubt nicht an Märchen, die Dorfleute sind voller Mißtrauen. Der neue Ortsausschuß und die Sicherheitswache sorgen dafür, daß die Erwachsenen im Schloß ständig in Unsicherheit leben. Die Kinder schlafen zum Glück ruhig, auch bei nächtlichen Hausdurchsuchungen und bewegten Auftritten. Sie haben keine Ahnung davon, wie viele Verhöre, Hindernisse und Demütigungen „Onkel" Přemysl überstehen muß, als Belohnung dafür, daß er dieses „Märchen" ins Leben gerufen hat. Eine Prager Zeitung schrieb damals, daß „Hitlerjugend sich in dem herrlichen Gebäude herumtreibt, wo tschechische Kinder die verlorene Gesundheit wiederfinden könnten". Das Blatt forderte die Behörden dazu auf, „energisch einzugreifen und Ordnung zu schaffen". Mit Verleumdungen wollte die böse Stiefmutter das erweckte Schneewittchen von neuem vergiften – alle diese ahnungslosen Kinder, die mit großer Mühe dem Tode entrissen worden waren. Das sollte „Hitlerjugend" sein, diese kleinen Geschöpfe, die noch nichts wußten von der Welt, die nicht wußten, wem sie gehörten und in welcher Sprache sie plapperten? Ihr alle, Martel, Hannerle, Dagmar, Heidi, Peter, Fritz und alle anderen, die ihr noch nicht einmal zu sagen fähig seid, wo eure Heimat war? Und ihr, Maruška, Adolf, Eliška, Eduard und Věruška, die ihr wahrscheinlich von tschechischen Eltern abstammt? Und du, liebes Schneewittchen und dein Prinz und ihr, vom kecken Fester geleiteten Zwerglein – ihr alle, die ihr euer Märchen so wahrheitsgetreu gespielt habt, mit deutschen Worten zwar, aber mit so reinen Kinderherzen, wie es nur Gottes Geschöpfe können?

Nein, die böse Stiefmutter soll den Sieg nicht davontragen! Eine höhere Macht wird es nicht zulassen, daß das glückliche Leben dieser Geretteten im Märchen von Lojovice gestört wird.

*

Freilich, ein vollkommenes Glück gibt es für diese Kinder nicht. Denn in jedem Kinderherzen lebt die Sehnsucht nach der mütterlichen Nähe.

Im Frühjahr 1946 wird der Postverkehr mit Deutschland wieder eröffnet. Nun endlich, nach einem langen Jahr des Wartens, wird einigen Kindern die Verbindung mit den Eltern ermöglicht. Einige haben einander inzwischen hier im Lande gefunden. Aber die große Mehrzahl unserer Pflegekinder wartet noch immer mit Sehnsucht.

Wir senden neue, ergänzte Namenlisten mit kurzen Angaben, die das Suchen unterstützen können, an die Zentralen der Suchstellen. Sie arbeiteten damals fieberhaft in Genf, München, Hamburg, Stuttgart, Dresden, Berlin. Das Forschen nach den Angehörigen erweiterte sich zu einer unserer wichtigsten Aufgaben.

Auch nach Kamýk schrieben wir von neuem, denn Maruška wiederholt diesen Ortsnamen immer wieder. Vielleicht sind jetzt dort neue Beamte, die mehr Zeit und Sinn für gründliche Nachforschungen aufbringen werden.

Diesmal bekommen wir postwendend Bescheid, und zwar vom Ortsausschuß in Velké Přílepy. Es wird uns mitgeteilt, daß es in der Gemeinde zwar zwei Schwestern mit Namen Anežka und Jiřina gibt und daß sie befragt worden sind, ob sie eine Maruška Gröblová kennen, daß sie jedoch ausgesagt hätten, sie würden weder ein Kind dieses Namens noch dessen Eltern kennen.

Wieder eine negative Antwort! Aber warum haben wir diese von Velké Přílepy erhalten, wo wir doch nach Kamýk geschrieben hatten?

Gibt es vielleicht nicht nur ein Kamýk, das Dorf am Oberlauf der Moldau, das wir kennen? Zur Sicherheit schicken wir unsere Anfrage noch einmal, diesmal mit der genaueren Angabe „Kamýk an der Moldau".

*

Da geschieht am 17. Juni etwas ganz Unerwartetes. Ich habe an jenem Tag Olešovice und Kamenice besucht. In Lojovice und Ládví war ich am Tag vorher. Nun steige ich abends in Olešovice in den überfüllten Autobus, um nach Prag zurückzukehren. Ich halte mich an einer Stange fest, um das Gleichgewicht nicht zu verlieren. Was kann man in dem schüttelnden alten Klapperkasten anderes tun, als zum Zeitvertreib die Mitreisenden zu betrachten? Und da erblicke ich am anderen Ende des Wagens eine junge Frau, an die sich ein kleines Mädelchen anschmiegt. Es ist unserer Maruška wie aus dem Gesicht geschnitten; freilich ist es viel besser gekleidet als unsere Kinder. Das kann niemand anderes sein als Maruškas Schwesterchen! So bin ich endlich durch Zufall auf eine Spur gestoßen. Freue dich, Maruška, diesmal bringe ich dir gewiß Nachricht von deiner Familie!

Ich drücke mich durch das Gedränge der Mitfahrenden bis zu der Frau durch und frage sie, wer das Kind ist. Sehr unfreundlich antwortet sie, es sei ihr Kind. „Wie heißt es denn?" Ich bekomme lange keine Antwort. Die Frau mißtraut mir. Ihr Blick sagt mir: „Mit welchem Recht kümmerst du dich um mein Kind?"

„Ich bin als Sozialarbeiterin in einigen Kinderheimen tätig und stelle Nachforschungen nach den Angehörigen vieler verlassener Kinder an. Ihr Töchterchen ist einem unserer Schützlinge sehr ähnlich. Es ist wohl Maruškas Schwesterchen?"

„Aber es ist ja Maruška. Ich habe es eben in Lojovice abgeholt!"

„Sie sind also Frau Gröblová?“ Die Mutter nickt unwirsch, wie in der Befürchtung, ich könnte ihr Kind zurückfordern.

Maruška drückt sich ständig an die Mutter und tut, als kenne sie mich überhaupt nicht. Ist das wirklich unsere Maruška, die noch gestern so zutraulich mit ihrer üblichen Frage zu mir kam?

„Maruška, kennst du denn die Tante Olga nicht mehr?“ Sie schmiegt sich noch fester an die Mutter, antwortet aber doch mit einem lächelnden Blick.

Ja, du bist es wirklich, meine liebe Maruška! Man hat dich in Lojovice für den Heimweg in die besten Sachen gesteckt, die noch unter den Spenden vorhanden waren. Und da sehe ich auch noch die Schachtel mit der Ausstattung, die wir den Müttern immer mitgeben.

„Hab keine Angst, liebe Maruška, ich nehme dich von Mutti nicht weg! Ich bin ja so froh, daß sie dich gefunden hat.“ – „Aber sagen Sie mir, Frau Gröblová, wie haben Sie denn von Maruška erfahren? Wir haben doch schon so lange vergeblich nach ihnen geforscht?“

„Seit der Revolution suche ich mein Kind. Es befand sich im Kinderkrankenhaus, als in Prag die Kämpfe ausbrachen. Sobald es möglich war, in die Stadt zu kommen, bin ich hingefahren, um Maruška im Krankenhaus abzuholen. Aber es waren keine Kinder mehr dort! Du lieber Himmel, was bin ich herumgelaufen und was habe ich geweint! Bei allen Ämtern bin ich gewesen, aber niemand konnte mir sagen, wo die kranken Kinder hingekommen sind. Erst heute früh hat man mir vom Ortsausschuß diesen Brief da von den Staatlichen Kinderheimen gebracht.“ Dabei überreichte sie mir, wie zu ihrer Legitimierung, unsere letzte Anfrage mit der Adresse Kamýk an der Moldau. Nun ist es an mir zu erzählen, wie wir zu Maruška gekommen waren, wie sich ihr Kind bei uns gut erholte und wie intensiv wir nach der Familie geforscht haben.

Wir kommen in Prag an. Die glückliche Mutter denkt nur an die rasche Rückkehr in ihr Dorf, um die wiedergefundene

Maruška dem Vater und den Schwestern heimzubringen. Sie weiß nichts davon, was das Kind erlebt und durchgemacht hat, und kann nicht ahnen, welche Anstrengungen und welche Selbstverleugnung es gekostet hat, es samt den anderen zu retten und zu behüten. Sie sieht nur den Aufdruck auf dem Briefbogen „Staatliche Kinderheime". Dieser kommt ihr sehr unpersönlich vor, eine gefühllose Behörde wie viele andere. Kühl und kurz verabschiedet sie sich von mir, wie von irgendeiner unbeteiligten Angestellten. Auch Maruška verhält sich fremd – jetzt braucht sie die „Tante" Olga nicht mehr! Es läßt die Hand der Mutter auch bei der Verabschiedung nicht los, wie in Angst, daß ich sie von ihr fortnähme.

Leb wohl, Maruška, sei glücklich mit deiner Mutter! Du darfst jetzt „Tante" Olga vergessen. Vergiß alles, was dich irgendwie gequält und bedrückt hat! Vergiß auch, was dich irgendwie an die dunkle Vergangenheit erinnern könnte!

Vielleicht wirst du auch den geliebten „Onkel" vergessen, der euch aus dem Elend des Lagers gerettet – und das Schlößchen für euch bestimmt hat, der euer Lächeln wieder geweckt – und euch das Spielen und Singen wieder gelehrt hat.

Wahrscheinlich wirst du auch die letzte Hausmutter vergessen, die umsichtige „Tante" Emma, die das traurige „Kinderkrankenhaus Lojovice" in ein trautes Heim verwandelt hat, und auch die anderen Frauen, die selbstlos für euch gesorgt haben, freie Tschechinnen und Internierte.

Aber eines behalte gut im Sinn, liebe Maruška: das Märchen vom Schneewittchen, das euch allen so gut gefallen hat. Denn auch du bist einmal ein vergiftetes Schneewittchen gewesen, das durch reine Liebe vom Tode erweckt wurde. Die göttliche Liebe hat auch dir ein neues Leben geschenkt.

*

Wie es Maruška weiter ergangen ist, haben wir nie erfahren, obwohl die Entfernung zwischen ihrem Zuhause und den Schloßheimen nicht sehr groß war. Die jetzt fünfzigjährige Frau kann sich gewiß schon lange nicht mehr an die Nachkriegszeit erinnern. Das hat sich bei den meisten unserer kleinen Pflegekinder gezeigt; sie waren damals zu schwach, um das Erlebte in ihrem Gedächtnis einprägen zu können.

*

Zdenka war etwa zwei Jahre älter als Maruška, als sie sich in Olešovice von den Entbehrungen des Ghettos Theresienstadt erholte. Als Erwachsene machte sie ausgedehnte Anstrengungen, um etwas über Eltern und Verwandte festzustellen. In Israel erfuhr sie von mir als einer der letzten Zeugen von den ersten Kinderankünften in Olešovice. Sie suchte mich aus London kommend unlängst auf, und gute Freunde in der Tschechoslowakei halfen ihr, Verbindungen herzustellen. Sie war überglücklich, als sie eine alte „Tante" mit den Worten begrüßte: „Sie sehen ja ganz so aus wie einst Ihre Mutter!" Zdenka selbst kann sich weder an die Mutter noch an den Vater erinnern – beide sind gegen Kriegsende deportiert worden – ja nicht einmal an das Ghetto und das gastfreundliche Schlößchen Olešovice und ihre dortigen Betreuer. Nur die Angabe des Reiseziels auf ihrem in Theresienstadt ausgestellten alten Ausweis – sie zeigte ihn mir unaufgefordert, wie um sich zu legitimieren – ist Beweis dafür, daß sie wirklich aus dem Ghetto nach Olešovice gekommen ist. Ihre erste Erinnerung an jene Zeit ist der Flug nach England, wo die jüdische Sozialhilfe viele Kinder zur weiteren Pflege übernommen hat.

So hat es auch Dietrich in seinen Erinnerungen nach vierzig Jahren geschildert. Obwohl er damals schon fast elfjährig war, ist die ganze Nachkriegszeit aus seinem Gedächtnis entschwunden.

Ganz ähnlich ist es auch unseren kleinen deutschen Kindern ergangen. Gila, Rita und Uschi, Michl und Berni, die fünf Brüderchen Karl und viele andere haben auch die freudigen Monate bzw. Jahre, die sie in Pitters Obhut verbracht haben, ganz vergessen. Das Schicksal ist bei kleinen

Kindern besonders gnädig, es läßt nicht zu, daß böse Erinnerungen ihre gesunde seelische Entwicklung stören.

Das will nicht heißen, daß die Erinnerungen an jene Zeit ganz untergegangen sind; sie leben auf rätselhafte Weise verschleiert weiter, so wie in einem „Archiv" aller tiefen inneren Erlebnisse. Die kleine Marta hat es uns anschaulich gezeigt (vgl. S. 209): Mehrere Jahre nach der gewaltsamen Trennung von der Mutter, als sie sich an diese kaum noch erinnerte, verfiel sie in panische Angst, als sich im Spiel eine ähnliche Situation wiederholte. Gleiche Umstände, ein Bild, eine Aussage, ein Lied können genügen, um die unbewußten „archivierten" Aufzeichnungen von tiefen emotionalen Erlebnissen neu zu beleben.

Das gilt nicht nur für erschütternde Erfahrungen. Auch sehr glückliche, ermunternde Geschehnisse sind im Unterbewußtsein „registriert". Zu ihrer Reaktivierung brauchen sie jedoch verwandte Anregungen aus dem Seelenleben, feinere Anstöße, als sie die materielle Welt bieten kann. Sie erfüllen die Seele mit Wonne und erwecken früher oder später vertrauenden Glauben.

Albert Schweitzer hat es in *Erinnerungen aus meiner Kindheit und Jugendzeit* bildlich ausgedrückt: „Kein Sonnenstrahl geht verloren. Aber das Grün, das er weckt, braucht Zeit zum Sprießen, und dem Sämann ist nicht immer beschieden, die Ernte mitzuerleben."

Dank sei dem Sämann und seinem Herrn für die gute und weitgestreute Saat!

ERINNERUNGEN EHEMALIGER PFLEGEKINDER NACH 40 JAHREN

I

Jerusalem, 3. Dezember 1984

Liebe Tante Olga,

Wir drei, Greta, David und Yehuda, sind wieder einmal zusammengekommen und gedenken der Zeit unserer ersten Begegnung mit Dir und Onkel Přemysl und all' seinen Mithelfern. Wenn wir uns heute in jene Tage zurückversetzen, spüren wir noch deutlicher als beim ersten Mal die Einmaligkeit der menschlichen Größe, der wir damals ins Auge sahen. Wir waren damals 15-, 16-jährig, und was wir seit unserem neunten Lebensjahr erfahren hatten, war nicht geeignet, die Begriffe „christlich" und „Nächstenliebe" miteinander zu verbinden. Eurer Hingabe ist es gelungen, diese Verbindung herzustellen und unseren Herzen eine Ahnung von einer anderen, besseren Welt zu geben. In der Beilage eine Aufnahme des Baumes aus dem Hain der Gerechten in Yad Vashem, Onkel Přemysl Pitter gewidmet. Immer wenn wir zusammenkommen, sind wir uns einig, daß der Same zum Glauben an Gerechtigkeit trotz allem damals gelegt worden ist von Dir und Přemysl, lange bevor nun auch ein Baum dafür Zeugenschaft ablegt ...

Herzlichst

Greta (Sängerin)
David (hoher technischer Beamter)
Yehuda (Professor an der Kunstakademie)

II

Ich war 16 Jahre alt, als ich im Juli 1945 mit meiner jüngeren Schwester Nelly zur Erholung ins Schloß Kamenice kam. Verblaßt waren die Erinnerungen an unsere ruhige Kindheit in Karpathenrussland, an die Deportation der ganzen Verwandtschaft aus Jasiňa ins Ghetto Matesalka nach Ungarn und später nach Auschwitz, wo man uns trennte. Aber Gedanken an das Umkommen unserer Eltern in Gaskammern und an die Qualen der Arbeitslager bedrückten uns noch oft.

Man hatte uns in das schönere Schloß Štiřín verlegt. Unterwegs war ich etwas beunruhigt durch den Gedanken, was uns wohl am neuen Ort erwarten würde. Der höchst freundliche Empfang war eine wohltuende Überraschung. Da waren vor allem die herzensgute Hausmutter Miluše und ihr Ehemann, der umsichtige Verwalter des Schlosses, Architekt Zdeněk. Die Kunstgewerblerin Otuše, der Lehrer Toník, Dr. Hans Adler, die Gehilfinnen Blažena [Zderadíčková] und Jarka [Danešová] und die Schloßköchin Mařenka gehörten zum Kreis unserer Erzieher. Sie fanden bald den Weg zu unseren Herzen; so entstand ein kameradschaftliches Verhältnis unter uns allen. Es war für uns ein Kinderparadies.

In der ersten Zeit haben Sie es mit uns wahrscheinlich nicht leicht gehabt, denn wir hatten in den Lagern jegliches Zutrauen zu Menschen verloren. Die ganze Welt war uns zum Trümmerhaufen geworden. Aber in Štiřín bemühten sich alle, uns das zu geben, was wir jahrelang entbehren mußten: liebevolle Pflege und Erziehung, Unterricht und Unterhaltung. Ich erinnere mich, daß ich oft ins Zimmer der Verwalter eingeladen wurde und dort die Wonne, wieder eine Familie zu haben, empfand. Mit welcher Sehnsucht haben wir stets den Besuch des geliebten Direktors Přemysl Pitter und der Tante Olga erwartet!

Sehr gern habe ich der lieben Miluška mit Nelly und Edith in der geräumigen Schloßküche geholfen. Vor Weihnachten ging es dort besonders fröhlich und geheimnisvoll zu. Da wurde gemeinsam Konfekt gebacken und zu Baumschmuck verarbeitet.

Wir freuten uns, tschechische und deutsche Weihnachtslieder, die einige von uns schon kannten, wieder zu hören und zu singen.

Es hielten sich zu jener Zeit auch deutsche Pflegekinder aus tschechischen Internierungslagern in Štiřín auf. Dies war eine besondere, wiewohl nicht unliebsame Erfahrung für uns; denn sie waren doch wie wir Opfer unmenschlicher Verhältnisse gewesen.

Zum Jahreswechsel fand eine Feier statt, für die wir Theaterstücke einübten. Das half uns vergessen, daß der traurige Abschied von unserer neuen Familie bevorstand.

Mit großer Sehnsucht dachten wir an unser Zuhause in Štiřín, als man uns nachher auf der Insel Zypern wieder in Lager einsperrte und wir dort fast zwei Jahre warten mußten, ehe man uns nach Palästina, in das ersehnte Land unserer Ahnen, einließ.

Lange habe ich die Hoffnung gehegt, es werde einmal ein Wiedersehen mit der geliebten Miluška geben. Leider ist sie kurz nach Onkel Přemysl im Jahre 1976 verschieden. Auch Otuše hat uns verlassen; ich habe jedoch noch die Gelegenheit gehabt, ihr bei einem Besuch in der Schweiz meinen tiefen Dank auszusprechen. Manche dauerhafte Freundschaften sind in Štiřín geschlossen worden. Festen Wurzeln gleich, helfen sie uns auch heute noch, in der unruhigen Welt den inneren Halt nicht zu verlieren.

Ihr alle habt dazu beigetragen, uns den Weg in die unsichere Zukunft zu erleichtern, uns mit neuen Kräften und Zuversicht auszurüsten. Die wahren Worte fehlen mir, Euch auch im Namen meiner Kameraden, die Deutsch und Tschechisch vergessen haben, den allerherzlichsten Dank auszudrükken. Möge Euch Gott viel Gesundheit schenken!

In Liebe

Eure Magda Bar-Or, Haifa

III

Dezember 1945: Nach sieben Monaten im ehemaligen KZ Theresienstadt, zunächst in Baracken, später in Massenunterkünften mit mehreren Holzpritschen übereinander, spricht es sich herum, daß elternlose Kinder abgeholt werden sollen. Niemand weiß von wem und wohin. Es werden Namen aufgerufen, eine kleine Gruppe von Menschen steht inmitten des Massenquartiers, Kinder sammeln sich um sie. Ich stehe nicht auf der Liste, bin zehn Jahre alt, komme also für die Aktion in Frage. Man erkundigt sich, ob noch weitere Kinder da sind, die nicht aufgerufen wurden. Die bange Frage taucht auf, soll ich mich melden? Was werden sie mit uns tun? Kann man ihnen vertrauen? Wer oder was in mir „hier" ruft, weiß ich nicht, aber es geschieht.

Freundliche Menschen bringen uns nach draußen. Wir werden auf einem Lastwagen verstaut; die hintere Klappe ist offen, wir sehen, wie sich das große Tor der Festung Theresienstadt schließt, und sieben Monate der Ungewißheit und des Grauens liegen hinter mir. Was aber erwartet uns?

In Prag werden wir in aller Stille, nachdem wir in einem Hausflur einige Zeit warten mußten, anderen Helfern übergeben und weitergefahren. Die Szene wechselt: offenes Land – Wald – Štiřín. Wärme, Freundlichkeit, Essen, ein richtiges Bett und liebe Menschen erwarten uns hier. Wenig später feiern wir Weihnachten mit Baum und Kerzen.

Wir waren nicht entführt – sondern gerettet worden. Gerettet vor Tschechen von einem Tschechen, einer Schweizerin und ihren Freunden; so wie vorher die jüdischen Kinder, die noch in Štiřín waren, als wir ankamen, vor den Deutschen gerettet worden waren.

Hans (Dipl.-Ing., Berlin, 1985)

P. S. 1999: Die Festung Theresienstadt ist als Mahnmal hergerichtet worden. Die Massenunterkunft, in der ich untergebracht war, existiert noch, nahezu unverändert. Sogar die

Holzpritsche ist erhalten geblieben. Eine unwirkliche, gespenstische Situation, wenn man – zusammen mit anderen, ganz normalen Besuchern – die Vergangenheit nach fast 55 Jahren erneut erlebt.

Schloß Štiřín ist heute ein Golf-Hotel. Ob wohl seine Mauern das unendliche Kinderglück bewahrt haben?

IV

Als ich unseren lieben Onkel Přemysl kennenlernte, war ich fünfzehn Jahre alt. Ich kam halb verhungert aus dem Internierungslager ins Kinderheim Kamenice. Ich war damals schon seit ungefähr zwei Jahren Christ. Dennoch war es mir nicht gelungen, mit meiner nationalsozialistischen Erziehung ganz zu brechen. Ich hatte den lebendigen Gott während dreier Monate Internierung – getrennt von allen Angehörigen – sehr handgreiflich erfahren. Aber was mir noch fehlte, war die Konsequenz, diese Erfahrung auch in die Einstellung und Tat gegenüber meinen Mitmenschen umzusetzen.

Wir waren im Naziregime mit vielen Feindbildern aufgewachsen. Alle Völker waren minderwertig gegenüber der arischen deutschen Rasse. Wir hatten auch kaum Gelegenheit, die als „minderwertig" abgestempelten Menschen einmal näher kennenzulernen und uns ein eigenes Urteil zu bilden.

Das erste, was mich bei Onkel Přemysl in Erstaunen versetzte, war sein Umgang mit deutschen Kindern. Sie waren ja eigentlich Kinder seiner Feinde, aber er ging mit ihnen genauso liebevoll um, wie mit den Kindern seiner tschechischen Landsleute und mit jüdischen Kindern, die doch unter den Deutschen unsagbar gelitten hatten. Sogar als eine Gruppe großer deutscher Jungen, die fast alle noch fanatische Hitlerjungen waren, aus Theresienstadt kamen, bekamen auch sie seine liebevolle Zuwendung zu spüren. Allein diese Liebe hat die Jungen verwandelt. Ich erinnere mich an ein Gespräch bezüglich dieser Jungen, das jemand – ich weiß leider nicht mehr wer – mit Onkel Přemysl führte. Ich war Zeugin, wie dieser dem Onkel riet: „So erzählen Sie doch einmal diesen

Jungen, was die Deutschen für Greuel verübt haben. Erzählen Sie doch, was Sie vorfanden, als sie in die KZ's kamen, um jüdische Kinder herauszuholen." Onkels Antwort ist mir unvergessen geblieben: „Nein, das werde ich nicht tun. Ich glaube nicht, daß man einen Menschen damit bessert, daß man ihm Böses erzählt. Man kann Menschen nur bessern, indem man ihnen Gutes zeigt."

So lernte ich nicht nur Menschen anderer Völker achten, sondern auch Menschen mit anderer Überzeugung. Einmal sagte jemand, es war wohl einer von den großen Jungen, etwas gegen die Kommunisten. Ich wußte schon damals, daß Onkel die Überzeugung der Kommunisten nicht teilte. Dennoch fragte er: „Kennst du einen Kommunisten? Hast du schon einmal mit einem gesprochen?" Natürlich mußten wir das alle verneinen. Kurze Zeit später brachte Onkel eine Kommunistin mit, und wir konnten persönlich mit ihr sprechen. Mit Staunen erlebte ich eine sehr gebildete Dame. Für mich war wieder ein Feindbild abgebaut: die Kommunisten.

So lernte ich in gut eineinhalb Jahren in Kamenice in jedem andern zuerst einmal den Menschen zu sehen. Jeder Mensch ist ein Geschöpf Gottes und sein Ebenbild. Er kann freilich durch Erziehung und Umwelt irregeleitet werden, so wie es unter dem Naziregime geschah. Dennoch darf man nie ein Volk oder auch nur die Anhänger einer Ideologie pauschal verdammen, sondern man muß versuchen, sie immer wieder mit Liebe aus ihrem Irrtum und vor allem aus ihren Vorurteilen herauszuführen. Nach meinem Erleben in Kamenice ist das ein Stück meiner Lebensaufgabe geworden.

Marianne

V

„Tante Clara“ (gestorben in Prag 1960)

[...] sie trat gerade zu dem Zeitpunkt in mein Leben, als ich eine Frau wie sie wohl am dringendsten brauchte: Tante Clara oder Schwester Clara, wie wir sie nennen durften. Vierzig Jahre ist das nun schon her, und dabei hat damals wohl kaum einer gedacht, daß solche Kinder, die man halb verhungert, krank und verlaust in Lagern, Krankenhäusern und Schulen zusammenholte, eine Zukunft hätten.

In Kamenice umhegte und pflegte man uns, ließ man uns die Eltern- und Heimatlosigkeit und das Grauen der letzten Kriegstage vergessen, lehrte man uns beten, hoffen und wieder lachen und gab uns den Blick für Dinge, die uns bisher verschlossen gewesen waren.

Als dann der Magen gesättigt war und man wieder Rock und Bluse hatte, an den Füßen ein Paar Schuhe, kam Tante Clara. Groß, schlank, glattes kurzes Haar und gütige Augen. Sie sprach mit uns, las uns vor, hat uns mit ihrer Liebe zum gedruckten Wort verzaubert. Wir lernten Schriftsteller kennen und Dichter; sie ließ uns kurze Lebensläufe derselben aufschreiben, rezitierte Lyrik und nahm uns mit ins Reich der blauen Blume. Rilke und Lenau saßen mit uns am Tisch, Frau Lagerlöf nahm uns mit in ihre nordische Heimat, und wir machten im Geiste die Reise des Taugenichts.

Gelesen hatte ich schon immer sehr gern – doch damals nahm ich vorerst Abschied von meinen Kinderbüchern, den Mädchengeschichten, den Märchen und Sagen; die Literatur der Erwachsenen nahm mich gefangen! Und sie hat mich bis heute nicht mehr losgelassen! Tante Clara, was sagst Du dazu, daß die Traute nun selber den ganzen Tag mit Hunderten von Büchern zusammen ist und nun so etwas wie eine Bibliothekarin geworden ist? Freilich ohne Studium, dazu bekam ich die Chance nach 1945 nicht mehr, aber als Leiterin einer Werkbücherei mit ca. 1100 Bänden in fünf Sprachen, fühle ich hautnah mit, was Bücher für die vielen Leser bedeuten. Die jüngsten sind so 15–16, die ältesten 65 Jahre alt. Viele verlassen sich nun auf meine Vorschläge; wir sprechen gemeinsam über Autoren und ihre Werke, und immer wieder taucht da im Gespräch ein Name, ein Ort, eine Begebenheit auf, die mir die „Literaturstunden" in Kamenice mit Tante Clara in Erinnerung bringen. Mich persönlich hat sie sogar „weitergereicht" an ihre in Leipzig beheimateten Schwestern und mit diesen beiden Damen führe ich seit bald 40 Jahren einen interessanten Briefwechsel über das gedruckte Gedankengut unserer Dichter.

Ist es Zufall, ist es Schicksal, daß ich heute über Umwege einen Beruf ausübe, für den in Kamenice von Tante Clara der Grundstein gelegt wurde?

So kann ich sie nicht mehr vergessen: meine Liebe und Dankbarkeit ihr gegenüber besteht auch über das Grab hinaus.

Danke, Tante Clara!

Traute (München)

VI

Im dankbaren Gedenken an ihre Rettung vor vierzig Jahren sind im Juni 1985 acht ehemalige Schützlinge aus Pitters Schloßheimen in der Schweiz zusammengekommen. Aus den ehemaligen Kindern sind Mütter, Väter, ja Großeltern geworden. Auch eine der Heimärztinnen war mit von der Partie. Vier Männer erschienen in Begleitung ihrer glücklichen Ehefrauen. Werden wir einander nach den vielen Jahren der Trennung, der verschiedenen sorgenvollen Wege nicht fremd sein? Das war die leise Befürchtung einiger Ehemaliger. Es wurde für alle ein freudiges, sinnvolles Wiedersehen. Brigitte schrieb dazu ins Gedenkbüchlein:

Als schönstes Erlebnis dieser zwei Tage in Affoltern möchte ich die Gewißheit mit nach Hause nehmen, daß in uns allen der Kamenicer Funke gezündet und uns ein Leben lang begleitet hat. Wir sind hier wie Geschwister zusammen, die sich lange nicht gesehen haben, sehr vertraut und verbunden durch einen gemeinsamen Grundstock.

Ich danke Onkel Přemysl und Tante Olga für damals und für heute.

In Liebe

Brigitte
(Hausfrau und Mutter
von vier erwachsenen Kindern)

VII

So gerne möchte ich mich am Zusammentreffen der Ehemaligen in der Schweiz beteiligen! Leider wird es mir nicht möglich sein, mich von den beruflichen Pflichten zu befreien. Ich habe jedoch meine Kamenicer Zeit noch in sehr guter Erinnerung. [...]

Tante Klara spielte dort in gewissem Sinne Schule mit uns. [Es war damals verboten, deutsche Kinder zu unterrichten]. Besonders schön waren die eindrucksvollen Spaziergänge mit ihr. An regnerischen Tagen machten wir es uns bequem in einem hübschen Klubzimmer des zweiten Stocks und lasen zusammen. Tante Klara verstand es, unsern Geist wachzurütteln. Sie gab uns nicht nur neues Wissen, sondern auch Antrieb für unser weiteres Leben. Sie merkte, daß ich Poesie liebte, und riet mir, Schillers Bürgschaft auswendig zu lernen. Ich versprach es ihr, obwohl mich die zwanzig Strophen fast abgeschreckt hätten. Ich habe das sinnvolle Gedicht bis heute nicht vergessen. Damals schon äußerte ich ihr gegenüber den Wunsch, Krankenschwester zu werden. Tante Klara unterstützte mein Vorhaben sehr. Ihr verdanke ich es, daß der Keim später nicht erstickt ist.

Auch Onkel Pitter und die Tanten, Marianne und ein paar andere Kinder sind mir unvergeßlich geblieben. Durch sie bin ich eine Kämpferin für den Frieden geworden. Das ganze Milieu des Heimes hat gewiß für uns alle viel bedeutet. Damals, während eine Welt in den Flammen des Hasses unterzugehen drohte, habt Ihr uns gelehrt und vorgelebt, auch in unseren Gegnern noch den Menschenbruder zu sehen. Im Grunde der Seele ist zwar eine empfindliche Narbe geblieben. Aber wir haben erkannt: Das Wichtigste und wohl einzig Wertvolle ist, den guten Willen zu haben und in brüderlicher Liebe für die Verständigung der Völker zu wirken.

Ilse
(gebürtig aus Schlesien, Krankenschwester in den USA und Mutter zweier erwachsener Kinder)

VIII

Märchen der Kindheit

Ich war neun Jahre alt, und das Einmaleins lernte ich ungern. Ich las lieber Märchen, die von Prinzen erzählten, vom Kaspar und dem dummen Hans, wie sie zusammen den Drachen bezwangen.

Aber auch die griechische Mythologie, Prometheus und die furchtbare Strafe, die er erhielt, weil er den Menschen das Feuer brachte, und der Fluß, welcher die Welt der Lebenden von der Welt der Toten teilt, beschäftigten mein Denken. „Kauf mir noch Marionetten“, bat ich meine Mutter, „ich habe den Teufel und den Drachen noch nicht.“ Ich wollte Marionettentheater spielen, obwohl ich wußte, daß Krieg ist, daß es keinen Kaspar und keinen heldenhaften Prinzen gab, und daß auch der Vogel, welcher an Prometheus' Leber nagte, nicht die drohende Gegenwart war.

Es war Krieg, es gab Transporte – irgendwohin nach Polen – tuschelte man. Ich hörte die Gespräche der Erwachsenen, aber ich wollte Marionetten und Theater spielen. Später hatte ich viele Gipssoldaten und eine große Festung, die ich aus leeren Kartons und Büchsen gebaut hatte.

1942 wohnte ich mit meiner Mutter in einem alten Haus auf der Letná in Prag. Mehr und mehr bekannte Gesichter verschwanden aus dem Haus, aus der Nachbarschaft, aus der

Verwandtschaft. Ich wußte nicht, daß viele von ihnen schon den Styx überschritten hatten. Der böse Drachen, welcher Feuer speit, wälzte sich durch ganz Europa, und eines Tages, im Sommer 1943, hörte ich auf, in meiner Festung zu spielen. Man klopfte an die Tür und zwei Herren, die wie Beamte aussahen, traten ein. An diesem Nachmittag sah ich zum letzten Mal meine Mutter, im Petschekpalais auf der Gestapo.

Nach drei Monaten, die ich im Waisenhaus und später im Krankenhaus verbrachte, kehrte mein Vater aus Pankrác zurück. Von meiner Mutter erhielt ich noch drei Karten aus der Kleinen Festung in Theresienstadt. Im April 1944 bekam ich ein Päckchen. Es enthielt Kleider, welche meine Mutter vorher nie getragen hatte, irgendwelche Halbschuhe und eine Karte mit Mutters Unterschrift. Wir sollten an diese Anschrift nicht weiter schreiben, da der Häftling M.R. an einen anderen Ort überführt würde.

Ich wohnte nun mit meinem Vater, der ein Deutscher war, zusammen. Ich konnte jedoch weiterhin die tschechische Schule besuchen. Laut der deutschen Rassengesetze war ich ein „Mischling zweiten Grades". Jüdische Kinder und Mischlinge ersten Grades [jüdischer Vater] durften die Schule überhaupt nicht besuchen.

Der Krieg neigte sich dem Ende zu. Vielleicht lebt die Mutter noch und kommt zurück, sagte ich mir, wenn ich den Vormarsch der Roten Armee im Osten auf der Karte absteckte. Wo Auschwitz liegt, wußte ich schon, und ich hoffte, daß jenes Päckchen, welches wir im April 1944 erhielten, wirklich bedeutete, daß „der Häftling an einen anderen Ort überführt worden war".

Am 5. Mai 1945 bekam ich unerwartet eine neue Rolle im europäischen Puppentheater. Ich hörte auf, ein „Mischling zweiten Grades" zu sein, oder ins Straßentschechisch übersetzt ein „jüdischer Bengel". Jetzt war ich der Sohn eines Deutschen. Erst wurde mein Vater abgeführt, nachher ich. Es war Ironie des Schicksals: Ich kam in meine Schule – jetzt wurden die Deutschen da hingejagt – und so war ich plötzlich in meiner Klasse und ich setzte mich an meinen gewohnten Platz am

Fenster. Später traf ich dort meinen Vater, blieb mit ihm, bis er eines Tages verschwand. Es vergingen Tage und Wochen an verschiedenen Orten und im Juni kam ich ins Internierungslager in der Rais-Schule auf den Weinbergen [Vinohrady]. Eines Tages wurden wir Kinder in einer Klasse gesammelt, irgendwelche Leute traten ein – es waren nicht Wachtposten – sie sahen eher wie Lehrer aus, fragten uns nach unseren Namen, streichelten uns mit der Hand und gingen weg. Ich erinnere mich, daß sie uns versprachen, uns von da herauszuholen. Ich glaubte an keine Märchen mehr. Doch dann kam die Überraschung! Plötzlich saß ich in einem Bus mit anderen Kindern, und ich wußte, daß wir irgendwohin führen, wo es uns gut gehen würde. Ich glaube, falls ich mich richtig erinnere, daß es gegen Abend war, als wir in Lojovice ankamen. Als erstes hat man uns gebadet und entlaust. Zum Abendessen bekamen wir Grießbrei, welchen wir früher „Märchen der Kindheit" nannten. Es war für uns wirklich ein Märchen. Am nächsten Morgen erwachten wir in einem echten Schloß. Es war von einem Garten umgeben, wo Apfelbäume, Birnbäume und andere Obstbäume wuchsen. Eine andere Zeit brach an. Es pflegten uns Erzieherinnen, wir spielten im Garten, und von Zeit zu Zeit besuchte uns der „Herr Direktor". Er war der lächelnde Mensch, welchen ich zum ersten Mal in der Rais-Schule gesehen hatte. Ich weiß nicht, warum diese Sommermonate 1945 sich in meinem Gedächtnis wie vernebelt einprägten. Es war eine Zeitspanne, die irgendwie nicht „in den Rahmen" paßte. Immer siegte ja jemand, und jemand verlor, und ich fühlte, daß ich nur verlor: Mutter, Vater, Kindheit. Erst am Ende jenes Jahres, als ich wieder in Prag war bei einer Nachbarsfamilie, welche mich als ihr „drittes Kind" annahm, konnte ich vergleichen und versuchen die Situation zu entknoten, die feinen Fäden zu finden, welche die Vergangenheit mit der Zukunft verbanden.

Ich besuchte „Onkel" Přemysl und „Tante" Olga im Milíč-Haus, jedes Mal wenn ich spürte, daß ich Rat und Stütze benötigte. Jetzt war er nicht mehr der „Herr Direktor", sondern ein Mensch, den ich ehrte wie einen Vater, auch wenn Monate zwischen den Besuchen verstrichen. In der Synagoge in der Maiselstraße wurden die Möbel und der Nachlaß der von der Gestapo Verhafteten eingesammelt, und so fand ich dort eines Tages einen Koffer, welcher meiner Mutter gehört hatte. Ich fand verschiedene Schreibsachen und auch eine Broschüre von Přemysl Pitter! Diese Zeilen sind nicht der rechte Ort, um darüber zu philosophieren, ob es ein Zufall war oder nicht. Ich vermute, daß meine Mutter die Sozialarbeit Pitters noch vor dem Krieg gekannt hatte, aber nicht ahnte, daß ich unter „seinen Kindern" sein würde. Přemysl und Olga blieben für mich Onkel und Tante, auch als ich mich im Jahre 1948 der zionistischen Jugendbewegung anschloß, mit welcher ich dann in den neuen Staat Israel auswanderte, um eine neue Zukunft zu suchen. Ich wollte die Ideale, die mich begeisterten, verwirklichen. Andernfalls hätte ich Prag vielleicht nicht verlassen. Wir korrespondierten und jedes Mal, wenn ich in Europa war, allein mit meiner Frau und den Kindern, war ein Besuch bei den alten Freunden unumgänglich. Es waren nie „pro forma"-Besuche, oder nur nostalgische Gespräche über das, was vor Jahren geschehen war. Im Mittelpunkt dieser Treffen war ein Einblick in ein anderes Leben. Ein Leben, ausgefüllt mit dem Glauben, daß alle Menschen das Recht haben, in Frieden und Eintracht zu leben. Ein Leben, gewidmet den Leidenden, vor allem den Kindern.

Auf einer alten Ansichtskarte des Milíč-Hauses, die ich in meinem Album aufbewahre, steht gedruckt:

„Kinder wachsen auf, im Schatten, auf dem Straßenpflaster
und wissen nicht, daß draußen Blumen duften,
der Rasen ruft zum Spielen auf ...
Warum leidet das Kind? Wofür trägt es Schuld?"

Als Přemysl Pitter und Olga Fierz im Jahre 1964 „ihre Kinder" hier in Israel besuchten, pflanzte Onkel Přemysl einen Baum in der „Allee der Gerechten der Welt", neben dem Nationaldenkmal „Yad Vashem" in Jerusalem. Fünf Jahre später zeigte ich diesen Baum meinem Sohn und erzählte ihm über Přemysls und Olgas Tätigkeit.

Als Onkel Přemysl starb, verließ ein Mensch mein Leben, der mir im Sommer 1945, im Lojovicer Schloß ein Märchen verwirklicht hatte und mir später den Einblick in eine andere Wirklichkeit gegeben hatte, in welcher „der Mensch dem Menschen kein Wolf ist".

Möge die nächste Generation zwischen Blumen und Wiesen aufwachsen und mögen die Gedenkbäume in Jerusalem daran erinnern, daß die Liebe zum Menschen das Gegenteil des Grauens und des Leidens ist.

Solange diese Liebe wachsen wird, wird unsere Welt bestehen.

Dan Reim († 1997)
(Redakteur der Zeitschrift
für Garten-Kultur in Israel)

ÜBER DIE AUTORIN

Das Jahr 1995 wurde von der UNESCO zum Weltkulturjubiläum erklärt. In diesem Jahr wäre Přemysl Pitter 100 Jahre alt geworden. Er war ein tschechischer Pädagoge, Sozialarbeiter und Geistlicher, der sein Leben in den Dienst Gottes und der Mitmenschen stellte. Olga Fierz war seine engste Mitarbeiterin und Lebensgefährtin.

Sie wurde im Jahre 1900 in einer calvinistischen Familie in Baden (Schweiz) geboren. Als Olga zehn Jahre alt war, mußte sie mit den Eltern nach Brüssel übersiedeln. Dort erwarb sie ein Lehrerinnendiplom, das aber später in der Schweiz nicht anerkannt wurde. In Genf studierte sie am Institut Rousseau, und als in einem englischen Mädchenpensionat eine Stelle ausgeschrieben war, bewarb sie sich. In England lernte sie Mitarbeiter aus dem „Internationalen Versöhnungsbund" kennen. 1926 arbeitete sie als Dolmetscherin an einer Konferenz der „Internationale der Kriegsdienstgegner" im bayerischen Oberammergau, dort lernte sie Přemysl Pitter kennen. Er erzählte ihr von seiner Arbeit mit armen, verwahrlosten Kindern in Prag. Olgas Interesse war geweckt. Ihr Vorbild war stets Johann Heinrich Pestalozzi gewesen, und bewußt sah sie sich nach einer entsprechenden Herausforderung um.

Im Jahr 1929 kam sie nach Prag, um mit Přemysl Pitter zusammenzuarbeiten. 1933 baute er, zusammen mit einem sozial eingestellten Baumeister, der ihm Kredit gewährte, ein Haus für Kinder. Weihnachten 1933 wurde von Přemysl, Olga und ihrem engsten Mitarbeiterkreis schon im „Milíč-Haus" gefeiert. Die kleine Kommune hat fast ihren ganzen Verdienst in den Betrieb des „Milíč-Hauses" gesteckt. Olga erteilte in Prag Deutsch-Unterricht und lernte fleißig Tschechisch. Sie übernahm alle organisatorischen und viele erzieherische Aufgaben. Sobald sie die tschechische Sprache beherrschte, veröffentlichte sie in der Hauszeitung Artikel, z.B. „Über die Arbeitsverteilung und innere Organisation im Milíč-Haus", „Arbeit und Vergnügen der Kinder“, „Einige Worte über Zeugnisse“, „Erziehung im Milíč-Haus“, „Erziehung durch darstellendes Spiel“.

Im Jahre 1938 annektierte Hitler die Tschechoslowakei. Olga wurde von der Schweizer Botschaft aufgefordert, die Tschechoslowakei sofort zu verlassen. Sie ist der Aufforderung nicht nachgekommen, weil sie Přemysl mit ihrem Schweizer Paß zu helfen gedachte. Es begann eine neue Arbeit. Die Juden wurden verfolgt; im Milíč-Haus durfte kein Jude erscheinen. Olga und Přemysl versorgten abends jüdische Kinder mit Lebensmitteln.

Nach dem Krieg, in den ersten Tagen der Freiheit, stellte der Revolutionsrat Přemysl und Olga vier verlassene beschlagnahmte Schlösser in der näheren Umgebung von Prag zur Verfügung, um dort Erholungsheime für jüdische Kinder aus Konzentrationslagern zu errichten. Aber es waren nicht nur jüdische Kinder, die Hilfe brauchten. Das tschechische Volk rächte sich nun an den Deutschen. In Prag und in der Umgebung waren nach Kriegsende viele Internierungslager überfüllt mit deutschen Kindern und Erwachsenen, welche in furchtbaren Zuständen dahinvegetierten. Přemysl ist es gelungen, auch einen Teil dieser Kinder in „seinen“ Schlössern unterzubringen. Das Zusammenleben von deutschen und jüdischen Kindern war ein Erziehungserfolg. Über 800 Kinder sind durch diese Heime gegangen. Die Aktion dauerte zwei Jahre.

Als die Kommunisten an die Macht kamen, konnten sie einen Geistlichen und Retter der Deutschen nicht dulden. Přemysl wurde untersagt, weiterhin im Milíč-Haus zu arbeiten. Olga hatte schon vorher wegfahren müssen; ihre jüngere Schwester war gestorben. Die tschechischen Behörden verweigerten ihr das Rückreisevisum; so saß sie in der Schweiz und Přemysl in Prag fest. Es drohten ihm Verhaftung und Zwangsarbeit in einer Urangrube in Jáchymov (dt. Joachimsthal). Olga organisierte von der Schweiz aus seine Flucht. Über Ost-Berlin ist es ihm gelungen, sich in den Westen abzusetzen.

Später wurde Přemysl durch den Weltkirchenbund nach Nürnberg ins Flüchtlingslager „Valka“ gerufen. Olga folgte ihm dorthin. In schwierigen Verhältnissen betreuten sie während zehn Jahren die Ostflüchtlinge. Als das Flüchtlingslager aufgelöst wurde, fuhren die beiden in die Schweiz, wo Olga eine kleine Wohnung in Affoltern am Albis mietete. Der mittellose Přemysl wurde durch Olga unterstützt.

In den nächsten paar ruhigen Jahren wurden die „Gespräche mit Korrespondenten“ herausgegeben; auf diese Weise pflegten die beiden Kontakt mit all ihren „Kindern“ und Schützlingen.

1968, nach der russischen Invasion in die Tschechoslowakei, kamen viele tschechische Flüchtlinge in die Schweiz. Ein neues Arbeitsfeld eröffnete sich Olga und Přemysl. Sie haben überall, wo Not am Mann war, mit Rat und Tat geholfen. Přemysl gründete die ökumenische Jan-Hus-Gemeinde und eine tschechische Schule. Er war Präsident des „Tschechischen Vereins“, der „Gesellschaft für Wissenschaft und Kultur“, der „Stiftung Masaryk-Fonds“. Am 20. Februar 1973 ist Pitter das Verdienstkreuz I. Klasse der Bundesrepublik Deutschland für sein Lebenswerk verliehen worden. Im Jahre 1975 wurde ihm von der theologischen Fakultät der Universität Zürich die Ehrendoktorwürde zuerkannt. Für Přemysl Pitter und später auch für Olga Fierz wurde in der „Allee der Gerechten“ in Jerusalem ein Baum gepflanzt.

1976 starb Přemysl Pitter. Olga führte die „Briefe“ weiter. Sie veröffentlichte Pitters Predigten, und verfaßte aufgrund ihrer authentischen Notizen aus den Jahren 1945–47 den Bericht über die Rettungsaktion: „Kinderschicksale in den Wirren der Nachkriegszeit“.

Sie starb 1990 in Affoltern im Alter von fast 90 Jahren.

Im Jahr 1991 wurde Přemysl Pitter von Präsident Václav Havel posthum der Orden T. G. Masaryk verliehen. Das war gleichzeitig auch eine Auszeichnung für Olga Fierz, seine langjährige Mitarbeiterin.

Harald Salfellner

Franz Kafka und Prag

Siebente, neubearbeitete Ausgabe. Mit zahlreichen, zum Teil farbigen Abbildungen, einem umfangreichen Register und einem Orientierungsplan.
388 Seiten, 13 x 21 cm, Fadenheftung, gebunden, Lesebändchen, Schutzumschlag, Reliefprägung.

ISBN 978-3-89919-018-2
19,90 € (D) • 20,50 € (A)

Das bisher umfangreichste Werk zum Thema wurde mit dieser neuen Ausgabe auf den neuesten Stand der Kafka-Forschung gebracht. In bewährter Weise steht Kafkas Prager Itinerarium im Mittelpunkt: Wo lebte die Familie Kafka, wo ging der kleine Franz zur Schule, welche Kaffeehäuser besuchte der junge Jura-Student, wo traf er sich mit Freunden zum literarischen Austausch? Diese siebte Auflage jedoch geht noch weit darüber hinaus, beleuchtet die historischen Hintergründe von Kafkas Prag, begleitet den jungen Schriftsteller auf seinen Spaziergängen durch die Parkanlagen und sucht die Spuren, die die Stadt in Kafkas Werk hinterlassen hat. Im Schlußkapitel „Kafkas liebes Böhmen" wird systematisch nachgezeichnet, welche Orte im böhmischen Umland Kafka im Laufe seines Lebens besuchte. Umfangreiches Register- und Kartenmaterial ergänzen das reich, zum Teil in Farbe bebilderte Buch.